D1996118

BASTEI
LÜBBE

Von Karin Jäckel sind außerdem bei BASTEI-LÜBBE lieferbar:

60435 Alles Ehe oder was
60452 Furcht vor dem Leben
61335 Monika B.
61386 (mit Thomas Forster) ... weil mein Vater Priester ist

Über die Autorin:

Karin Jäckel, 1948 in Mecklenburg geboren, studierte Kunstgeschichte, Germanistik und Sprecherziehung mit anschließender Promotion in Saarbrücken. Bisher hat sie als freie Autorin und Journalistin über 60 Bücher veröffentlicht. Mit Titeln wie *Monika B. Ich bin nicht mehr eure Tochter, Alles Ehe oder was* und *Der gebrauchte Mann* erregte sie großes Aufsehen. Heute lebt sie mit ihrer fünfköpfigen Familie im Schwarzwald.

KARIN JÄCKEL

»SAG KEINEM, WER DEIN VATER IST!«

Das Schicksal von Priesterkindern

BERICHTE - FRAGEN - ZEUGNISSE

BASTEI LÜBBE

BASTEI-LÜBBE-TASCHENBUCH
Band 60456

© by Bastei-Verlag Gustav H. Lübbe GmbH & Co.,
Bergisch Gladbach
Printed in Germany, August 1998
Einbandgestaltung: Manfred Peters
Titelfoto: Mechthild Op Gen Oorth, Köln
Satz: Textverarbeitung Garbe, Köln
Druck und Bindung: Elsnerdruck, Berlin
ISBN 3-404-60456-3

Der Preis dieses Bandes versteht sich einschließlich
der gesetzlichen Mehrwertsteuer.

Inhalt

Lieber Papi

Lieber Papi, als ich noch
nicht gewußt habe, daß
du mein Papa bist,
da habe ich gedacht,
~~du~~ mein Papa ist
gestorben und
ich habe immer
die Mama gefragt,
ob sie Briefe oder so
hat, machmal sagte
sie Ja meistens
aber sagte sie nein.
Aber du bist ein
Priester und meine
Mama hat gesagt,
du kannst Ja dem
Papst einen Brief schreiben

Ich fing gleich an,
und ich schrieb und
schrieb. Ich hatte
auch ein paar Fehler, aber
das machte nichts.
Ich sah im̄er zu,
wie ~~die~~ meine Freun-
dinnen mit ihren Papis
geschmust und ge-
spielt haben, ich
mußte im̄er zusehen,

aber jetzt hab
ich ja dich.
Mein lieber Papi
ich hab auf dich
gewartet.

Mädchen (8)
Vater im Amt

Vorwort

»Sag keinem, wer dein Vater ist!« mahnt die Mutter, wenn das Kind mit Freunden spielt.

»Sag keinem, wer dein Vater ist!« drängt sie, wenn das Kind zu einer Geburtstagsfeier eingeladen wird.

»Sag keinem, wer dein Vater ist!« erinnert die Mutter, wenn Gäste kommen, wenn das Kind zum Arzt muß, wenn es im Kindergarten angemeldet wird, wenn es zur Schule kommt, wenn es zur Kirche geht und wenn es den Vater besucht. Nichts geschieht ohne Angst.

Denn: »Wenn du sagst, wer dein Vater ist, muß der Vati für immer fort von uns und wird schwer bestraft. Die Mutti wird arbeitslos. Dann haben wir nichts mehr zu essen und müssen aus unserer Wohnung ausziehen. Man nimmt dich uns fort und steckt dich in ein Kinderheim und keiner hat uns mehr lieb.«

Mit großen Augen lauscht das Kind und spürt die Angst der Eltern in seine Seele einziehen. »Ich sag nicht, wer mein Vater ist!« verspricht es und ahnt nicht, daß mit diesem Wort die Kindheit ein Ende hat.

Der kindliche Plappermund hat einen Riegel bekommen, das kindliche Ungestüm eine Bremse. Das Geheimnis der Eltern zu wahren, verlangt Selbstdisziplin ohne Ende und die Fähigkeit, blitzschnell, ohne jeden Skrupel, zwischen Wahrheit und Lüge zu balancieren, ohne rot zu werden diese oder jene nach Bedarf etwas passender zu machen.

Die Seele bekommt ein Korsett, weil sie sonst zerbrechen müßte. Alles Spontane, Leidenschaftliche, Leichtlebige, Kindlich-Kindische wird dahinter weggesperrt. Alles, was zu nah herankommen, zu tief vordringen, was hinter die Kulissen schauen könnte, prallt daran ab. Der Kopf regiert. Kein Gefühl passiert mehr ohne Kalkül. Und immer steht im Hintergrund das Wissen, mit ganzer Person der sichtbare, lebendige Beweis gegen den Vater zu sein.

Die sensibelsten Kinder tauchen irgendwann weg. Sie flüchten in Krankheiten, in Drogen, in Phantasiewelten oder in Hochleistungsebenen. Gerade die stärksten unter ihnen entfalten künstlerische Talente, um den eigenen Emotionen ein Ventil zu schaffen. Andere vergeistigen sich als kopfgesteuerte Eliteschüler. Fast alle aber entwickeln Helfersyndrome und schaffen es nicht, sich gegen Ansprüche abzuschotten. Da sie immer nur die Grenzen anderer zu beschützen hatten, spüren sie die eigenen Grenzen nicht. Oftmals sind sie ihr eigener Feind. Manchmal bis in den Tod.

Ein Priesterkind erlebt seine Familie anders als ein beliebiges Kind, dessen Vater niemals da ist. Selbst ein aus verschiedensten Gründen ständig abwesender Vater kann und darf ja existent sein. Man kann ihn in einem Fotoalbum betrachten, über ihn reden, ihn beschreiben, sich erinnern, über ihn streiten. Ein Priester als Vater aber ist ›top-secret‹.

Wann immer ein Priesterkind nach ihm fragt – und ab einem gewissen Alter wird es dies tun und intensiv zu suchen beginnen –, muß die Mutter schweigen. Vor allem dann, wenn der Vater dem Kind persönlich bekannt ist. Sie wird bestrebt sein, nicht den geringsten Hinweis zu geben. Ähnlichkeiten im Aussehen, Verhalten und Wesen müssen als Zufall erklärt oder lachend bestritten werden. Letztlich wird sie versuchen, jedes Gespräch über den Vater zu umgehen oder schroff zu verbieten.

Der Vater wiederum erlebt sein Kind möglicherweise täglich, hat es getauft, gefirmt, ist sein Beichtvater, sein Lehrer. Aber nie darf er sich zu erkennen geben, nie seinem Kind in echtem Maße Liebe zeigen, nie sich selbst vor anderen als Vater bekennen. Nicht in Stolz oder Freude, nicht im Schmerz.

Erfährt das Priesterkind eines Tages doch, wer sein Vater ist, bricht erst recht eine schwere Zeit an. Nun prägt das Geheimnis selbst den Schlaf, in dem nur ja nicht gesprochen werden darf.

Jedes ›verleugnete‹ Priesterkind lernt zu verdrängen und zu unterdrücken, lernt skeptisch und introvertiert zu sein. Es lernt, über Privates zu schweigen oder Halbwahrheiten preiszugeben, und sich durch Verschweigen zu schützen. Es lernt, daß es keinen festen Halt im Leben hat, und nimmt sich als schuldigen Teil wahr, wenn die Mutter Angst hat, traurig ist, den Vater vermißt oder mit diesem streitet. Um ihr keine zusätzlichen Sorgen zu bereiten, bemüht es sich extrem, brav und angepaßt, selbständig und vernünftig zu sein.

Auch dem Vater gegenüber muß das ›verleugnete‹ Kind Disziplin zeigen. Es darf sich nicht hinreißen lassen, ihn sichtbar zu lieben. Es muß die Eifersucht im Griff haben, wenn andere Kinder sich um den Priester scharen. Niemals darf es sich mit dem Papa brüsten, nie auf seine Hilfe vertrauen. Und wenn es nach dem Vater befragt wird, muß es sich etwas zur Antwort ausdenken und vorgeben, es mache ihm nichts aus, ohne Vater zu sein.

Als schlimmer, krönender Abschluß aller Seelennöte kommt die Last der Sünde hinzu, unter der Priesterkinder schon allein deshalb meist heftig leiden, weil sie streng katholisch aufwachsen und erzogen werden. Sie wissen, daß sie ein Kind der Sünde sind, ein verbotenes Kind, eines, das nie hätte gezeugt werden dürfen. Sie wissen, daß die Liebe von Vater und Mutter vor Gott und der Kirche, der sie angehören, unverzeihliche Sünde ist. Der Vater ein abtrünniger Priester, die Mutter eine Priesterhure, das Kind selbst ein ›Tempelschänder‹ ohne Lebensrecht. Fast alle Priesterkinder nehmen Gott über Jahre hinaus als Feind wahr und fürchten ihn als strafenden Rächer, der eines Tages Vater, Mutter und Kind zur Rechenschaft ziehen wird. Viele von ihnen retten sich eines Tages in die bewußte Gottferne und leugnen die Existenz Gottes. Mehr noch lehnen sie die katholische Amtskirche rigoros ab. Einige leben permanent am Rande der Selbstzerstörung und des Selbsthasses.

Das Liebesleben ihrer Eltern ist verboten, wird verheimlicht, vertuscht. Dennoch ist es für die Öffentlichkeit ein starkes Thema. Lüstern wird es hinterfragt, neugierig betrachtet, als exotische, rätselhafte Sünde unserer modernen Zeit bestaunt. Was hat ein Priester, das ein ›normaler‹ Mann nicht hat? Was bringt eine Frau dazu, ausgerechnet denjenigen zu begehren, den sie nicht haben soll? Wie schaffen sie es, ihr Geheimnis verborgen zu halten? Treiben sie es wie alle? Und wie fühlt es sich an, die Frau zu sein, für die ein Mann seinen Gott verrät und seine ewige Seligkeit opfert? Fragen über Fragen, indiskret, teils unverschämt-dreist, Fragen ohne Antwort.

Die Kinder als die eigentlichen Leidtragenden, die sich ihr Schicksal nicht aussuchen konnten, sondern ungefragt hinein geboren wurden, bleiben im Schatten. Wann immer ich zum Thema ›Priesterkinder‹ in Talksendungen, beim Rundfunk oder anläßlich eines Zeitungsberichtes interviewt wurde, anläßlich welcher Lesung ich unterwegs war, – stets rückten die Eltern mit ihrer geheimen Beziehung ins Rampenlicht und die Kinder ins Abseits. Sogar in den Selbsthilfegruppen betroffener Ex-Priester und ihrer Frauen stehen die Interessen der Kinder im Hintergrund.

In Wirklichkeit aber sind sie es, die uns beschäftigen sollten. Sie, die von christlich geprägten Erzieherinnen aus Kindergärten ausgeschlossen werden, die miterleben müssen, wie im Religionsunterricht von sich selbst überschätzenden Lehrerinnen für sie zur Vergebung der Erbsünde gebetet wird, die an den Tränen ihrer Eltern verzweifeln und von ihren Großeltern als Sündenbeweis verachtet werden, die ihren Vater verheimlichen und verleugnen müssen, obwohl sie ihn lieben und brauchen.

Und deshalb handelt ›Sag keinem, wer dein Vater ist!‹ nicht von ›grünen Marsmännchen‹. Es ist ein Buch über die verbotenen Kinder von römisch-katholischen Priestern, die zu einem zölibatären Leben verpflichtet sind, und ihren heimlichen Frauen. Es ist ein Buch über Liebe, menschliche Schwäche, Einsamkeit und verlorene Ehre, über ein unmenschliches Kirchengesetz und Lebensferne, über gestohlenes Glück und Angst.

Basis all dieser ›Irrungen und Wirrungen‹ ist die Tatsache, daß die Kirche ein Staat im Staat ist oder, anders ausgedrückt, die Selbstorganisation des Kirchenstaates per eigenem Gesetz von dem weltlichen Staat geduldet wird, so daß beide Gesetzessysteme nebeneinander rechtsverbindlich gültig sind. Daraus ergeben sich folgenschwere Gegensätze, die vor allem im Hinblick auf Zeugung und Nachkommenschaft bemerkenswert sind.

Während der weltlich lebende Mann aus privatesten, absolut freiwilligen, nur ihm selbst zu verantwortenden Gründen möglicherweise ohne Frau leben, kein Kind zeugen und kein Vater sein will, *muß* der kirchlich gebundene Mann aus rein kirchenarbeitsrechtlichen Gründen ohne sexuelle Bindung leben und *darf* folglich kein Kind zeugen noch Vater sein.

Die Zeugung eines beliebigen Kindes ist im Sinne der Kirche eine der Ehe vorbehaltene *heilige* Handlung. Im

Gegensatz dazu ist die Zeugung eines Priesterkindes nach dem Wortlaut des Kirchenrechts eine *verbrecherische* Handlung. Nach Auffassung eines Kirchenrechtlers ist sie einem ›Bankraub‹ vergleichbar und unterliegt entsprechender kirchenrechtlicher Strafe.

Dies war nicht immer so. Die Jünger Jesu hatten Frauen und Kinder. Bis 1139 waren Priester ganz selbstverständlich verheiratet und leibliche Väter. Ja, vom ersten bis zum 13. Jahrhundert waren sogar Frauen nachweislich Priesterinnen, Prophetinnen, Diakoninnen, Kirchenälteste und Bischöfinnen.

Nur wenige religiöse Eiferer, welche sexuelle Triebe als Ausdruck moralischen Übels ansahen, nahmen an der Präsenz von Frauen und Kindern im kirchlichen Alltag Anstoß.

Erst die im 12. Jahrhundert von Papst Innozenz III. durchgesetzte Einführung des Kirchengesetzes, welches von Priestern als ›Opfer um des Himmelreiches willen‹ die absolute sexuelle Enthaltsamkeit und Ehelosigkeit fordert, zog nach jahrhundertelangem Kampf der kirchlichen Synoden und Konzile um die Durchsetzung des Zölibats die sexuelle Dämonisierung der Frau nach sich und machte quasi über Nacht aus legalen Priester-Ehefrauen Konkubinen, Huren oder Ehebrecherinnen.

Priester, die sich nicht von ihren Frauen trennen wollten, wurden gemeinsam mit ihnen öffentlich in der Kirche verprügelt. Die Ehefrauen wurden versklavt und verkauft, in Gefängnisse gesteckt und ohne kirchliches Begräbnis in der Erde verscharrt. Die Hexenprozesse des Mittelalters wurden schließlich zum grausigen Höhepunkt eines fast tausendjährigen Kampfes der männerdominierten katholischen Amtskirche gegen die Frau und für den Zölibat.

Die Geschichte lehrt, daß das Kind eines Priesters seit dem Mittelalter automatisch und lebenslang ein Kirchen-

Sklave war, ein rechtloses, verkäufliches, ausbeutbares Wesen, das von jeder Erbfolge ausgeschlossen und dem Fortpflanzung bei Todesstrafe verboten war.

Heute läßt sich dieser Sklavenstatus nicht mehr aufrechterhalten. Um wenigstens eine Art Kainsmal anzubringen, kennzeichnet die Kirche das Kind eines Priesters jedoch, welcher nicht mit dem Segen und der Zustimmung des Papstes in den Laienstand zurückversetzt wurde und daher nicht kirchlich getraut werden darf, indem sie ihm den lateinischen Titel eines ›Sacrilegus‹ verleiht. Frei übersetzt bedeutet dies etwa ›Tempelschänder‹ und bezieht sich auf den Priester als Besitz Gottes und seinen Leib als Tempel des Herren.

Daß diese Sicht der Dinge bis heute Gültigkeit hat, beweist eine Alimentenklage, die Gisela Forster im Namen ihrer beiden von einem Klostergeistlichen gezeugten Priesterkinder gegen die katholische Kirche führte und – verlor. In einer der entscheidenden Verhandlungen begründete einer der Richter die Ablehnung der Zahlung mit dem Vergleich, daß die Beziehung einer Frau zu einem Priester mit einem ›Bankraub‹ identisch sei.

Wie ich in meinem biographisch die Lebensgeschichte des Priestersohnes Thomas Forster aufzeichnenden Buch ›... weil mein Vater Priester ist‹ ausführte, muß die Kirche vor dem Hintergrund einer solchen Definition mit der Sparkasse Gottes verglichen werden. Der Priester wäre demnach das auf der Bank anzulegende Kapital. Eine Frau, die eine Liebesbeziehung zu ihm einginge, wäre logischerweise eine Bankräuberin, die gleichzeitig mit dem Kapital auch die Zinsen raubt, indem sie die Vermehrung des Kapitals in Gestalt von Priesterkindern betreibt. Bleibt man in diesem Denkmuster, würde das Zahlen von Alimenten für das Kind eines Priesters aus der Sparkasse Gottes bedeuten, einer Bankräuberin zusätzlich zur Beute eine Rendite auf dieselbe auszuzahlen. Da Eigentum keine Schuld daran trifft, wenn es geraubt wird, ist der Priester selbstverständlich als unschuldiges Opfer der bösen Räuberin anzusehen.

Da der Kirchenstaat souverän ist, wird sein Gesetz innerhalb des Herrschaftsbereiches der Kirche souverän angewandt. Eine Frau, die widerrechtlich in das Hoheitsgebiet der Kirche eindringt und einen Priester ›raubt‹, muß mit den kirchlichen Folgen der ›bösen Tat‹ fertig werden. Eine Schwangerschaft, die vor dem Gesetz der Kirche als Teil des ›Raubes‹ gilt, bleibt daher alleiniges Risiko der Frau.

Damit die Sünde der Mutter auch wirklich bis ins siebte Glied gerächt und das Erbsünde-Dogma kirchengetreu Anwendung findet, erfaßt das Kirchengesetz selbstverständlich auch das Kind und bewirkt, daß es nicht das geringste Anrecht auf seinen allein der Kirche und Gott gehörenden, folglich ›geraubten‹ Vater hat.

Wie der vergebliche Kampf Gisela Forsters um das Recht ihrer Kinder zeigt, kann der weltliche Staat den Kirchenstaat nicht zwingen, weltliches Gesetz anzuwenden. Damit das Verwirrspiel komplett wird, kann jedoch auch das Kirchenrecht weltliches Recht nicht brechen.

Nehmen wir etwa einen Priester, der als Pfarrer tätig ist und über ein eigenes Einkommen verfügt. Würde ihn die Mutter seines Kindes – was selten geschieht – als Vater benennen und anzeigen, müßte er dem weltlichen Recht Genüge leisten und von seinem eigenen Einkommen Unterhaltszahlungen aufbringen sowie gleichzeitig entweder sein ›Abenteuer Frau‹ oder sein Kirchenamt aufgeben. Daß Mutter Kirche ihrem gefallenen Engel großzügig zu verzeihen bereit ist, wenn er denn Reue zeigt und insofern Besserung gelobt, als er Frau und Kind ›in die Wüste schickt‹, zeigte sich beispielsweise 1996, als der schottische Bischof Roderick Wright als Liebhaber und werdender Vater aufflog, aber in Amt und Würden verblieb, weil er nicht heiraten wollte.

Anders sieht der Fall aus, wenn es sich bei dem Priester um einen Ordensgeistlichen handelt, der vor seiner Weihe ein Armutsgelübde ablegte, welches ihm den Besitz von Geld zeitlebens untersagt. Ein solcher ›Leibeigener‹ der Kirche muß auch dann keine Alimente zahlen, wenn er einen bezahlten Beruf ausübt. Aufgrund des Armutsgelübdes gehört alles, was sein wäre, der Kirche, welche für ihn unterhaltspflichtig ist. Da das Zeugen von Kindern per Zölibatsgesetz verboten ist, gibt es keine Versorgungsleistung für diesen Fall. Folgerichtig gehen Mutter und Kind leer aus und der Mönch zurück unter Klosterverschluß. Sollte er sich widersetzen und ein Leben an der Seite von Frau und Kind vorziehen, ginge er ärmer als jede Kirchenmaus ins Leben hinaus. In seinem Fall dominiert also das Kirchengesetz das Staatsgesetz.

Jeder Priester, egal ob Pfarrer in Amt und Würden oder armer Ordensmann, der sich zu Frau und Kind bekennt und definitiv erklärt, heiraten zu wollen, wird umgehend seines Amtes enthoben und fristos gekündigt. Da es für ihn keinen Kündigungsschutz gibt, steht er in der Regel mittellos sowie ohne brauchbaren Beruf von heute auf morgen auf der Straße. Wer weiß schon, daß die Kirche für ihre Priester weder Arbeitslosen- noch Rentenbeiträge in die entsprechenden staatlichen Versicherungen zahlen muß und ein entlassener Priester auf keinerlei Absicherung Anspruch hat, obwohl er im allgemeinen jahrelang in einer hoch dotierten Position tätig war und Geld verdiente?

Meist ist auch die Geliebte eines Priesters im kirchlichen Dienst tätig, so daß bei Öffentlichwerden der Beziehung auch ihr fristlos gekündigt und die Ausübung ihres

Berufes in jedweder kirchlichen Einrichtung dauerhaft verwehrt wird.

Arbeitslos, ohne Zukunftsperspektiven, meist von der Großfamilie geächtet, sozial im Abseits und überdies durch die Auftritte vor der Kirchenobrigkeit zutiefst gedemütigt, wissen Mutter und Priestervater von nun an meist jahrelang kaum, wie sie ihre Familie am Leben erhalten sollen.

Zur materiellen Not kommt belastend hinzu, daß ein in Weltabgewandtheit, absoluter Bevormundung und rundum versorgter Priester sich in der Weltlichkeit nur schwer zurechtfindet. Er ist es nicht gewohnt, auf engem Raum mit einer Frau und einem Kind zu leben. Ihr Lachen und Lärmen gehen ihm auf die Nerven. Ihr Alltagskram ist ihm fremd. Gebet, Stille, Meditation, die Bewunderung für den Priester als Stellvertreter Gottes auf Erden – plötzlich ist alles weg, was das Leben bisher bestimmte. Statt dessen muß der ins Leben hinausgeworfene Priester wie ein Kind Selbständigkeit, Eigenverantwortung und Selbstversorgung erlernen. Dazu gehören so lapidare Alltäglichkeiten wie einkaufen, Wäsche waschen, abwaschen, putzen, etwas kochen, Bankgeschäfte abwickeln, sich um einen Job bewerben und schließlich jeden beliebigen annehmen, nur um Geld zu verdienen.

Auf einmal soll er, der sich an keinen Einzelnen hängen durfte, dem die Liebe einer Frau verboten war, bindungsfähig, liebesfähig, partnerschaftsfähig und vor allem leibhaftig Vater sein. Was Wunder, daß die Geheimhaltung einer verbotenen Liebe so viel leichter zu verkraften scheint?

In Pfarrämtern und Klöstern lebende Priester, die ich selbst während meiner seit 1989 anhaltend intensiven Beschäftigung mit dem Schicksal von Priesterkindern in allen deutschsprachigen Ländern, in England, den USA,

Kanada und verschiedenen afrikanischen Ländern befragen konnte, schätzen, daß weltweit mindestens jeder dritte von ihnen dauerhaft nicht zölibatär lebt und wenigstens eine heimliche Geliebte, meist auch ein oder mehrere heimliche Kinder hat. Nur die wenigsten Betroffenen schließen sich einer der offiziell bestehenden Selbsthilfegruppen an.

Als ich zum Beispiel vor einiger Zeit Gast einer Talkshow des *Saarländischen Fernsehens* war und ein amtierender Pfarrer gesucht wurde, der zölibatstreu lebt und den Zölibat öffentlich verteidigt, mußten der Sender und ich erleben, daß sich kein einziger der befragten Pfarrer dazu bereit erklärte. Jeder befürchtete, es könne womöglich eine Zuschauerin beim Sender anrufen und ›aus der Schule plaudern‹. Die Sache der Kirche vertrat schließlich der Rundfunkpfarrer, und dieser lehnte den Zölibat ab.

Konkreter rechnet Richard Sipe es in seiner 1988 erstmals in Washington D.C. vorgestellten und 1990 in New York unter dem Titel ›A secret world: Sexuality and the Search for Celebacy‹ veröffentlichten Studie vor. Fazit dieser einen Zeitraum von 25 Jahren umfassenden Studie ist, daß weltweit

- über 200.000 amtierende katholische Priester sexuell fest liiert sind.
- weitere acht Prozent gelegentlich sexuell liiert sind und
- nur zehn Prozent immer zölibatär leben.

Auf den Durchschnitt umgerechnet, besagen diese Zahlen, daß nicht nur jeder dritte, sondern sogar jeder zweite Priester schwerwiegende Probleme mit dem Zölibat hat.

David Rice bestätigte diese Zahlen in seinem Buch ›Kirche ohne Priester‹ und fügte hinzu, daß

- seit über 20 Jahren alle zwei Stunden ein geweihter katholischer Priester seine Kirche wegen der Liebe zu einer Frau für immer verlasse,
- in Peru 80 Prozent aller Priester eine Frau haben,
- auf den Philippinen mindestens 50 Prozent aller Priester eine Frau haben,
- in Zaire alle Priester mindestens eine Frau haben und
- weltweit 100.000 geweihte Priester verheiratet sind.

Auch die amerikanische Vereinigung katholischer Ex-Priester ›Corpus‹ sowie die deutsche Selbsthilfeorganisation ›Vereinigung katholischer Priester und ihrer Frauen‹ stimmen diesen Zahlen zu. Nach einer Untersuchung des Ex-Priesters Hubert Mynareck leben allein in Deutschland etwa 6.000 amtierende Priester mit Frauen zusammen.

Leider sind keine Statistiken über die Anzahl von Priesterkindern bekannt. Um möglichst realistisch zu schätzen, halte ich mich an die oben zitierten Angaben.

Allein in Deutschland leben derzeit rund 7.000 verheiratete geweihte Priester. Weltweit sind es ca. 100.000. Insgesamt machen sie ein knappes Fünftel der gesamten Priesterschaft aus.

Da Priesterehen im allgemeinen kinderreich sind, gehe ich von durchschnittlich zwei Kindern pro Paar aus. ›Legale‹ Priesterkinder, deren Väter sich entweder von Anfang an oder im Laufe der Jahre zu ihnen und den Müttern bekannten und geheiratet haben, gäbe es demnach in Deutschland mindestens 14.000 und weltweit mindestens 200.000.

›Verleugnete‹ Priesterkinder stammen aus Beziehungen von bis heute amtierenden Priestern. Allein in Deutschland leben 6.000 Priester in heimlicher Bindung, weltweit sind es mindestens 200.000. Geht man davon aus, daß nicht jedes, sondern nur jedes dritte Paar ein Kind hat, würden in Deutschland ca. 2.000 ›verleugnete‹ Priesterkinder leben. Weltweit wären es mindestens 60.000 bis 70.000 – nicht gerechnet all jene Kinder, die niemals geboren wurden, weil sie aufgrund der Zölibatspflicht abgetrieben wurden.

Wie unschwer an den Kirchenskandalen der letzten Jahre zu beweisen ist – ich denke hier an Beispiele wie den deutschen Jesuitenpater Rupert Lay oder den schottischen Bischof Roderick Wright –, haben zahlreiche Priester im Laufe ihres zölibatären Lebens nicht nur eine, sondern mehrere Geliebte und mit diesen jeweils auch Kinder. Die Zahl von weltweit mindestens 60.000 bis 70.000 ›verleugneten‹ Kindern ist daher mit Sicherheit eher zu niedrig gegriffen.

Die Summe der ›legalen‹ plus der ›verleugneten‹ Priesterkinder ergibt für Deutschland demnach mindestens 16.000, weltweit mindestens 270.000 Kinder, vermutlich aber noch mehr. Die letztgenannte Anzahl entspricht der Einwohnerzahl kleinerer Großstädte.

Für die römisch-katholische Amtskirche sind dies freilich nur ›ein paar‹ Kinder. Wies mich doch jüngst ein Weihbischof in einer Fernsehtalkshow des WDR mit dem Titel ›Mittwochs live‹, zu der ich zum Thema ›Priesterkinder‹ eingeladen war, mit der bösen Bemerkung zurecht: »Ach, haben Sie sich doch nicht so mitleidig mit den paar Kindern!«

Selbst wenn es nicht Hunderttausende weltweit wären – der Kirche stünde es gut an, ihre Haltung zu überdenken und ihrem Auftrag zur Nächstenliebe und der Liebe besonders zu Kindern gerecht zu werden. Angesichts der 1998 heftig hochgehenden Wogen um Abtreibung und den Rückzug der römisch-katholischen Kirche aus der Schwangerenberatung bzw. der Verweigerung des den Abbruch gestattenden Beratungsnachweises, ist die Einstellung der Amtskirche zu Schutz und Leben bereits geborener Priesterkinder geradezu grotesk.

Wo ist die helfende Hand der Kirche, die sich diesen Kindern entgegenstreckt? Mit welchem Gottesgesetz setzt die katholische Amtskirche den von religiösen Fanatikern frei erfundenen Zölibat gegen allen Widerstand bis heute noch durch und schafft dadurch die Grundlage für das Elend liebender Menschen und ihrer Kinder? Wo ist die glaubwürdige Bibelstelle, welche die Frau an der Seite eines Priesters verbietet und seine Kinder zu ›Tempelschändern‹ abwertet? Warum wird nicht wenigstens die allseits bemunkelte und von der Kirche leidenschaftlich bestrittene ›schwarze Kasse‹ tatsächlich eingeführt, um aus ihrem Budget den Unterhalt von Kindern wie etwa den beiden Forster-Kindern zu sichern? Wo bleibt die kirchliche Unterstützung der Mütter, die ihr Priesterkind nicht abtreiben lassen, sondern austragen, gebären und in Eigenverantwortung großziehen? Und wo ist die Einsicht, daß die Kirche für den Menschen da ist, nicht umgekehrt der Mensch für die Kirche?

›Sag keinem, wer dein Vater ist‹ gäbe es nicht ohne die zahlreichen Ordensgeistlichen in Deutschland, Österreich, dem Elsaß und der Schweiz, die mir gemeinsam mit ihren heimlichen Frauen oder auch allein ihr Herz und ihr Geheimnis offenlegten und mich in Mundpropaganda quasi weiterreichten. Vor allem ohne die Frauen an ihrer Seite und die zugehörigen Kinder, die mir schrieben, mich anriefen, mir ihre Geschichte auf Kassetten sprachen, mir Bilder malten und mich zu ihrer Vertrauten erkoren, wäre dieses Buch nie entstanden. Ihnen allen gilt mein herzlichster Dank.

Auch den Pfarrern im Amt, den zahlreichen Theologiestudenten, deren Zweifel und Ängste, aber auch deren wissenschaftliche Informationen mich anregten und fortbildeten, sowie den Pfarrhaushälterinnen und den Müttern einiger bereits verstorbener Priester möchte ich meinen Respekt aussprechen und meinen Dank für die Offenheit, mit der sie mir ihre Zeit widmeten.

Ganz besonders danke ich Gisela Forster, die mir gegen Ende meiner dreijährigen Recherche zu diesem Buch neben ihrer eigenen Lebensgeschichte einige Briefe von Priesterkindern zum Abdruck überließ und mich mit der Selbsthilfegruppe der vom Zölibat betroffenen Frauen bekannt machte.

Lassen Sie mich Ihnen einen Satz mitgeben, der mir während der intensiven Arbeit an diesem Buch viel bedeutet hat. Er stammt von Josef aus dem Ammergau, der als Bruder Pförtner seines Klosters alt geworden ist und zwei Kinder gezeugt hat, die er beide nicht aufwachsen sah, weil er den Mut nicht aufbrachte, sich aus dem Klosterleben zu lösen, das er von Kindesbeinen auf gewohnt war. »Der Zölibat ist ein Tabu«, sagte er. »Aber jeder Priester ist ein Mann und hat Sexualität. Die ist gottgewollt und stirbt nicht mit der Weihe ab. Und wenn's du's auch unter der Kutte versteckst und dich kleidest als wie ein Engerl, so merkst du sie ja doch und weißt, daß du ein Bube bist. Wenn's eine Sünde gibt, dann nur die, daß einer nicht lieben kann, weil er nicht darf und Angst hat vor sich selbst und dem anderen. Machen Sie mit Ihrem Buch das Tabu auf. Wenn's nur ein Leben aus dieser Angst rettet, war's die Arbeit wert.«

Warum dieses Buch?

Als ich 1989 mit der Recherche zu diesem Buch begann, suchte ich zunächst in meinem eigenen, engeren Lebenskreis nach dem Anfang des berühmten ›roten Fadens‹, an dem ich mich immer weiter zum Kern des Problems vortasten wollte.

Eine Rückfrage anstelle einer Antwort auf meine Fragen hat mich in dieser Anfangszeit besonders betroffen. Und weil sie mir in ähnlichen Worten immer wieder einmal begegnete, möchte ich hier für alle die darauf eingehen, die sie auch gern an mich richten würden.

»Warum dieses Buch?« wurde ich damals gefragt. »Bist du so negativ zur Kirche eingestellt? Glaubst du nicht an Gott?«

Lassen Sie mich mit dem letzten Teil dieser Frage anfangen!

Ja, ich glaube an Gott. Auch als Christin verstehe ich mich. Doch gestehe ich, daß mir die Konfession der Menschen gleichgültig ist. Es gibt nur einen Gott, mit welchem Namen man ihn auch nennt. Und in welcher Weise, mit welchen Worten dieser Name bekannt wird, – ich glaube, vor Gott spielt es keine Rolle. Warum also für mich?

Nun dazu, ob ich negativ zur Kirche eingestellt sei. Unter Kirche verstehe ich nicht den Glaubensritus, nicht katholisch, nicht evangelisch usw. Mir bedeutet Kirche die Gemeinschaft aller, die sich um Jesu Abendmahltafel und unter seinem Kreuz versammelt haben. Auch ich gehöre dazu, gemeinsam mit meiner Familie; gehöre gern dazu.

Aber, und dies ist ein großer Einwand, ich kann nicht alles für gut und recht befinden, was die Menschen tun, die die lebensnahe Ur-Kirche zur heutigen Amtskirche verzerrt haben. Dazu gehört, daß Menschen Gottes große Gemeinden zersplittert haben um der eigenen Rechthaberei willen. Oder die Verfolgung Andersgläubiger im Namen Gottes nebst Zerstörung fremder Kultur. Oder daß (zumindest) die Kirche Roms die Frau bis heute geringschätziger behandelt als den Mann, ihr den Zutritt zum Priestertum verweigert – und dies durch die unbewiesene Behauptung von Papst Johannes Paul II. rechtfertigt, daß Jesus sich, bewußt Frauen mißachtend, mit Männern umgeben und – unbestritten – ein Dasein als Mann dem als Frau vorgezogen habe. So belegt in einem 120 Seiten starken Papst-Dokument zur ›Würde der Frau‹ (›*Mulieris dignitatem*‹). Diese Äußerung, verbunden mit der Ablehnung der Frau als Priesterin, widerspricht der an gleicher Stelle geäußerten Definition, daß Mann und Frau ›trotz spezifischer Verschiedenheit wesenhaft gleichberechtigt‹ seien. Eine Kirche, die nicht handelt, wie sie spricht – wie soll ich das verstehen?

Wenn allein die liebevolle Berührung und die körperliche Verschmelzung von Mann und Frau ausreicht, um einen Mann in den Augen der römisch-katholischen Kirche unwürdig und unfähig zum Priestertum zu machen – was ist das für eine Kirche? Wähnt sie sich berufen, Gottes Geschöpf, die Frau, so verachten zu dürfen und in deren Verneinung auch das Gottesgeschöpf Mann verbessern zu müssen? Wie soll ich das verstehen?

Etwa so, wie es ein getreuer Kirchenvasall im Jahre 1991 in einem Leserbrief an die ›Zeitschrift zum Zölibat‹ (7/1991) formulierte, welche von der ›Initiative der vom

Zölibat betroffenen Frauen‹ herausgegeben wird? Etwa wirklich so:

›Immer die Weiber!

Mit ihrem Flitter und Tand. Rauben den Verstand mit Schäkern und Tränen, Gestatten und Verweigern. Bringen alles in Unordnung. Kein sittlicher Ernst. Keine Ehrfurcht vor gefestigten Institutionen, fegen sie einfach weg. Einfach so, immer wieder.

Und jeder hackt jetzt auf dem Pfarrer herum und auf dem Bischof. Beide doch Opfer, nicht Täter!

Eros mächtiger als Jahwe? Wenn das herauskommt, wo kommen wir da hin! Wo bleibt die heilige Inquisition? Wo bleibt die Nadel – oder Wasserprobe?

Frauen zum Priesterdienst zulassen?

Womöglich verfällt dann eine Priesterin einem Ministranten. Oder Priesterinnen heiraten sich.

Freundliche Grüße XY‹

Mit den Augen dieses Leserbriefschreibers gesehen, bliebe dem Mann wahrhaftig keine Chance, sein Seelenheil zu wahren als nur in der totalen Ablehnung der Frau. Ein Hintergrund, vor dem sogar der Zölibat als Schutz vor dem Sündenfall begreiflich würde.

Überhaupt der Zölibat. Ich kann damit umgehen, daß Gott einem Menschen als besondere Gabe mitgibt, Liebe auch ohne sexuelle Erfüllung leben zu können. »Wer es fassen kann, der fasse es!« sprach Jesus. Der Weg der Askese hat seinen ihm eigenen Sinn. Von Priestern und Pflicht war keine Rede. Und darum kann ich nicht damit umgehen, wie die Kirche in Rom es bis heute wagt, den Zölibat als Geschenk Gottes in ein Gesetz zu verpacken und bei Strafe verbietet, dieses Gesetz zu brechen.

Ein Geschenk ist ein Geschenk. Keine noch so herzerweichend vorgetragene Bitte ist Garantie, daß sie erfüllt und der Bittende beschenkt werde. Und erzwingen läßt sich ein Geschenk schon gar nicht.

Und noch etwas will nicht in meinen Kopf. Hat denn die Kirchenführung in Rom vergessen, oder will sie es nicht wissen, daß ein Geschenk auch eine Leihgabe sein kann? Daß Gott, wenn es in seinem Beschluß liegt, einen Menschen für eine gewisse Zeit beschenken, das Geschenk jedoch aus vielerlei Gründen wieder nehmen oder in ein anderes verwandeln kann? Wie darf sich die Kirche in Rom unterstehen, den Zölibat als Dauergeschenk anzusehen und per Gesetz garantieren zu wollen?

Ein Pfarrer im Ruhestand schrieb dazu Worte, die mir aus dem Herzen kommen:

»Keine Gründe gegen Priesterehe

Nicht der Zölibat soll abgeschafft werden, sondern das Zölibatsgesetz, das jeden katholischen Priester zum Zölibat verpflichtet.

Für den Zölibat gibt es gute Gründe. Es gibt aber noch mehr Gründe gegen das Zölibatsgesetz. Es gibt überhaupt keine stichhaltigen Gründe gegen die Priesterehe.

Richard Lipold, Pfarrer i. R.«
(Süddeutsche Zeitung vom 24.11.1988)

Und nochmals, zwei Jahre später:

»Vorprogrammierte Ablehnung

Zu dem Bericht ›Papst bekräftigt den Zölibat‹ in der Süddeutschen Zeitung vom 29.10.1990:

Wohl niemand hat erwartet, daß auf dieser Synode die Weihe von ›viri probati‹ *(geeignete verheiratete Männer) beschlossen werde. Die Ablehnung war vorprogrammiert. Diese Ablehnung ist eine Fehlentscheidung zum Schaden der Kirche.*

Das Zölibatsgesetz ist ein in sich schlechtes Gesetz. Ein Gesetz, das soviel Leid, Unheil und Heuchelei verursacht, ist gegen das Evangelium und gegen den Geist und das Wort Jesu.

Gerade wenn man für das Charisma der ›Ehelosigkeit um des Himmelreiches willen‹ ist, muß man das Gesetz ablehnen. Die Gründe, die von den Gesetzlichdenkenden angeführt werden, sind weiterhin richtig für das Charisma; wenn man aber diese Argumente für das Gesetz verwendet, sind sie falsch. Gegen die Priesterehe gibt es überhaupt keine stichhaltigen Gründe.

Richard Lipold, Pfarrer i. R.«
(Süddeutsche Zeitung vom 20.11.1990)

Hut ab, Herr Pfarrer und Respekt vor Ihrem Mut und der Weisheit des Alters!

Warum dieses Buch?

Es ist ein Buch über uns Menschen vor Gott und dem, was der Mensch aus Gottes Kirche gemacht hat. Ein Buch über den Zölibat und verbotene Liebe. Vor allem aber ein Buch über und für die Kinder eines Priesters mit seiner geliebten Frau. Sei sie ihm angetraut oder nicht.

Kinder werden nicht gefragt, ob sie gezeugt und geboren werden möchten. Sie wählen die Eltern nicht aus, deren Schoß sie überantwortet sind. Eines Tages, in der Sekunde Null, wenn Eizelle und Samenzelle sich innig erkennen und ›zu einem Fleisch‹ verschmelzen, eines Tages sind sie da. Unschuldig und verletzlich, neugierig auf das Leben und dem ausgeliefert, was wir, ja, wir alle zu bieten haben. Jesus sprach: »Lasset die Kindlein zu mir kommen!« Und er meinte sie alle, nicht nur die der Reichen, der Vornehmen. Nein, auch die der Armen, Hoffnungslosen, selbst die der Pharisäer und ganz gewiß auch die seiner Apostel, Jünger, Freunde und Freundinnen. Wie? Oh, ja, Jesus hatte zahlreiche Freundinnen. Sie hingen an seinen Lippen, nahmen Wort um Wort auf. Weit mehr weibliche Anhänger seiner Lehre gab es als männliche. Und als es ans Sterben ging, waren es Frauen, die seinen Leichnam suchten.

»Lasset die Kindlein zu mir kommen!« Wie ist doch dies Herrenwort in der Kirche Roms seit historischen Zeiten bis heute zur Farce gediehen!

Von der Kanzel wettern sie gegen Sittenverfall und freie Liebe, die Priester des Herrn. Der Papst schreitet mit Macht gegen Familienplanung, Schwangerschaftsverhütung und Abtreibung vor.

Eine feine weiße Weste wird uns da präsentiert. Doch viele der Priester, die da so schelten und das *Ego-te-absolvo!* nach der Beichte sprechen, viele derselben Priester leben in aller Heimlichkeit aus, was sie verdammen. Haben oft nicht nur eine Geliebte, sondern gleich zwei, drei zur selben Zeit. Haben ein Kind oder auch mehr, zu dem sie sich nicht oder nur heimlich bekennen. Haben den Tod ihres ungeborenen Kindes auf dem Gewissen, weil sie es nicht ertrugen, Vater zu werden – und sollen doch allen Menschen Vater sein. Führen eine Ehe, die keine ist. Sprechen und leben unwahr in Gottes und der Menschen Angesicht. Und warum?

Weil vor Gottes Stellvertreter auf Erden Kinder nicht mehr alle gleich wert sind. Weil Kinder eines geweihten Priesters verbotene Kinder sind. So verboten, daß viele von ihnen schon im Mutterleib sterben mußten. So verboten, daß die lebenden den Vater nicht kennen, nicht nennen, nicht verraten dürfen. Ein Kinderleben in Angst.

Dieses Buch ist ein Bekenntnis zu Gott, zur Liebe und zur Menschlichkeit. Wir alle, die wir an seiner Entstehung gearbeitet und einander Mut zugesprochen haben, wenn uns der Wind stramm ins Gesicht blies, wir alle wünschen uns, daß dieses Buch etwas bewegen möge. Daß es mithilft, den Pflichtzölibat abzuschaffen, so daß ledige Priester gemeinsam mit verheirateten Dienst an Gottes Altar verrichten können. Vor allem aber, daß es mithilft zu klären, daß Priesterkinder keine verbotenen Ausgeburten der Sünde, sondern geliebt und willkommen sind wie alle anderen Kinder auch.

Sag keinem, wer dein Vater ist! oder: Kinderleben in Angst

»Das Schlimmste in all den Jahren waren die Fragen der Kinder«, sagte Ilona irgendwann in unserem stundenlangen Gespräch. »Solange sie klein waren, ging es ja noch. Aber als Lisa vier wurde, fing es schon an. Sie hat so ziemlich jeden Mann, der mich mal besuchte, gefragt: ›Bist du unser Papi?‹ Und Thorsten, er ist ja nur ein Jahr jünger, immer hinterher: ›Warum denn nicht?‹«

Ilona lachte. »Jetzt sehe ich schon auch die Komik, aber damals, also echt, das war oft nur unendlich peinlich. Ich hatte da häufig schon weiche Knie, wenn bloß einer an der Tür schellte. Das war dann die Zeit, als ich anfing, die Kinderzimmer abzuschließen und die zwei darin einzusperren, bis der Besucher wieder weg war. Ach, Mensch, ich hatte so ein schlechtes Gewissen deswegen, und es war doch auch verdammt normal, daß die zwei jeden mit Fragen löcherten. Und trotzdem, was sollte ich denn machen? Ich bekam ja ziemlich oft Besuch. Quatsch, Besuch! Eigentlich waren das mehr Kunden. Ich, ja also damals, ich arbeitete da in einer Bar, nachts, wegen der Kleinen, weil tagsüber konnte ich ja nicht weg. Wie denn, wenn du keinen hast? Und allein lassen willst du sie doch auch nicht. Also ging's nur nachts. Und manchmal, so zwei-, dreimal die Woche kam dann auch einer von den Gästen zu mir. Nee, mit Sex lief da nichts. Das war meistens nicht mal erotisch angehaucht oder so. Die kamen, um zu reden, einfach, damit ihnen einer zuhört und sie verständnisvoll anschaut und wenigstens so tut, als ob ihm das alles wichtig wäre. Sie glauben ja gar nicht, wie viele Männer mit ihren Frauen nicht reden, weil die nicht zuhören oder bloß ihren Nachbarschaftsklatsch im Kopf haben oder vielleicht auch gar nicht kapieren, worum's geht. Einer hat mal was gesagt, das habe ich mir gemerkt. Der sagte: ›Geheiratet habe ich sie damals, weil sie eine Kanone im Bett war und ein Schaufensterpuppengesicht hatte und so weiter. Jetzt, wo Sex nicht mehr die Nummer eins für mich ist, da merke ich auf einmal, daß der Puppenkopf leer ist. Aber jeder braucht doch mal einen, mit dem er sich beraten kann. Oder?‹ Das konnte ich damals gut verstehen«, fuhr Ilona fort. »Ich hatte ja auch keinen, mit dem ich reden konnte. Ich meine, außer meinem heimlichen Mann, und wann war der schon mal da?! Und ich hatte nicht mal Geld, mir jemanden zum Zuhören zu kaufen. Später, als ich die ganze beschissene Situation nicht mehr aushielt und dann mit der Therapie anfing, da sprudelte alles nur so aus mir raus wie bei den Männern aus der Bar, die mir ihr Herz ausschütteten. Und da habe ich oft gedacht, daß ich ja eigentlich genauso ein armes Schwein bin, weil ich bloß mit jemandem über mich reden kann, der von Berufs wegen nicht nur zuhören, sondern auch schweigen muß.«

»Und die Kinder?« hakte ich nach. »Wie kamen die mit dem Eingeschlossenwerden zurecht?«

»Ich glaube, die haben das akzeptiert«, sagte Ilona. »Es war ja auch nie für sehr lange, vielleicht eine Stunde oder so. Ich hatte ihnen erklärt, daß sie mich stören, weil ich doch Geld verdienen muß und so. Und dann bekamen sie ja auch bald einen Platz im Kindergarten. Da habe ich mir alles so eingeteilt, daß nachmittags kein Kunde mehr kam.«

»Haben Sie den Kindern nie von ihrem Vater erzählt?« fragte ich.

Ilona drehte den schlichten Ehering an ihrer Hand, von dem sie mir berichtet hatte, daß sie ihn sich selbst gekauft und angesteckt habe, um verheiratet zu wirken, wenn sie mit den Kindern unterwegs war.

»Was sollte ich denn sagen?« meinte sie endlich. »Daß er tot ist? Er lebt ja. Oder daß er uns im Stich läßt? Tut er ja nicht; so gut er kann, sorgt er ja für uns. Oder daß wir uns nicht mehr lieben? Wär' doch gelogen und wie. Ich wünschte, ich würde ihn echt nicht mehr lieben, das ist wahr. Aber ich liebe ihn und bete noch immer jede Nacht: Lieber Gott, gib ihn mir für ganz! Was soll ich den Kindern denn sagen, was, bitte? Die Wahrheit? Daß er ein Priester ist und uns nicht haben darf? Die Kleinen hätten's doch gar nicht verstanden. Ich versteh's ja auch nicht. Und sie hätten ihn bloß in Gefahr gebracht. Er ist ja Pfarrer bei uns im Nachbarort. Ich sollte längst weiter weggezogen sein. Thorsten sieht ihm so verdammt ähnlich. Aber ich kann nicht. Ich muß ihn sehen. Ich brauche ihn so. Und er braucht mich auch.«

»Die Kinder sind jetzt acht und neun Jahre«, sagte ich. »Wissen sie inzwischen Bescheid?«

Ilona zuckte mit den Schultern. »Wir wollen es ihnen eigentlich Weihnachten sagen«, meinte sie zögernd. »Lisa soll bald zur Kommunion. Aber manchmal denke ich, sie wissen es schon. Zumindest Lisa.«

»Was bringt Sie auf diesen Gedanken?«

»Neulich zum Beispiel«, sagte Ilona und blinzelte vergeblich gegen die Tränen an, »neulich, da ging sie weg, ehe ihr Vater hierher zu mir kam. Das hätte sie früher nie getan. Sie war ja förmlich wild darauf, mit ihm zusammen zu sein, von der Schule zu reden und so. Als ich wissen wollte, warum sie denn wegliefe, war sie zuerst bloß patzig, so mit ›Darum eben!‹ und ›So eben!‹ Wie das so ist. Aber plötzlich fing sie an zu heulen und schrie mich an, die anderen hätten zu ihr gesagt, daß der Pfarrer mein Freund wäre, wüßte doch jeder, nur sie wäre zu doof, das zu checken. Und so rote Haare wie Thorsten hätte er auch.«

Schweigen.

»Wäre es in diesem Moment nicht gut gewesen, Sie hätten Ihre Tochter sofort ins Vertrauen gezogen?« fragte ich. »Waren die paar Monate bis Weihnachten eine neue Lüge wert?«

»Ich weiß es nicht.« Ilona griff zerstreut nach ihrem längst erkalteten Kaffee. »Ihr Vater möchte unbedingt dabei sein, wenn die Kinder erfahren, wer er ist. Ich wollte und will ihn da auch nicht übergehen. Es ist doch auch seine Sache. Und außerdem, ja, ich hatte auch Angst. Ich meine, was Lisa dazu gesagt hätte, wie sie's aufgenommen hätte. Das habe ich mir einfach allein nicht zugetraut. Sie ist sowieso so sensibel und nimmt alles viel zu schwer.«

»Viele Kinder sind sensibel und besonders in diesem Alter«, sagte ich. »Darf man sie deshalb belügen?«

»Nein, sicher nicht.« Ilona drehte erneut den Ring an ihrem Finger. »Aber wie soll ich ihr jetzt plötzlich, Knall auf Fall, die Wahrheit sagen, wo doch unser ganzes Leben nur eine einzige Lüge gewesen ist? Ich habe den Vater meiner Kinder verheimlicht, wo es nur ging. Vor dem Gesetz, vor meinen Eltern und Geschwistern, vor den Freunden, vor meinen Kindern. Ich schütze den Mann, den ich liebe; und ich liebe ihn wohl mehr als mich selbst. Was glauben Sie, wie oft die Kinder mich gefragt haben: ›Mama, warum haben wir keinen Papa? Mama, lebt unser Papa noch? Hat er eine andere Frau? Hat er uns nicht lieb? Wo ist er denn? Wie sieht er aus? Bin ich ihm ähnlich? Wie alt ist unser Papa? Hat er uns mal gesehen? Hat er uns mal gemocht?‹

Und immer habe ich gelogen, habe mir Geschichten ausgedacht oder auch einfach nicht darauf reagiert. Zuletzt habe ich immer gesagt, daß sie das alles jetzt noch nicht verstünden, weil sie noch zu klein wären, aber in ein paar Jahren, wenn sie alt genug wären, dann würde ich ihnen alles erklären. Thorsten dachte lange, sein Vater wäre bei der Mafia. Vielleicht denkt er es ja sogar noch. Ich weiß, daß er sich ein Bild von ihm zurechtlegt, so à la Zorro-Robin-Hood-Batman. Der Gutes tut, der geheimnisvolle Rächer der Armen und so. Ich habe Angst, wissen Sie, schreckliche Angst, wie die Kinder damit fertigwerden, wenn ihr Vater eben gar kein Superheld ist. Vielleicht sogar das Gegenteil.«

»Wird er sich zu seiner Familie bekennen, wenn die Kinder unter dem Weihnachtsbaum aufgeklärt worden sind?« fragte ich.

»Nein!« Ilona sagte es möglichst fest. »Wir werden wohl nie heiraten. Er liebt seinen Beruf mehr als uns. Und«, setzte sie trotzig-wütend hinzu, »damit steht er ja nicht allein da. Für die meisten Männer ist der Beruf doch das Größte, und wir Frauen finden uns damit ab. Da macht er gar keine Ausnahme.«

Nein, eine Ausnahme ist Ilonas Priester-Mann nicht, und auch sie selbst ist eine recht typische Priester-Frau: gescheit, einfühlsam, selbständig und innerlich so stark, daß sie von dieser Kraft bis zur Selbstaufgabe austeilen kann. Oder doch zumindest glaubt, es zu können. Und die Kinder, Lisa und Thorsten? Gern hätte ich persönlich mit ihnen gesprochen. Nicht unbedingt über dieses Thema. Ich hätte sie gern kennengelernt und versucht, ihr Wesen im Spiegel jener vielen anderen Kinder wiederzuerkennen und einzuordnen, die ich erleben durfte.

Doch Ilona war als Mutter dagegen. »Ich will nicht, daß über dieses Buch auch nur die geringste Spur zu meinen Kindern führen kann«, sagte sie. »Vielleicht schaffen wir es ja doch nicht, ihnen Weihnachten alles zu sagen. Man weiß ja nie. Da wäre es schrecklich, wenn irgendwer das Buch kauft und auf einmal: Klick! Die kenn' ich doch, das sind doch die und die. Meine Geschichte, die ist irgendwie, ja, ich würde es mal so sagen, die ist austauschbar oder nicht zu beweisen. Und Sie müssen ja auch nicht schwören, daß ich in Wirklichkeit zwei Buben oder zwei Mädchen oder sogar Drillinge habe. Das ist für das Buch ja nicht so wichtig. Und wie ich aussehe, schreiben Sie sowieso nicht. Das ist ja abgemacht. Also ist das alles okay. Ich kann damit leben, auch wenn mich vielleicht mal einer schief anguckt und was vermutet. Bloß für die Kids, nee, das ist mir zu risky, da läuft nichts.«

Lisa und Thorsten sind nicht die einzigen Kinder, die ich nicht persönlich kennenlernen oder deren Geschichte und Briefe ich nicht veröffentlichen durfte. Manche Briefe wurden noch in letzter Sekunde von den besorgten Müttern zurückgezogen. Seltener riefen die Kinder selber bei mir an und sagten, nein, sie wollten jetzt lieber doch nicht mehr. Als Hintergrundwissen solle mir dienen, was ich über sie erfahren habe, sagten mir manche Eltern. Ihre Kinder sollten nicht selbst in denselben Strudel aus Versteckspiel und Öffentlichkeit hineingerissen werden, in dem sie, die Eltern, umtrieben oder unterzugehen drohten. Ein möglichst normales Kinderleben sollten sie führen. Und doch gaben auch diese Eltern nach langen Gesprächen, Briefwechseln oder Telefonaten irgendwann zu, es sei ein Kinderleben in Angst.

Zerstörerische Angst durchleidet ein Kind, das seinen Vater nicht kennen darf. Nehmen wir zum Beispiel *Hansjörg*. Er ist zwölf, und er ist stumm. Nein, nicht von Geburt an. Bis vor knapp einem Jahr war Hansjörg ein zwar stilles, immer ein wenig nachdenkliches Kind, das lieber Klavier als Fußball spielte, aber gesund. Seine Krankheit, die der Facharzt ›Mutismus‹ nennt, begann an dem Tag, als seine Mutter ihm seinen Vater vorstellte.

Hansjörg hatte den Kapuzinerpater längst gekannt. Einmal hatten er und seine Freunde gemeinsam mit ihm eine Woche Urlaub auf einer Hütte im Hochgebirge gemacht. Hansjörgs Mutter war damals als Köchin abgeordnet worden und mitgefahren. Der Junge hatte sich nichts dabei gedacht. Und jetzt erfuhr er, daß Pater Thomas sein Vater sei.

Als die Eltern alles ausgesprochen hatten, was notwendig schien, nickte Hansjörg nur, stand schweigend auf und ging. Aus seinem Zimmer dröhnte kurz darauf Musik.

»Wir dachten, er müßte jetzt erst mal allein sein und alles verkraften«, sagte Vera, seine Mutter. Und Pater Thomas setzte hinzu: »Er hat ja nie viel aus sich rausgelassen, war immer eher verschlossen. Da kommt er stark nach mir. In ein paar Tagen würde er dann schon von sich aus kommen und reden. Wir wollten ihn in dem Moment einfach nicht bedrängen.«

Doch Hansjörg kam nicht. Er wurde nur immer stiller, von Tag zu Tag. »Müde sah er aus«, meinte die Mutter. »Zur Schule wollte er nicht. Ich ließ ihn hier. Und dann, am 14. März, den Tag vergesse ich nie, da gab er morgens keine Antwort. Ich redete alles mögliche zu ihm hin. Er starrte mich bloß an. Auch noch, als ich sauer wurde und ihm eine gelangt habe. So riesige Augen und so verzweifelt und die Tränen, die kamen so langsam hoch. Wie in Zeitlupe. Ich war wahnsinnig erschrocken. Aber wie ich auf ihn zuspringe, fällt er auch schon. Ich in Panik zum Telefon, meinen Mann, ich meine, den Pater angerufen. ›Gleich zum Arzt!‹ sagte er. Ich los, im Auto, den Jungen hinten drin. Daß unterwegs nichts passiert ist! Als wir beim Arzt ankamen, war Hansjörg zwar wieder bei sich, aber gesprochen hat er nicht. Bis heute.«

»Wir mußten ihn in psychotherapeutische Pflege geben«, sagte Pater Thomas. »Der Arzt und seine Therapeutin meinten, er habe durch einen Schock seine emotionale Sicherheit verloren und flüchte deswegen unbewußt in die Sprachlosigkeit. Aber irgendwie versucht er dadurch, die Tatsachen zu verschweigen. Daß ich sein Vater und gleichzeitig Priester bin, hat ihn vor Entsetzen stumm werden lassen. Für mich als Vater ist das das schlimmste Urteil, das es gibt. Ich werde meinen Priesterberuf aufgeben. Wenn der Junge wieder gesund ist, werde ich hier für ihn da sein. Das heißt, wenn er mit mir überhaupt leben kann und will.«

Hansjörg, das wissen die Eltern, kann geheilt werden. Wenn es in der Therapie gelingt, ihm in seiner neuen Umgebung das Gefühl zurückzugeben, daß seine Welt nach wie vor in Ordnung ist, wird er allmählich wieder sprechen lernen und auch nach Hause zurück dürfen. Die Narben auf seiner Seele aber werden bleiben.

Narben, wie auch andere Kinder sie auf ihrer Seele davontragen, wenn sie aus Liebe zu ihren Eltern nicht mehr Kind sein dürfen. Zur Kindheit gehört es doch selbstverständlich dazu, unbedacht und spontan zu reagieren, sich selbst im Mittelpunkt zu erfahren, mit der Wahrheit herauszuplatzen, undiplomatisch und herzerfrischend offen zu sein. Es gehört auch dazu, geborgen und sicher aufzuwachsen, die Welt in Ordnung zu wissen. Und nicht zuletzt gehört dazu, daß Kinder ihre Eltern kritiklos lieben dürfen, ihnen als Vorbild nacheifern und später an ihnen mehr oder minder ungestraft üben können, wie man sich als Erwachsener unter Erwachsenen zurechtfinden wird.

Kinder, die in Angst und Lüge aufwachsen, haben keine Kindheit. Unter der Last einer Verantwortung, die viel zu schwer für zarte Schultern ist, vergessen sie ganz, Kind zu sein. *Corinna*, sechzehnjährige Tochter eines Abtes und einer Bibliothekarin schrieb mir dazu:

»... Ich habe immer gewußt, daß mein Vater Abt in einem Kloster Bayerns ist. Meine Mutter hat es mir nie verheimlicht und von klein auf versucht, mir beizubringen, was das für sie und mich bedeutet. Bevor ich in die Schule kam und auch später oft, reisten wir jedes Wochenende zum Kloster meines Vaters, besuchten dort den Gottesdienst und aßen in der Klosterschänke zu Mittag. Wir haben uns auch heimlich mit meinem Vater getroffen. Die Familie meiner Mutter hat in der Nähe ein Ferienhaus. Da waren wir oft. Mein Vater kam dann auch, aber er konnte nie lange bleiben. Es war ja auch zu gefährlich.

Ich weiß noch, wie meine Mutter mir beibrachte, daß ich keinem verraten dürfte, wer mein Vater ist. Sie sagte, das wäre jetzt unser Geheimnis. Ich dürfte nie, nie, nie darüber reden, mit keinem. Weil, wenn ich es täte, käme der Teufel aus der Hölle und würde meinen Vater verschlingen und sie auch. Dann wäre nur noch ich auf der Welt, ganz allein. Und was sollte dann aus mir werden?

Ich hatte solche Angst, unser Geheimnis zu verraten, daß ich nachts nicht schlafen konnte. Meine Mutter hatte einmal gesagt, ich würde im Traum reden! Ich dachte immer, daß ich ja vielleicht von meinem Vater reden würde. Und dann bekam ich auch so einen komischen Drang, irgend jemandem alles zu verraten. Aber das durfte ich ja nicht. Da bin ich lieber aus lauter Vorsicht für mich allein geblieben. Ich hatte dann keine Freunde mehr. Die anderen sagten, ich wäre sowieso doof und versuchten, mich fertig zu machen, wo sie konnten. Ich war ziemlich allein. Bis dann, als wir Kommunionunterricht bekamen, die große Gut-sein-Welle kam. Plötzlich wollten alle gut zu mir sein. Aber ich hatte keinen Bock auf ihre guten Werke. Ich dachte die ganze Zeit, jeder würde mir an der Stirn ablesen, daß ich ein Geheimnis hätte und was es wäre. Und ich stellte mir dauernd vor, was die anderen sagen würden, wenn es rauskäme. Da fing ich an, mir Sachen auszudenken, daß ich blaues Blut in den Adern hätte und in Wahrheit eine Prinzessin wäre. Ich fing auch an, so komisch zu reden und zu gehen – wie ich mir das von einer Prinzessin eben so vorstellte. Die anderen hielten mich für total übergeschnappt. Und dann kam das mit der Beichterei und daß man kein Geheimnis haben dürfte vor Gott und alles, wirklich alles sagen müßte. Ich ging dann nicht mehr zum Kommunionunterricht. Natürlich wurde dies schnell bemerkt und meine Mutter informiert. Sie hat mich schon verstanden. Aber sie hat mir auch gesagt, daß man immer zuerst sein Gewissen befragen muß und so weiter. Sie hat auch gesagt, daß das mit meinem Vater nie rauskommen dürfte, weil er sonst Schwierigkeiten mit der Kirche bekäme und sie entlassen werden würde, weil sie ja in einer katholischen Bibliothek angestellt war. Nach dem Gespräch bin ich dann zum erstenmal von zu Hause weggelaufen. Die Polizei hatte mich gleich wieder. Die wollten auch wissen, warum ich das gemacht hätte. Aber ich habe nichts gesagt. Danach bin ich noch oft ausgerissen. Irgendwie fand ich das gut, daß ich dann irgendwo war, wo mich keiner kennt. Ich hatte dann auch weniger Angst. Und insgeheim dachte ich auch immer, wenn ich jetzt auf einmal so viele Probleme bereiten würde, käme mein Vater vielleicht doch zu uns, und alles würde gut. Aber das habe ich meiner Mutter nie gesagt. Seit einem halben Jahr bin ich ganz weg von zu Hause. Ich lerne jetzt einen Beruf. Vielleicht mache ich danach mein Abitur nach. Zuerst will ich aber eine Psychotherapie anfangen. Mein Freund sagt, ich müßte alles richtig aufarbeiten. Er hat auch gesagt, daß ich an Sie schreiben soll. Er sagte, ich soll es für ihn machen. Sie sind der erste Mensch, außer meinem

Freund, dem ich etwas davon verraten habe. Wenn Sie meinen Brief für das Buch verwenden, dürfen Sie meinen Namen nicht nennen.

Mit freundlichen Grüßen
Corinna«

Ein Kinderleben in Angst. Nicht immer ist es so extrem wie bei Corinna oder Hansjörg. Aber genügt es nicht schon, wenn Kinder von klein auf aus der Rolle des Beschützten herauswachsen müssen, um selbst zum Beschützer zu werden? Wenn sie durch ihr Schweigen, ihre Vorsicht, Rücksicht und ständige Selbstkontrolle die Eltern davor bewahren müssen und wollen, Kummer und Sorgen zu erdulden?

Tobias zum Beispiel sagte mir: »Ich bin in meiner Klasse so ziemlich der ruhigste Typ. Wenn ich seh', wie die anderen rauchen, schon mal ein Bier heben oder mit den Mädchen rummachen, nein, das ist nichts für mich. Meine Mutter würde glatt ausrasten. Die hat sowieso soviel um die Ohren mit meinem Vater, der nie da ist und dauernd bloß fordert, fordert, fordert, statt klipp und klar zu sagen: ›Du bist meine Frau und basta! Papst hin und her!‹ Dann der Beruf von ihr, damit die Kohle für uns zwei stimmt, das ist ja auch nicht gerade ein Zuckerschlecken. Und von meinem Alten ist ja nichts zu holen. Mann, da kann ich doch nicht kommen und auch noch voll auf die Tonne hauen.«

»Würdest du's denn gern?« fragte ich und dachte an meine eigenen Kinder, die solche Überlegungen wohl selten anstellen würden.

»Sicher, schon, manchmal, jedenfalls so'n bißchen«, gab Tobias zu. »Eine Handvoll mehr Taschengeld und mal 'ne Fete oder so, wo ich nicht um zehn zurück sein muß.

Aber echt, so wichtig ist das jetzt auch wieder nicht. Ich komm' damit schon klar.«

Für *Mascha,* die schon selbst Mutter ist, sieht das etwas anders aus.

»Mein Vater ist Priester«, sagte sie. »Darunter habe ich mein Leben lang gelitten. Nicht nur, weil ich als Kind immer das Gefühl hatte, unerwünscht zu sein und schlecht, weil sündig gezeugt und geboren. Das bleut dir die Kirche ja direkt ein. Aber ich sehe doch jetzt an meinem eigenen Kind, wie das mit seinem Vater spielt und schmust und streitet, ja, auch streitet. Das hatte ich doch nie. Vater nicht da. Und mit meiner Mutter streiten? Gott bewahre! Sie war doch sowieso dauernd am Leiden und am Kämpfen und am Heulen. Wenn ich dann mal was hatte, kam's doch gleich: ›Nicht du auch noch! Tu mir das nicht an!‹

Als Kind hab ich das ja nicht so voll begriffen. Da tat das nur weh. Aber jetzt. Da merke ich schon, daß ich ja nie gelernt habe, mich zu behaupten und Schwierigkeiten als normal anzusehen. Ich konnte mich irgendwie nicht von meiner Mutter abnabeln, weil ich dauernd das Gefühl hatte, ich müßte immer brav sein, um ihr alles leichter zu machen, was durch meine Geburt passiert war. Ich habe deswegen einfach alles für sie getan: Bettenmachen, Aufräumen, Einkaufen, Klavierspielen, obwohl ich lieber Trompete gelernt hätte, die Frisur, die sie wollte, Klamotten ja sowieso. Immer nur: ›Ja, Mami!‹ Ich sag' Ihnen jetzt was: Wenn sie nicht schon tot wäre, dieses Gespräch wäre nicht drin gewesen. Ich hätte es ihr nicht antun können. Nicht einmal heute, wo ich erwachsen bin oder sein sollte. Damals, meine Güte!

Und dann dieser Fimmel, den ich da hatte, besonders gut sein zu müssen. Weil mein Vater in meinen Augen ziemlich schlecht war, deswegen bin ich Krankenschwester geworden. Verrückt, wie? Meine Mutter faselte nur immer, wie gut er wäre und wie lieb und wie sehr er an uns hinge. Aber ich war ja blöd. Ich kapierte doch, daß sie litt wie ein Tier und er, er hatte alles, was er brauchte, meine Mutter inklusive. Wie oft wußten wir nicht, was auf den Tisch kommen sollte und neue Schuhe und alles. Und er, er hatte keine Sorgen. Er bekam alles serviert, für ihn war gesorgt. Mir war so ziemlich egal, ob er unseretwegen in seiner Zelle weinte. Er hätte ja herkommen können. Als Kind denkst du so, wenn du siehst, wie deine Mutter innerlich vor die Hunde geht und du nichts machen kannst. Wenn du dann bloß darüber nachgrübelst, wenn sie mich nicht hätte ... Und wenn du dann am liebsten ein Engelchen sein willst, das bloß Einser heimbringt, sich nie dreckig macht, sich nie rumzankt, nie Ärger macht. Und wenn du das alles ja nicht hinkriegst und dann sauer auf dich bist, weil sie schon wieder mal heult und du meinst, das ist deinetwegen. Da wächst dann eine unheimliche Wut auf den Vater, der das alles verursacht hat und einen jetzt so hängen läßt, bloß damit er weiter in der Kirche gut dastehen und alles haben kann, was er will.«

»Hat diese Fürsorglichkeit für die Mutter Ihre Persönlichkeit bis heute geprägt?« wollte ich wissen.

»Ich würde sagen, sogar sehr stark«, antwortete Mascha. »Ich hatte schon als Kind große Mühe, nein sagen zu können. Wenn zum Beispiel einer die Aufgaben nicht hatte, bei mir konnte er sie abschreiben, und wenn ich selbst dafür den ganzen Nachmittag am Schreibtisch gesessen hatte. Oder wenn einer kein Pausenbrot hatte und so weiter. Ich war immer das Schaf. Und das haben die anderen natürlich auch ausgenutzt. Ich hatte aber auch immer besonders schnell ein schlechtes Gewissen, und wenn mir einer irgendwelche Vorwürfe machte, habe ich sie mir immer gleich angezogen. Darunter habe ich wirklich sehr gelitten, auch wenn das damals alles Kindereien waren. Jetzt, wo ich erwachsen bin, geht's mir eigentlich auch noch nicht viel anders. Ich weiß zwar, daß es gut wäre, wenn ich mal ab und zu an mich selbst denken würde, aber bei mir gehen immer die anderen vor. Wenn mein Mann einen neuen Anzug braucht, dann kann er ihn sich auch dann kaufen, wenn mein Wintermantel nötiger wäre. Ich würde da nie protestieren, zum Beispiel. Oder wenn ich mir mal was Schönes für mich gekauft habe, dann bin ich oft so blöd und verschenke es, weil ich so ein schlechtes Gewissen habe, für mich so viel Geld ausgegeben zu haben. Das ist doch wirklich verrückt, weiß ich auch. Aber dagegen komme ich einfach nicht an. Das steckt noch von früher in mir drin.«

»War Ihnen als Kind eigentlich bewußt, in welcher Abhängigkeit Sie zu Ihrer Mutter standen?«

»Ich wußte schon als Kind, daß mir das nicht gefällt, bloß für meine Mutter da zu sein. Ich hatte schon meine Vorstellungen von mir und für später. Aber ich bildete mir auch immer ein, ich könnte sie doch nicht so einfach verlassen. Das war das Schlimmste für mich, daß ich mal aus dem Haus gehen und sie ganz allein lassen würde. Sie hatte für mich so viel getan. Ich dachte, ich müßte sie mitnehmen, egal wohin, einfach immer, auch wenn ich mal heiraten sollte. Aber heiraten wollte ich ja sowieso nie. Der Eindruck, den ich von meinem Vater bekommen hatte, und das Leben auf Sparflamme, das ich von meiner Mutter kannte, die ja immer bloß dann auflebte, wenn mein Vater mal wieder ein Stündchen für sie erübrigen konnte, ja, also das hat schon dafür gesorgt, daß ich von der Liebe ein ziemlich krummes Bild bekam. Ich dachte, wenn der Mann in der Liebe alles machen darf und die Frau bloß alles ausbaden muß, dann will ich mich nie verlieben. Als ich meinen Mann kennenlernte, war das ein harter Konflikt für mich. Und noch heute habe ich irre Probleme, ihm meine Liebe zu zeigen, weil ich immer Angst habe, er könnte mir einen Strick daraus drehen und mich dann leiden lassen. Liebe zu zeigen, das hatte ich total intus, das war Schwäche, Schutzlosigkeit. Ich hatte und habe immer noch Angst, er könnte mir weh tun, wenn ich mir so eine Blöße gäbe. Nicht körperlich, nein, das nicht; aber hier, hier drinnen. Beim Sex zum Beispiel, da kann ich nie sagen, was mir Spaß machen würde, da trau ich mich nicht einmal, irgendwelche Phantasien oder Wünsche zuzulassen. Da müßte ich ja irgendwie zu mir selber stehen und sagen können, das ist okay, das ist richtig und steht dir zu. Ach, das ist alles so verfilzt miteinander. Darüber könnte man schon allein ein Buch schreiben.«

»Haben Sie einmal versucht, diese Kindheitswunden zu heilen, in einer Psychotherapie aufzuarbeiten?«

»Nein«, sagte Mascha. »Ich drehe mich damit immer irgendwie im Kreis. Ich rege mich jedesmal furchtbar auf, wenn ich darüber rede, und in letzter Zeit kommt es immer wieder vor, daß ich mit irgend jemandem darüber reden muß. Das ist fast wie ein Zwang, und ich komme mir verrückt dabei vor. Aber ich habe das Gefühl, wenn ich jetzt nicht rede, dann platze ich. Und weil Sex und alles mit meinem Mann eben nicht so gut läuft, ja da habe ich schon mal daran gedacht, daß ich es mal mit einer Therapie versuchen sollte. Aber ich schäme mich auch. Wenn das einer erfahren würde und so.

Mein Mann ist ziemlich rücksichtsvoll. Er versucht voll, mich zu verstehen. Das hilft mir schon. Wir haben uns ganz gut zusammengerauft. Das heißt nicht, daß ich perfekt bin. Aber ich lerne dazu, vor allem seit der Bengel hier da ist.«

Mit einem Lächeln nahm Mascha ihren Benjamin auf den Schoß. »Er soll schon mal wissen, wer sein Opa ist. Ich will meinen Vater zum erstenmal im Leben von mir aus besuchen. Das kann mir nichts geben, was ich nie hatte. Aber ich will, daß Benjamin mit der Tatsache, daß sein Opa Priester ist, ganz natürlich umgeht. Verleugnen, verheimlichen, das kommt bei mir nicht mehr in Frage. Und wenn mein Vater, der ja nun schon alt ist, damit immer noch nicht umgehen kann, ist das sein Pech. Dann tut er mir, glaube ich, nicht einmal mehr leid. Es reicht, wenn ich keine richtige Kindheit hatte. So ein Kinderleben in Angst, wie ich es hatte, für Benjamin, nein danke, nie wieder!«

Ich, Sacrilegus

Ich heiße Johannes Kraus und wurde am 23.11.1969 als Sohn eines Priesters geboren. Da mein Vater zu diesem Zeitpunkt noch nicht laisiert war, bekam ich von der Kirche aus einem Akt grenzenloser Nächstenliebe und strenger Anwendung des Erbsünde-Dogmas heraus, nach dem die Sünde durch natürliche Zeugung von einer Generation auf die andere übergeht, den lateinischen Titel eines ›sacrilegus‹ verliehen, was wohl soviel wie ›Tempelräuber‹ bedeutet. Solchermaßen von Geburt aus mit einem ›Ehrentitel‹ versehen und über meine Altersgenossen herausgehoben, wurde ich vom Ortskaplan in Vertretung des Pfarrers getauft, damit jener sich mit mir nicht die Hände beschmutzen mußte. In der Absicht, der Zumutung zu entgehen, mit meinen Eltern ein Wort wechseln zu müssen, ließ der Pfarrer mein Taufbuch durch einen Abgesandten in unseren Briefkasten werfen.

Für meine Schwester mußte 1973 die Taufe aufgrund der nachfolgenden Ereignisse an einem anderen Ort erschlichen werden.

Als ich nämlich so weit herangewachsen war, um den pfarreigenen Kindergarten besuchen zu können, gingen meine Eltern daran, sich ebendort anzumelden, noch dazu in dem festen Glauben, gerade zur rechten Zeit zu erscheinen, da der Kindergarten unterbesetzt war. Dort erklärte die ›wachhabende‹ Schwester jedoch meinen Eltern, daß sie zuerst den Pfarrer fragen müsse, ob sie einen ›sacrilegus‹ *in ihrem Kindergarten ohne Gefahr für ihrer aller Seelenheil aufnehmen dürften. Dieser erklärte sich nach eingehenden Verhandlungen über den ›heißen Draht‹ dazu bereit, mich in den Kindergarten aufzunehmen, um kein öffentliches Ärgernis zu erregen und seinem eigenen Ruf keinen Schaden zuzuführen. Als meine Erstkommunion ins Haus stand, konnte ich, wie es zunächst schien, dem Kommunionunterricht meines getreulichen ›Seelsorgers‹ nicht mehr entgehen. Da dieser jedoch für äußerst unkonventionelle Methoden zur Wiederherstellung der Unterrichtsmoral bekannt war, war für mich das Schlimmste zu befürchten. So unternahmen meine Eltern eine Reihe von Anstrengungen, um mich als Gastschüler in der Grundschule der nächstliegenden Gemeinde vor der ›Seelsorge‹ meines Ortspfarrers zu bewahren. Dadurch wurde ich meinen bisherigen Klassenkameraden weitgehend entfremdet und mußte in meinem ›Asylort‹ erst neue Freunde gewinnen. Diese gesellschaftliche Weg-Orientierung von meinem Heimatort zeigt an mir bis heute seine Auswirkungen.*

Da der Ortspfarrer meine Eltern hinter ihrem Rücken ständig aufs Übelste beschimpfte, schamlose Predigten verfaßte und meinem (gleichwohl exkommunizierten) Va-

ter die Kommunion vor der Gemeinde zu verweigern versuchte, mußten wir auch unsere Kirchengänge in die bereits genannte Nachbarpfarrei verlagern. Aus meiner Heimatpfarrei war ich also objektiv gesehen mit meinen Eltern verstoßen worden.

Meine Firmung erschlichen wir gar, umweltbedingten Anforderungen gehorchend, in der Heimatpfarrei meines Vaters, die gerade ein Pfarrer innehatte, der uns gut gesonnen war. Auch hier war ich also aus der Gemeinschaft meiner Klassenkameraden ausgegrenzt.

Bis zum heutigen Tag erfuhr ich die Kirche lediglich als eine böse Macht, die mir und meinen Eltern laufend Schwierigkeiten bereitete. Ich bin jetzt neunzehn Jahre als und werde in Kürze das Abitur abgelegt haben. Vor nicht allzulanger Zeit mußte ich innerhalb des Religionsunterrichts an meinem Gymnasium hören, daß ein Sakrament, das von einem Priester, der ein Mörder ist, gespendet wurde, Gültigkeit hat, das von einem verheirateten Priester gespendete jedoch nicht. Angesichts solcher Äußerungen bezweifle ich das Wirken des Heiligen Geistes in den ›Stellvertretern Christi‹ zu jeder Stunde, wenn überhaupt. Den Ortspfarrer jedenfalls hat er bis heute nicht heimgesucht. In ständiger Erwartung, daß er wenigstens an unseren ›Heiligen Vater‹ in Rom einmal kurz seine Kraft verströmt, damit dieser einen völlig neuen Kurs in seiner Kirchenpolitik einschlägt und dabei vor allem auch das menschenverachtende Kirchengebot des Zölibats aufhebt, verbleibe ich Euer

Johannes
(Sacrilegus)

I. TEIL
Ehelos und keusch: Warum Zölibat?

Priester, ein Vater wie jeder andere?

Viele Kinder gibt es, die ohne Vater aufwachsen. Zahlreich die Gründe, aus denen es geschieht. Mag sein, der Vater ist tot oder will nichts von seinem Kind und dessen Mutter wissen, vielleicht sind die Eltern geschieden oder leben getrennt; andere Kinder kennen ihren Vater gar nicht, weil die Mutter nicht weiß, wie er heißt, wer er ist oder seinen Namen verschweigt.

Was also ist so anders, so besonders daran, wenn ein Kind ohne Vater lebt, weil dieser katholischer Priester ist? Ist er nicht ein abwesender Vater wie viele? Wächst man ohne ihn nicht heran wie so viele andere auch?

Nein, so alltäglich – einfach verhält es sich nicht!

Zwar ist ein katholischer Priester ein Mann wie jeder andere und zeugt ein Kind auf dieselbe natürliche Weise, in der alles menschliche Leben entsteht. Trotzdem ist alles anders, wenn ein katholischer Kirchenmann Vater wird, denn dieser darf keine eigene Familie haben. Die Gemeinschaft der Gläubigen soll seine Familie, Vater soll er für jeden Menschen sein. Eigene, leibliche Kinder aber sind verboten, weil die Kirche darüber ein Gesetz im Namen Gottes erlassen hat. Ein Gesetz, das uns unter der Bezeichnung ›Zölibat‹ bekannt ist.

Das geltende Recht der lateinisch-katholischen Kirche – Ausnahme: die katholische Ostkirche und die altkatholische Kirche – spricht über jeden katholischen Priester die bindende gesetzliche Verpflichtung lebenslanger Ehelosigkeit sowie völliger sexueller Keuschheit und Enthaltsamkeit aus. Nur wer sich freiwillig zu diesem Gesetz bekennt, kann Priester werden, und nur, wer es befolgt, darf als Priester arbeiten.

Mann und Frau, die Liebe, schließlich ein Kind oder auch mehr, das ist Alltag der gesamten Schöpfung. Das ist von Gott gewollt, geschaffen und für gut befunden. Die Bibel legt Zeugnis darüber ab. Ja, Gott befand diese Vorgänge des Lebens, die erweisen, daß Mann und Frau zusammengehören, sogar für so optimal gelungen, daß er sich zur gegebenen Zeit selbst eine Menschenfrau auswählte, um mit ihr einen eigenen, einen Gottes-Sohn, zu schaffen als Zeichen seiner ewigen Liebe. Gott also ist Vater. Vater seines eigenen Sohnes und Vater seiner Schöpfungskinder. Für einen Priester aber, der ›um des Himmelreiches willen‹ und seiner Liebe zu Gott zu jedem Opfer bereit und willens ist, selbst ein Menschengesetz zu akzeptieren, das Gottes Gesetz widerspricht – für einen Priester kann die von Gott für gut und würdig befundene Ur-Sehnsucht und Erfüllung des Mannes in seelischer und leiblicher Ergänzung durch eine Frau zur Hölle auf Erden werden.

Ein Priester, der sich verliebt – übrigens sagen Befragte, die als und mit Priestern gelebt haben bzw. noch leben, daß heute mindestens jeder vierte Pfarrer in einer Liebesbeziehung gebunden ist –, ein solcher Priester erregt ›Ärgernis‹ und wird von seinen kirchlichen Vorgesetzten zur Rechenschaft gezogen.

Eine Frau, die einen Priester liebt, wird auch heute noch von den meisten Menschen als schlecht, ja, als ehrlos angesehen. Selbst ihre Freunde und Familie sagten sich häufig von ihr los. Kinder eines katholischen Priesters (oder einer Nonne) waren früher ›Kirchen-Sklaven‹, ein Leben lang. Noch heute bezeichnet man das Kind eines amtierenden Priesters offiziell als ›sacrilegus‹, das heißt ›Tempelräuber‹, und viele besonders fromme Katholiken behandeln sie wie Ausgeburten des Bösen.

Drei schwerwiegende Gründe zur Heimlichkeit.

Priester dürfen sich nicht zu der Frau bekennen, die sie lieben. Ihre Kinder müssen sie verleugnen. Die Angst vor Entdeckung geht um.

Frauen dürfen sich nicht zu dem Priester-Mann bekennen, den sie lieben. Sie müssen ihren Kindern den Vater verheimlichen und dürfen seinen Namen nicht in die Geburtsurkunde eintragen lassen. Die Angst vor Entdeckung geht um.

Kinder von Priestern wissen in den ersten Lebensjahren selten, wer ihr Vater ist. Plappermündchen verplappern zuviel! Und später?

Kinder, die ihren Vater in der Öffentlichkeit mit ›Sie‹ anreden müssen, nicht Hand in Hand mit ihm gehen, ihn nicht vor Freunden bekennen, ihn nicht ›vorführen‹ dürfen. Kinder, die zu ehrlichen Erwachsenen heranreifen sollen, aber von klein auf zu Lügen, Heimlichkeiten, Ausreden und Angst gezwungen werden. Kinder, die zusätzlich zur Misere um den heimlichen Vater miterleben müssen, wie ihnen selbst der Makel anhaftet, offiziell Kind eines unbekannten Vaters (siehe Geburtsurkunde) zu sein und auch die Mutter deswegen mit schiefen Blicken bedacht oder Zielscheibe des Nachbarschaftstratsches ist. Die Angst vor Entdeckung geht um.

Nein, ein Vater wie jeder andere ist ein Priester nicht.

Sag nicht so laut ›Papa‹!

Mama sagt immer: Sag nicht so laut Papa, damit es nicht die Leute hören.

Marion

Was ist der ›Zölibat‹?

Der Zölibat ist ein von Menschen erdachtes und gemachtes Gesetz der römisch- (bzw. lateinisch-) katholischen Kirche. Dieses Gesetz verpflichtet einen jeden Priester zur Ehelosigkeit und absoluten sexuellen Enthaltsamkeit.

›Die Kleriker haben die Pflicht, die vollkommene und dauernde Enthaltsamkeit um des Himmelreiches willen zu wahren, sie sind daher zum Zölibat verpflichtet, der eine besondere Gabe Gottes ist, durch die nämlich die heiligen Diener ungeteilten Herzens leichter Christus anhangen und sich dem Dienst Gottes und der Menschen freier widmen können.‹ So lautet der Text des Konzilsdekrets *›Presbyterorum ordinis‹* (PO 16) über Leben und Dienst der Priester. Ihm schließt sich das kirchliche Gesetzbuch (Codex Iuris Canonici, CIC, in der Fassung vom 27. November 1983) inhaltlich an (Can. 277, § 1).

Die Verpflichtung zum Zölibat stellt eine der Bedingungen für den Empfang der Priesterweihe dar. Aber der Weiheempfang muß freiwillig geschehen. Es ist streng verboten, jemanden dazu zu zwingen oder jemanden davon abzuhalten (CIC, 1983, Can. 1026 und 1036).

Der Priesterkandidat, der um den Empfang der Weihe bittet, ist also auf den Zölibat vorbereitet. Er akzeptiert die Verpflichtung zu Ehelosigkeit und Enthaltsamkeit mit. Ja, er bekennt sich in einem ›vorgeschriebenen Ritus vor Gott und der Kirche‹ (CIC, 1983, Can. 1037) öffentlich dazu.

Wynfrith Noll: Statement zur Zölibatsdiskussion

Wynfrith Noll war katholischer Priester, ist jetzt evangelischer Pfarrer und gleichzeitig Psychotherapeut.

Wenn ich als Psychotherapeut über den gesetzlichen Zölibat zu reden habe, drängt es mich, zuerst in Dankbarkeit einiger zölibatär lebender Frauen und Männer zu gedenken, die ich kennenlernen durfte und die mir als Ordensfrauen oder Priester viel bedeuten oder bedeutet haben. Sie sind für mich vorbildliche Christen – aber nicht wegen ihres zölibatären Lebens, sondern trotz desselben. Nur zu oft habe ich gerade bei ihnen erlebt, wie sie trotz aller Hingabe an andere Menschen aus der freundlichen Umgebung ihrer Bekannten immer wieder zurückgefallen sind in eine Vereinsamung, die auch den Betrachter melancholisch werden ließ.

Nach über dreißig Jahren Erfahrung als Seelsorger und nach zwanzig Jahren Praxis als Psychotherapeut wird meine Empörung über den Zwangszölibat von Jahr zu Jahr größer, obwohl ich das Problem für mich längst glücklich gelöst habe und meiner Frau unendlich viel zu danken habe an Hilfe zu eigenem Reifwerden und Freiwerden und an Unterstützung bei meinem Bemühen, andere Menschen zu verstehen und ihnen zu helfen.

Ehelosigkeit mag für den einen oder anderen und meist auch nur für einige Zeit (wie auch die Einsamkeit) notwendig und förderlich sein für seine ganz spezielle Entwicklung. Im allgemeinen aber richtet der Zwangszölibat in der Psyche der von diesem Gesetz betroffenen Frauen und Männer schwere und schwerste Schäden an.

Bei den davon betroffenen Patienten, die mir begegneten, fand ich als Folgen vor allem Depressionen, Suchtkrankheiten, Zwangsneurosen, vor allem Kleptomanie und Waschzwänge, bei Amtsträgern übermäßig häufig Introversion und Hypochondrie sowie psychosomatische Störungen, die bereits chronisch waren.

Aber es geht nicht nur um Neurosen und Psychosen der direkt von diesem Zölibatsterror betroffenen Menschen. Auch viele der von ihnen seelsorgerisch betreuten Christen erleiden Schäden.

Eine leibfeindliche, freudlose und verklemmte Moral vergiftet gerade auch das Leben der sogenannten Laien, die von Zölibatären geleitet werden, auch wenn sie selbst nicht zur Ehelosigkeit verpflichtet sind. Die Versuche, glücklich, weltoffen und kontaktfreudig zu wirken, die man gerade bei sehr liebenswerten Zölibatären immer wieder findet, führen viele andere Menschen oft erschreckend ›hinter's Licht‹. Diese setzen viele Hoffnungen auf die ihnen so freundlich begegnenden Kirchenvertreter und erwarten Schutz und Trost, bis sie irgendwann einmal enttäuscht merken müssen, daß hinter der Maske des so weltoffenen Gottesmannes ein verzweifelt Suchender und zutiefst mit der eigenen Not Beschäftigter steckt, der irgendwann dann ermüdet das freundliche Lächeln sein läßt, das ihn überfordert und die Gläubigen getäuscht hat. ›Keep smiling‹ ist nicht erst eine Erfindung unseres amerikanischen Geschäftslebens.

Nicht nur einzelne Menschen werden zu Patienten, ganze theologische Systeme weisen als Folgen des Zölibats neurotische Verlogenheiten und Mangel an Wahrhaftigkeit und Realitätsbezügen auf. Manche kirchliche Aussagen sind geradezu kriminell verantwortungslos: Ich denke nur an die Folgen von ›Humanae vitae‹ für kinderreiche Arme oder in den Entwicklungsländern oder an das Kondom-Verbot für Aidskranke. Welchen Unsinn hat man jungen Menschen erzählt über die schwe-

re Sündhaftigkeit der entwicklungsbedingten Selbstbefriedigung oder über voreheliche Sexualität!

Da wird die auf Gemeinschaftsbildung hin ausgerichtete Gottesgabe Sexualität zur schmutzigen Gefahr, da erklärt man das Alleinbleiben für die immer bessere Methode, um ganz für Gottes Dienst da zu sein. Dabei hat Jesus von Nazareth doch den Dienst an den Geringsten seiner Schwestern und Brüder zu seinem Gottesdienst gemacht. Ist wirklich eine Ehefrau mit drei Kindern und einem Mann weniger ›frei‹, Gott zu dienen, als eine Nonne, die siebenmal am Tag Psalmen absingen muß? So greift der Zölibat weit über den Bereich des Sexuellen und des Individuellen hinaus: hinein in das Selbstverständnis aller Christen und der Kirche ganz allgemein ...

Entnommen aus:
›Zwangszölibat‹, Statements, in: Mitteilungsblatt der Vereinigung katholischer Priester und ihrer Frauen e. V. 4/1990

Wer lebt im Zölibat?

Das Kirchengesetz verpflichtet alle *›clerici‹* zum Zölibat. Damit sind alle *›ministri sancti‹* gemeint, also alle im Dienst der Kirche Stehenden, welche das Sakrament der Weihe empfangen haben. Dies sind:

- Diakone
- Priester
- Bischöfe.

Doch auch Ordensleute – Männer wie Frauen – unterliegen der Zölibatspflicht. Diese wird ihnen jedoch nicht durch Kirchengesetz auferlegt, sondern erwächst aus abgelegten Gelübden oder anderen heiligen Bindungen (CIC, Can. 573 und 599).

Für das Wesen des Zölibats hat dieser Unterschied des Ursprungs der Verpflichtung jedoch keine Bedeutung. Sowohl Kleriker als auch Ordensleute müssen daher vollkommene sexuelle Enthaltsamkeit ›um des Himmelreiches willen‹ leben.

Mein Vater ist Priester ohne Amt

Mein Vater ist Priester ohne Amt, und ich bin sehr stolz auf ihn; besonders wenn ich ihn predigen sehe.

Aber es hat auch Nachteile. Viele Wochenenden gehen kaputt, weil meine Eltern Gespräche führen müssen, z. B. über den Zölibat. Es kommen Frauen und Priester, die über ihre Sorgen und Nöte sprechen. Einmal war ein Herr von einer schwedischen Zeitung da, und dann haben sie geredet und geredet. Und wir konnten wieder nichts gemeinsam unternehmen.

Weil mein Vater ja Priester ohne Amt ist, waren wir schon oft in der Zeitung, da war ich richtig stolz. Meine Klassenkameradinnen fragen mich oft, was ein Priester ohne Amt ist und was er macht. Oft fragen sie auch, warum ein Priester mit Amt kein Verhältnis zu einer Frau haben darf. Mir macht es dann richtig Spaß, die Fragen meiner Mitschülerinnen zu beantworten.

Mein Vater ist sehr gläubig und ehrlich gesagt, ärgert mich das, weil ich nicht gerne in die Kirche gehe. Es ärgert mich sehr, daß mein Vater kein Priester mehr sein darf, nur weil er geheiratet hat. In der evangelischen Kirche darf der Priester doch auch heiraten. Warum dann nicht auch in der katholischen Kirche?

Mir geht es in der Familie gut. Wir haben sehr viel zu lachen. Mein Vater ist leider sehr oft weg. Wenn wir mal alle zusammen sind, bemühen wir uns alle drum, daß es ein schöner Tag wird. Wenn ich Probleme mit der Schule habe oder was bei den Hausaufgaben nicht verstehe, kann mir niemand besser helfen als mein Vater. Es gibt Monate, da ist mein Vater sehr oft beruflich weg, und wenn er dann wieder da ist, muß er gleich wieder arbeiten. Darum ist er auch öfters nicht so gut gelaunt und brüllt einfach irgendwie in der Gegend herum. Aber das ist ja auch verständlich, denn er muß ja soviel arbeiten.

Es wäre schön, wenn mein Vater wieder im Amt sein könnte. Das würde ihm sicher viel Freude machen, denn ich weiß, daß er ein guter Priester ist.

Rebekka

Zölibat trotz Ehe

Ehe und Priesterweihe bzw. Ordensgelübde sind laut Kirchengesetz unvereinbar.

Einzige Ausnahme: der Diakon. Wer Diakon werden möchte, muß mindestens 35 Jahre alt sein. Gründliche theologische Grundkenntnisse sind erforderlich, die als mehrjähriges Mitglied eines Diakonatskreises sowie in entsprechenden Kursen und Praktika erworben werden müssen.

Sind diese Forderungen erfüllt, kann um die Diakonatsweihe gebeten werden. Wie jede kirchliche Weihe, setzt auch die zum Diakon den Zölibat voraus und erfordert dessen freiwillige Annahme. Für den ledigen Diakon gilt diese Verpflichtung lebenslang.

Aber: Seit dem 2. Vatikanischen Konzil der katholischen Kirche (1962-65) können nun auch verheiratete Männer zum Diakon geweiht werden. Dazu ist die Zustimmung der Ehefrau erforderlich. Anders als der ledige Diakonkandidat, muß der verheiratete die Zölibatspflicht nicht öffentlich übernehmen (CIC, 1983, Can. 1037). Im Gegenteil, die bestehende Ehe berechtigt und verpflichtet ihn zur seelischen wie auch körperlichen Gemeinschaft mit seiner Frau.

Allerdings wird vorausgesetzt, daß die Ehe in ›standesgemäßer Keuschheit‹ vollzogen wird.

Stirbt die Frau des Diakons, tritt automatisch der Zölibat in Kraft. Eine Wiederverheiratung gibt es also nicht.

Nach seiner Weihe ist der Diakon als vollwertiger Kleriker anzusehen. Er ist befugt, alle liturgischen Handlungen selbständig vorzunehmen. Einzig die heiligsten Handlungen wie die Eucharistiefeier und die Spende der Bußsakramente sind ausschließlich dem Priester vorbehalten. Höchst selten wurden individuelle Sonderregelungen für die Aufnahme verheirateter Männer in den geweihten Priesterstand angewendet.

So gibt es zum Beispiel die Weihe von verheirateten Geistlichen der reformatorischen Kirche, welche sich zum Katholizismus bekannten und ihre Ehe weiterführen durften. Auch die Weihe verheirateter Männer mit sogenannter Dispens (Befreiung) vom Weihehindernis wird in seltenen Fällen vorgenommen. Diese Priester dürfen ihre Ehe fortsetzen, doch müssen beide Ehepartner sich verpflichten, ›wie Bruder und Schwester‹ nebeneinander zu leben und auf jeden sexuellen Kontakt zu verzichten (CIC, 1983, Can. 1042, 1°; Can. 1047, § 2,3°).

Sollte dennoch ein Kind in eine solche Ehe hineingeboren werden, so ist es seit der jüngsten Reform des Kirchengesetzes als ehelich anzusehen.

Nach dem alten Kirchenrecht von 1917 (CIC, 1917, Can., 1114), galt ein nach der Weihe gezeugtes Kind in jedem Fall als unehelich!

Lächeln, aber nur heimlich

Am schönsten ist es, wenn mein Vater in seinem gestickten Gewand in der Kirche steht. Alle hören auf das, was er sagt. Dann bin ich sehr stolz auf ihn. Dann stelle ich mir vor, daß er in Wirklichkeit nur für mich ganz allein spricht. Und ich schaue ihn immer an, bis er mich auch anschaut. Dann lächeln wir. Aber ganz heimlich.

Matthäus (9 Jahre)

Wie wird der Zölibat durchgesetzt?

Welche Gründe für den Erhalt des Zölibats auch sprechen mögen, fest steht, daß die Verpflichtung des römisch-katholischen Priesters zu absoluter sexueller Enthaltsamkeit nicht nur per Kirchengesetz geregelt, sondern bestimmt und festgeschrieben wird. Alfons Kraus hat in seinem Buch ›Für einen gefallenen Engel beten sie nicht‹ die ›Erklärung‹ veröffentlicht, die er seinerzeit aus Anlaß seiner kirchlichen Weihen unterschrieb:

»Ich bekenne Kenntnis zu haben von allen Verpflichtungen und Bürden und den sonstigen aus dieser Weihe sich ergebenden Folgen, die ich aus freien Stücken auf mich zu nehmen den ernsten Willen habe, mit dem festen Vorsatz, all diese Pflichten während meines ganzen Lebens mit Gottes Hilfe sorgfältig zu erfüllen und zu halten.

Im besonderen bekenne ich hiermit, mir des Zölibatsgesetzes in seiner ganzen Tragweite voll bewußt zu sein und nehme mir fest vor, es gerne zu erfüllen und mit Gottes Hilfe bis ans Ende unverletzt zu halten.

Endlich gelobe ich aufrichtig nach Maßgabe der heiligen Kanones in willigem und freudigem Gehorsam alle Vorschriften meiner Vorgesetzten und Forderungen der Kirchenzucht zu erfüllen, bereit, ein tugendhaftes Beispiel in Tat und Wort zu geben, um so würdig zu sein, von Gott für die Übernahme eines so schweren Amtes belohnt zu werden.

Das verspreche, das gelobe, das beschwöre ich, so mir Gott helfe und seine heiligen Evangelien, die ich mit eigener Hand berühre.«

Trotz der Formulierung des Schlußsatzes stellt dieses Bekenntnis weder einen Eid noch ein – weniger bindendes – Gelübde dar. Und im Hinblick auf das Zölibatsgesetz erklärt der Priesteramtskandidat ausschließlich, daß er sich mit Gottes Hilfe bemühen werde, es zu erfüllen.

Vielleicht um dieses lebenslange Bemühen zu unterstützen und zu erleichtern, ganz sicher aber im Bewußtsein, wie sehr dieses Zölibatsgesetz der von Gott angelegten Natur des Menschen widerspricht, ersann die Kirchenführung gewisse Hilfestellungen. Statt das vom Priesteramtskandidaten versprochene Bemühen um Zölibatstreue als freie moralische Verantwortung gelten zu lassen, wurden Verfehlungen durch rechtliche Konsequenzen entweder verhindert oder bestraft.

1. *Das Weihehindernis:*
   Wer die Zölibatsverpflichtung ablehnt, kann kein Priester werden.

2. *Das Ehehindernis:*
   Ein geweihter Priester darf nicht (kirchlich) heiraten. Eine standesamtlich geschlossene Ehe ist im Verständnis der Kirche ungültig. Wer eine Ehe auf diese Weise ›versucht‹, begeht eine Straftat. Ihm ist lebenslang verboten, sein Priesteramt auszuüben. Auch nach dem Tod der Ehefrau oder gar einer Scheidung. (CIC, 1983, Can. 1040; 1041, 30°, 1044 § 1,30°)
3. *Strafen:*
   Maßnahmen, die hier bei Verstößen gegen den Zölibat getroffen werden, reichen von ›brüderlicher Zurechtweisung‹ über Beurlaubung, Versetzung, Amtsenthebung und Exklaustration bis hin zur Exkommunikation.
4. *Lebenslänglichkeit:*
   Der Zölibat gilt lebenslang. Wenn überhaupt, kann er nur durch Rechtsschritte aufgehoben werden. Eine solche Aufhebung zieht stets den Verlust des Priesteramtes nebst aller damit gekoppelten Befugnissen, Rechte und Ansprüche nach sich.

Ohne diese rechtlichen Konsequenzen der Zölibatsverpflichtung stünde es auch dem römisch-katholischen Priester zeitlebens frei, zu heiraten oder nicht. Ein Bruch des Zölibatsversprechens bliebe ohne negative Folgen.

Geschenk kraft Gesetz?

Das Kirchengesetz definiert den Zölibat als ›besondere Gabe Gottes‹. (CIC, 1983, Can. 277 § 1)

Gleichzeitig wird diese ›Gabe‹, ein Geschenk also, kraft gesetzlicher Maßnahmen erzwungen.

Wie läßt sich eine solche Denk- und Handlungsweise mit der Unantastbarkeit Gottes vereinbaren?

In der maßgeblichen Fachliteratur (Dokumente des 2. Vatikanischen Konzils) versucht das *›Presbyterorum ordinis‹* eine Erklärung. Darin heißt es: Der Geist gebe der Kirche das Vertrauen, daß der Vater die Gabe der Ehelosigkeit schenken werde, wenn die Berufenen und die ganze Kirche ihn darum bitten.

Dennoch: Wie ein Vertrauen in Gott das Gewähren einer an ihn gerichteten Bitte als Gesetz manifestieren darf, bleibt unfaßbar. Dies mögen die heißen, heftigen Diskussionen beweisen, die seit Einführung der Zölibatspflicht bis zum heutigen Tag geführt werden.

Ich bin ein Geschenk

Als ich meine Mutter fragte, warum sie mich damals nicht abgetrieben hat, sagte sie, daß jedes Kind ein Geschenk Gottes ist.

Wenn das so ist, dann begreife ich nicht, wie der Papst sich herausnehmen kann, einem Priester zu verbieten, Gottes Geschenk anzunehmen.

Karin (16 Jahre)

Kennt die Bibel den Zölibat?

So geradeheraus gefragt, kann man nur ebenso geradeheraus antworten: Nein, die Bibel kennt ihn nicht, den Zölibat.

Karlheinz Deschner schreibt in ›Das Kreuz mit der Kirche, Eine Sexualgeschichte des Christentums‹:

›An Jesus hat die christliche Askese keine Stütze. Zölibat, Frauen- und Ehediskriminierung, die Fasten- und anderen Kasteiungspraktiken vertritt er so wenig wie Militarismus oder Ausbeuterei.

Nie hat sich Jesus gegen die *Libido* (lat. Geschlechtstrieb) als solche gewandt, nie das Sexuelle *per se* als gottwidrig betrachtet. Auch spielt in der allen Evangelien gemeinsamen älteren Überlieferungsschicht geschlechtliche Enthaltsamkeit überhaupt keine Rolle. Es fällt nicht schwer, sich die Radikalität vorzustellen, mit der Jesus das Triebleben verdammt hätte, wäre es ihm darum zu tun gewesen. Doch pflegte er Umgang selbst mit Sündern und Huren. Und noch die Legenden seiner jungfräulichen Geburt – nach dem Vorbild genauso geborener Gottessöhne erst in den jüngeren Evangelien erfunden – zeigen keinerlei asketischen Kommentar.‹

Bei Hans Heimerl, ›Der Zölibat. Recht und Gerechtigkeit‹, heißt es dazu:

›Eine Hauptbegründung für den Zölibat wird heute darin gesehen, daß ›Jesus mit geheimnis- und erwartungsvollen Worten eine noch vollkommenere Weihe an das Himmelreich durch die Jungfräulichkeit infolge einer besonderen Hingabe (Mt 19, 11-12)‹ empfahl.‹

Im Wortlaut der betreffenden Bibelstelle liest es sich so:

›Er aber sprach zu ihnen: Das Wort faßt nicht jedermann, sondern denen es gegeben ist.

Denn es sind etliche verschnitten, die sind aus Mutterliebe also geboren; und sind etliche verschnitten, die von Menschen verschnitten sind; und sind etliche verschnitten, die sich selbst verschnitten haben um des Himmelreiches willen. Wer es fassen kann, der fasse es!‹

Da ein vergleichbares Jesus-Zitat in keinem anderen Evangelium vorkommt und ›zur Zeit des Paulus kaum bekannt‹ war, mutmaßt Karlheinz Deschner in seinem bereits erwähnten Buch ›Das Kreuz mit der Kirche‹, Jesus habe es ›nie gesagt‹, sondern Matthäus habe es ›eingeschoben‹.

Darüber hinaus schreibt Deschner, daß mit ›Verschnittenen‹ nicht die als *›agamoi‹* bezeichneten ›Ledigen‹ oder ›Ehelosen‹ gemeint sind, sondern *›eunuchoi‹*, d. h. ›Eheuntaugliche‹. Fest steht, so Deschner weiter, ›der Kreis der Eunuchen wird da nicht näher fixiert, weshalb das Wort auch kein allgemeines Zölibat begründen kann. Übrigens wurde es selbst von Päpsten und Synoden nur selten so erklärt.‹

Das zweitwichtigste Bibelwort zum Zölibat sieht die römisch-katholische Kirche in den Briefen des Paulus. Im 1. Korintherbrief heißt es da über Ehe und Ehelosigkeit (7, 5-8; 25-38):

›Entziehe sich nicht eins dem andern, es sei denn aus beider Bewilligung eine Zeitlang, daß ihr zum Fasten und Beten Muße habt; und kommt wiederum zusammen, auf daß euch der Satan nicht versuche um eurer Unkeuschheit willen. Solches sage ich aber aus Vergunst und nicht aus Gebot. Ich wollte aber lieber, alle Menschen wären wie ich bin, aber ein jeglicher hat seine eigene Gabe von Gott, einer so, der andere so.‹

Sein ›wie ich‹, schrieb Paulus. Laut Deschners Rechercheergebnissen müssen wir uns Paulus als ›kleinen, glatzköpfigen und o-beinigen Mann‹ vorstellen, ›der überdies an halluzinatorischen Anfällen, vielleicht epileptischen Ursprungs, litt‹ und ›vielleicht von Kind an impotent, zumindest aber randvoll von sexuellen Komplexen‹ war.

Doch weiter im Korintherbrief: ›Ein jeglicher, liebe Brüder, worin er berufen ist, darin bleibe er bei Gott‹, schrieb Paulus. ›Von den Jungfrauen aber habe ich kein Gebot des Herrn; ich sage aber meine Meinung, als der ich Barmherzigkeit erlangt habe von dem Herrn, treu zu sein ...

Ich wollte aber, daß ihr ohne Sorge wäret, Wer ledig ist, der sorgt, was dem Herrn angehört, wie er dem Herrn gefalle. Wer aber frei, der sorgt, was der Welt angehört; wie er dem Weibe gefalle.

Es ist ein Unterschied zwischen einem Weibe und einer Jungfrau: welche nicht freit, die sorgt, was dem Herrn angehört, daß sie heilig sei am Leib und auch am Geist; die aber freit, die sorgt, was der Welt angehört, wie sie dem Manne gefalle.

Solches aber sage ich euch zu eurem Nutzen; nicht, daß ich euch einen Strick um den Hals werfe, sondern dazu, daß es fein zugehe und ihr stets und unverhindert dem Herrn dienen könnet ...

Demnach, welcher verheiratet, der tut wohl; welcher aber nicht verheiratet, der tut besser ... nach meiner Meinung. Ich halte aber dafür, ich habe auch den Geist Gottes.‹

So unverrückbar die römisch-katholische Kirche auch an diesen beiden fundamentalen Aussagen des Neuen Testaments über die Hochschätzung der Ehelosigkeit festhält – laut Hans Heimerl in ›Der Zölibat, Recht und Gerechtigkeit‹ stellen beide Zitate ›keine direkte und erst recht keine verpflichtende Verbindung zu den kirchlichen Amtsträgern her. Diese waren in den ersten drei Jahrhunderten mit großer Selbstverständlichkeit verheiratet. Man verlangte von ihnen nur vorbildliche Treue in der Ehe. – Die gottgeweihte Keuschheit ist zusammen mit den anderen evangelischen Räten in Wort und Beispiel des Herrn begründet und von den Aposteln empfohlen (*Lumen gentium* 43, Dokument des 2. Vatikanischen Konzils). Ihre Ausprägung als Klerikerzölibat ist eine spätere Entwicklung‹.

Mein Vater

Mein Vater trägt ein schwarzes Kleid,
er ist ein schwarzes Schaf.
Darunter ist er nur ein Mann,
was keiner sehen kann.
Viel lieber sollt ein Frosch er sein,
das fände ich schön und fein.
Dann würfe ich ihn an die Wand,
dann fiele ab das Froschgewand,
ich gäb ihm einen Kuß
und Schluß.

Anita (12 Jahre)

Aber ich bin

Ich bin nicht verstoßen,
aber ich bin versteckt.
Sonst wäre ich peinlich.
Aber ich bin ja nur heimlich.
Das ist mir unheimlich.
Das finde ich Dreck
von euch Großen!

Anita (12 Jahre)

Pater heißt Vater

Wenn wir zu zweit sind,
ist mein Vater mein Vater.
Wenn wir zu dritt sind,
ist mein Vater ein Pater.
Pater heißt Vater,
doch das gibt keinen Sinn,
weil ich dem Pater
sein eigenes Kind bin.

Anita (12 Jahre)

Warum Zölibat?

Schon für den gewieften Kirchenrechtler und zutiefst gläubigen Geistlichen ist es schwer begreiflich und verständlich, aus welchen Gründen es bis auf unabsehbare Zeit den Pflicht-Zölibat gibt.

Nun wieviel verwirrender und undurchsichtiger stellen sich die Erklärungen und Begründungen dem Laien dar!

Dennoch soll hier versucht werden, auf die Frage nach der Basis des zölibatären Lebensprinzips zu antworten.

Über den Dienst am Altar

Wie wir bereits im Kapitel ›Kennt die Bibel den Zölibat?‹ gesehen haben, spricht Jesus kein Wort vom bösen sexuellen

Trieb oder gar dem üblen Geist der Ehe. Im Gegenteil, er bejaht die Lebensfreude und bekämpft alles Selbstquälerische. So gern sogar, daß er bei seinen Gegnern den Ruf eines ›Fressers und Weinsäufers‹ (Lk 18, 9 ff.; Mt 11, 19) davonträgt.

Jesu Apostel und ältesten Jünger, auch seine eigenen Brüder waren verheiratet. Viele von ihnen führten ihre Frauen selbst auf Missionsreisen mit. Niemand nahm daran Anstoß, Jesus zuallerletzt. Frauen galten in seinen Augen weder als minderwertig noch als Gefahr für das Seelenheil des Mannes. Und in der Ehe ›ein Fleisch‹ zu sein (Mk 10, 8), hielt er für selbstverständlich und recht. Von sexueller Enthaltsamkeit war keine Rede!

Ja, selbst ein Ehebruch – Sinnbild des ungeordneten sexuellen Triebes – war in Jesu Verständnis nicht unverzeihlich (Lk 7, 47; Joh 8, 3 ff.). Und das, obwohl seine Äußerungen über die Ehe so streng und eindeutig sind, wie wenige seiner Worte (Mt 5, 28).

Als nach Jesu Tod die Berichterstatter daran gehen, seine Lehre für die Nachwelt schriftlich festzuhalten, schreibt Timotheus: ›So muß denn der Bischof unbescholten sein, *eines* Weibes Mann‹ (1. Tim 3, 2).

Und Clemens von Alexandrien, einer der ersten Päpste (um 150-215 n. Chr.), der zeitlich der Lehre und Person Jesu so viel näher stand als wir, ließ uns wissen: ›Fürwahr, auch den Mann einer Frau nimmt die Kirche wohl auf, mag er Priester sein oder Diakon oder Laie, wenn er von der Ehe nur einen tadellosen Gebrauch macht; er wird des Heils teilhaftig werden durch Kinderzeugung.‹

Wie das Zölibatsdenken begann

Am Anfang des Zölibatsgedankens stand ein Rest antiken Glaubens, der nämlich, daß die ›Unreinheit‹ ehelichen (sexuellen) Verkehrs mit der ›Heiligkeit‹ des Dienstes an Gott unvereinbar sei.

Logische Folge für das junge Christentum: kein Sex vor dem Gottesdienst! Daran hatten sich alle Gläubigen zu halten, besonders Kirchenleute.

Die absolute sexuelle Entsagung sollte die vollkommene Reinheit des Priesters bezeugen und ihn in den Augen seiner Gemeinde als würdigsten Diener Gottes ausweisen. Der Mensch sollte dem Körper entsagen, um desto mehr Geist-Wesen zu werden. Ein Geist-Wesen, das Gott als dem absoluten Geist näher zu kommen imstande schien als der Körper- und damit erdverhaftete ›Normal-Mensch‹.

Zugleich sollte das Gelingen dieses übermenschlichen Entsagens beweisen, daß es Gott wirklich gab. Wie anders denn als mit seiner Hilfe wurde ein Leben ohne Sex und Ehepartner möglich?

Und der Eifer im Glauben wie auch des Missionierens nahm zu.

Bald schon setzte es sich in der Westkirche durch, den Gottesdienst nebst Abendmahl täglich abzuhalten.

Das ›kultische Reinheitsgebot des Alten Testaments, das übertreibend mißverstanden wurde‹ (Hans Heimerl, Der Zölibat), zwang nunmehr zur Dauer-Enthaltsamkeit. Wohl um die Menschheit nicht auszurotten, beschränkte man diese Neuerung auf den Klerus.

In einem ersten Zölibatsdekret von 306 n. Chr. heißt es: ›Die Bischöfe, Priester und Diakone, überhaupt alle Kleriker, die den heiligen Dienst, nämlich den am Altare verwalten, müssen sich ihrer Frauen enthalten bei Strafe der Absetzung.‹

Die Ostkirche, die nicht täglich das Abendmahl feierte, sondern sich auf dreimal pro Woche beschränkte, nahm's mit der Enthaltsamkeit entsprechend weniger streng. Hier wurden nur die stets aus Mönchsorden berufenen Bischöfe mit einem sexuellen Tabu belegt. Alle anderen Kirchenleute durften heiraten und ihre sexuelle Beziehung ausleben. Ja, man verbot ihnen sogar, irgendein Zölibatsversprechen abzulegen. Und da man die ganze Angelegenheit nicht so eng sah, gab es bis ins 12. Jahrhundert hinein auch verheiratete Bischöfe.

Natürlich wurde man mit der Zeit spitzfindiger und erließ immer genauere Verbote im Umgang mit Frauen, so daß ein Geistlicher schließlich nur mehr mit der Gattin, der Schwester oder der Gott geweihten Tochter zusammentreffen sollte. Und natürlich wurden die neuen Dekrete so selten beachtet wie die alten.

Der heilige Bonifatius, gern ›Apostel der Deutschen‹ genannt, weil er zur Missionierung der Germanen ausgesandt war, lebte zwischen 672 (73) und 754 n. Chr. In einem Brief über den Priesterstand schrieb er: ›So kamen sie ins Diakonat und halten sich in demselben vier, fünf, auch noch mehr Konkubinen nachts im Bette.‹

Selbstverständlich konnte dieses Treiben niemandem verborgen bleiben. Auch der ›Mutter Kirche‹ nicht. Die Synode von Tours im Jahre 567 n. Chr. brachte es auf den Punkt. Da hieß es: ›Weil sehr viele Erzpriester auf dem Land, ebenso Diakone und Subdiakone, im Verdacht stehen, den Umgang mit ihren Frauen fortzusetzen, soll der Erzpriester stets einen Kleriker bei sich haben, der ihn überall begleitet und in derselben Zeit mit ihm sein Bett hat. ›Sieben Subdiakone oder auch Laien (!) mußten, wöchentlich einander abwechselnd, den Erzpriester bewachen und wurden im Weigerungsfall verprügelt‹ (Karlheinz Deschner, Das Kreuz mit der Kirche).

Schon 633 und abermals 675 n. Chr. erweiterte man die Zölibatsdekrete nach dem Motto: Vertrauen ist gut, Kontrolle ist besser. Ganz richtig hatte man erkannt, daß ›die Geistlichen durch ihr Leben nicht wenig Skandal verursacht haben‹.

Damit künftig ›den Laien aller böse Argwohn benommen werde‹, befahl man, daß ›auch die Bischöfe in ihren Zimmern Zeugen ihres Lebenswandels bei sich haben‹. Ja, man verbot schließlich jedem Kleriker, ohne zuverlässigen Aufpasser mit einer Frau Kontakt aufzunehmen.

Weil es ›bezüglich dieser Personen (...) Frevel ist, anderes zu vermuten, als die Natur festsetzte‹, wurden als einzige Ausnahmen die Mutter, Großmutter, Schwester, Tochter und zuweilen auch die Nichte als Gesellschaft geduldet.

Zumindest war es so bis 888 n. Chr. Da nämlich bekannte die Mainzer Synode, daß die Geistlichen es schon oft mit Verwandten getrieben hatten. Und prompt blieb von allen weiblichen Verwandten nur mehr die sexuell für gefahrlos befundene Großmutter übrig.

Obwohl die Reform unter Papst Gregor im 11. und 12. Jahrhundert erstmals Ernst mit dem Zölibatsgesetz zu machen begann, meldete die berühmte deutsche Mystikerin und Kritikerin ihrer Zeit, Mechthild von Magdeburg (ca. 1210-1282/94): ›Daß Gott die Domherren Böcke nennt, tut er darum, weil ihr Fleisch vor Unkeuschheit stinkt ...‹

Und sie mußte es wohl wissen, denn sie lebte als Begine (Mitglied einer klosterähnlichen Gemeinschaft von Witwen und Jungfrauen) bei den Domherren von Magdeburg.

Vornehmer, doch nicht weniger eindeutig klang es von Papst Innozenz III. (1160/61-1216), wenn er von seinem Klerus sagte: ›Sie sind sittenloser als Laien.‹

Billig und gut. Der Zölibat als Sparmaßnahme

Es leuchtet ein, wenn Kirchenkritiker bis in die jüngste Gegenwart hinein den Zölibat als ›finanzpolitischen Dauerbrenner‹ entlarven. Ehelose Kirchenleute sind unbestreitbar billiger (und besser, wie wir ja schon wissen) als verheiratete mit dem Kostenfaktor Frau plus Kind/er.

Die ›Sparmaßnahme Zölibat‹ enthob die Kirche der Notwendigkeit, ihre Güter mit Frau und Nachfahren ihrer Geistlichen zu teilen bzw. zu mindern. Im Gegenteil, der Zölibat erlaubte sogar das Einkassieren weltlicher Besitztümer derer, die in den ›heiligen Stand‹ traten, ohne ›Mitesser‹ befürchten zu müssen.

Bereits im Jahr 528 n. Chr. ordnete Kaiser Justinian an, Bischof könne nur werden, wer keine Kinder habe. Eine Ehefrau, mit der sexuell nichts lief, wurde stillschweigend akzeptiert. Schließlich gesteht die Kirche jedem Priester bis heute eine Frau als Magd und Bedienstete zu!

Im Jahr 530 n. Chr. übertraf Kaiser Justinian sich selbst, indem er jede nach der Weihe geschlossene Priesterehe für null und nichtig erklärte und alle daraus hervorgegangenen Kinder für unehelich und ohne Erbrecht. Die Reihe ähnlicher Finanzmaßnahmen mit Hilfe von Kirchengesetzen und Synodalerlassen könnte man bis in die Neuzeit fortsetzen. Selbst das zwischenzeitlich verstorbene ›Finanzgenie‹ des Stellvertreters Christi in Rom – Kardinal Spellmann von New York – ließ sich auf die Frage nach einem Zölibatsdispens für den Diakon zu der Rückfrage hinreißen: ›Wer wird das bezahlen?‹

Der Unverheiratete und die Dinge des Herrn

Das Paulus-Wort von dem Unverheirateten, der sich um die Dinge des Herrn, und dem Verheirateten, der sich um die Dinge der Welt und seine Frau kümmere (1. Kor 7, 32), kam den Eiferern und Fanatikern des Glaubens wie auch der Finanzlage der Kirche nur zu gelegen, als der Zölibat erfunden wurde. Ein leider anonymer katholischer Geistlicher des 19. Jahrhunderts umschrieb dies folgendermaßen:

›Rom wollte herrschen, dazu brauchte es blinde Werkzeuge, willenlose Sklaven, und diese fand es in einem ehelosen Clerus, der durch keinen Familienverband an Vaterland und König geknüpft war, dessen Haupt – ja einzige Pflicht in unbedingtem Gehorsam gegen Rom bestand.‹

Der Zölibat als Charisma

Charisma heißt, aus dem Griechischen übersetzt, soviel wie ›göttliche Gnade‹ und meint eine bedeutende Begabung des Menschen.

Die Kirche versteht unter *Charisma* sowohl die Ehe wie auch die Ehelosigkeit ›um des Himmelreiches willen‹ und die göttliche Berufung zum Priesteramt.

Zölibatskritiker werfen die Argumente auf, daß:

- Gott seine Gaben frei verschenkte;
- Gottes Gaben nicht rechts- und gesetzmäßig (er)faßbar sind;
- Gott die Gabe seiner Berufung eines Menschen zum Priesteramt verschenken könne, ohne zugleich auch das zweite Charisma der Ehelosigkeit zu geben (zum Beweis werden hier insbesondere die Priester der katholischen Ostkirche angeführt);
- die Kirche das Recht habe, nur Männer zu Priestern zu weihen, die sowohl das Charisma der Berufung als auch dasjenige der Ehelosigkeit haben.

Argumente über Argumente, Zölibatsdiskussion jagt Zölibatsdiskussion.

Wo aber bleibt die Frage, warum das Charisma der Berufung zum Priesteramt nicht auch durch Kirchengesetz und strafrechtliche Sanktionen eingefordert wird? Ist nicht der einen Gottesgabe recht, was der anderen billig?

Charisma, die Gabe Gottes. Wie gottverlassen sind wir Menschen eigentlich, eine solche Gabe beweiskräftig machen zu wollen?

Wer trägt denn ein Zeichen dieses Charismas sichtbar herum? Haben oder Nichthaben, ist es nicht *die* Vertrauensfrage schlechthin? Und sind wir nicht alle mit Fehlern behaftet? Deuten wir immer alles richtig, treffen stets die rechte Entscheidung? Nicht zuletzt, wer kann schlüssig beweisen, daß Gott ein Charisma lebenslang verschenkt? Steht es ihm nicht frei, zu handeln, wie er will?

Der Zölibat, Gottes Charisma.

Müßte nicht gerade die Kirche uns Glauben und Gottvertrauen vorleben, indem sie Gottes Charisma dankbar empfinge, anstatt es menschlich – gierig in Gesetze einzupferchen und erzwingen zu wollen?

Hat die Kirche vergessen, wie es bei Paulus (1 Kor 12, 2-11) heißt?

›Es gibt verschiedene Gnadengaben, aber es ist derselbe Geist. Es gibt verschiedene Weisen des Dienstes, aber es ist derselbe Herr ... Dem einen wird durch den Geist die Gabe der Weisheit verliehen, einem anderen die Gabe der Erkenntnis gemäß dem nämlichen Geist; diesem die Wunderkraft, jenem die Prophetengabe, einem anderen die Unterscheidung der Geister, diesem die Sprachengabe, jenem die Auslegung der Sprachen. Das alles wirkt ein und derselbe Geist, der einem jeden zuteilt, wie er will.‹

›Zuteilt wie er will‹ – kann das, darf das die Kirche *erzwingen?*

›Wer es (gemeint ist die Gabe Gottes) fassen kann, der erfasse es‹, sagte Jesus (Mt 19, 11-12). Und selbst er, der so präzis zu formulieren wußte, ließ es beim nachsichtigen Hilfsverb ›kann‹. Ließ Stärke wie Schwäche darin zu. Stetigkeit wie Wandel.

Wie auch sollte er, der große Menschenkenner, nicht wissen und wissend verzeihen, daß Erfaßtes auch verlorengehen mag? So verloren gehen wie etwa die herrliche Stimme eines Sängers oder die begnadete Geigenhand einer Virtuosin. Oder, anders ausgedrückt, so verlorengehen wie die für eine wunderbare Zeit erfahrene Gnade der sexuellen Wunschlosigkeit.

So hoffe ich, daß sich mit der Zeit etwas ändert

Ich bin ein Priesterkind. Das hört sich für einige vielleicht exotisch an, für andere gefährlich, wieder andere werden sich wundern, daß es so etwas überhaupt gibt. Für mich ist das ganz normal, schließlich war ich es schon immer, und so lange wie ich denken kann, habe ich es gewußt. Meine Eltern haben nie einen Hehl daraus gemacht, daß mein Vater katholischer Priester war. Seit er aus dem Amt schied, leben meine Eltern zwar weit weg von ihrer Heimat, aber der Kontakt zu Familie und Freunden ist nie unterbrochen worden, von keiner Seite, wie es bei anderen leider vorkommt. So wuchs ich also ›zwangsläufig‹ mit dem Wissen auf, einen Priester als Vater zu haben. Das hat die Beziehung zu meinem Vater aber nie beeinflußt, ich sah darin nie etwas Besonderes. Es gibt ja genug andere Väter, die nicht mehr ihren ursprünglich erlernten Beruf ausüben, sondern irgendwann umgesattelt haben.

Die ganze Problematik des Pflichtzölibats war mir eigentlich nie bewußt. Das lag aber nicht nur daran, daß meine Eltern ihre Heirat als selbstverständlich darstellten, sondern auch an unserer Umgebung, in der sich niemand daran stieß. Erst als meine Eltern begannen, sich in der ›Vereinigung katholischer Priester und ihrer Frauen‹ (VkPF) zu engagieren, wurde mir immer klarer, wie viele Menschen von diesem Gesetz – in welcher Weise auch immer – betroffen sind und wie viele darunter leiden. Ich wollte mithelfen, daran etwas zu ändern. Deshalb wurde ich, sobald ich vierzehn war, Mitglied der VkPF.

Natürlich erwarte ich nicht, daß jetzt von heute auf morgen der Pflichtzölibat aufgehoben wird. Das ist doch völlig utopisch. Aber die vielen ›Priesterkinder‹, die ich inzwischen kennengelernt habe, die Gemeinden ohne eigenen Pfarrer und all die verheirateten Priester sind doch Beispiele dafür, wie unsinnig dieses Gesetz eigentlich ist. Auch viele von meinem Bekannten haben mir immer wieder gesagt, daß sie den Pflichtzölibat für überflüssig halten. So hoffe ich, daß sich mit der Zeit doch etwas ändert.

(Priesterkind)

II. TEIL
›Einbruch‹ der Liebe. Über Beziehungen von Priestern zu Frauen

Noch habe ich Hoffnung

Mein Deckname lautet Agnes. Ich bin einundzwanzig Jahre und liebe einen Priester. Wir sind nicht verheiratet, aber ich wünschte, wir könnten Schluß machen mit dieser Heimlichtuerei und eine ehrliche, offene Beziehung eingehen.

Mit diesem Versteckspielen wie bisher kann ich nicht leben. So alle zwei Monate gibt es für mich einen Knackpunkt der Verzweiflung, der in Depressionen und Weinkrämpfen endet. Ja, ich würde meine Situation gern ändern, wünsche mir sehnlichst zu heiraten, Familie und Kinder mit ihm zu haben. Kinder, die ich jetzt noch verhüte. Aber ich schaffe es nicht, meinen Partner vor die Entscheidung zu stellen. Er hängt so sehr an seinem Beruf, auch wenn er gar nicht wie in typischer Priester wirkt. Ich meine, weder fromm noch heilig oder mit dieser typischen Gottesdiensthaltung und Sprache.

Ja, ich wünsche mir eine Änderung unserer Beziehung. Aber die einzige Änderung, die es gibt, habe ich selbst an mir vorgenommen. Ich gebe das Theologiestudium auf. Statt Gemeindereferentin werden zu wollen, steige ich auf Grundschulpädagogik um. Dadurch wird ein Teil des Drucks weggenommen, in Heimlichkeit leben und immer weiterleben zu müssen. Und auch ein Teil des Drucks, bei Entdeckung ohne Job auf der Straße zu stehen.

Ich habe Angst vor einer solchen Entdeckung und den Menschen, die unser Glück zerstören können.

Aber ich habe auch Angst vor der Macht meines Partners, dem ich doch in gewisser Weise ausgeliefert bin. Angst davor, er könne sich gegen mich entscheiden. Ich habe ihn gebeten, über unsere Situation, speziell über einen anderen Beruf nachzudenken und sich selbst zu beobachten und mir irgendwann eine Antwort auf meine Frage zu geben. Ich hoffe, daß er, bei seinen vielfältigen Begabungen auf anderen Gebieten, sich für mich und somit für einen anderen Beruf entscheidet. Aber selbst, wenn er sich für seinen Priesterberuf und gegen mich entscheidet, wird sich garantiert kurzfristig nichts ändern. Ich bin zu stark an ihn gebunden und liebe ihn zu stark. Aber ich weiß dann, daß meine Hoffnung auf ein normales Leben aussichtslos ist. Das ist besser als Ungewißheit – auch wenn es sehr schmerzhaft ist.

Noch habe ich Hoffnung.

(Heimliche Priesterfrau)

Sag Vater zu mir

Mein Vater ist ein echter Priester. Das gibt's. Ich habe ihn sehr lieb, und ich will ihn draußen nicht immer mit Sie anreden. Wir gehören doch zusammen, denn vor Gott haben meine Eltern geheiratet. Weil Liebe auch eine Hochzeit ist, sagt mein Vater. Der muß es ja wissen, weil er das doch dauernd macht.

Ich habe immer geweint, wenn ich zu meinem Vater Sie sagen sollte. Da hat er gesagt, ich soll einfach immer Vater zu ihm sagen, dann merkt keiner, daß ich Vater zu ihm sage, weil er mein richtiger Vater ist.

Ich möchte aber viel lieber Papa sagen, wie die anderen Kinder. Ich find's auch sowieso blöd, weil meine Freundin mir immer alles nachmacht, und jetzt auch Vater zu ihm sagt. Weil er ja mein Vater ist und nicht ihrer. Das finde ich doof. Ich will keinen Vater, ich will nur einen Papa. Aber das geht eben nicht, weil der Papst es nicht erlaubt. Das finde ich ungerecht, weil ich meinen Papa brauche.

John (11 Jahre)

Zuerst liebte ihn nur meine Seele

Ich muß anfangen, von meiner Beziehung zu Gregor zu schreiben, indem ich von mir erzähle. Meinen Namen will ich nicht nennen. Gregor hat mich darum gebeten. ich verstehe den Grund, auch wenn ich ihn nicht erklären will. Ich bin jetzt fast dreiundzwanzig Jahre alt. Bis zu meinem achtzehnten Lebensjahr wurde ich von meinem Vater und meinem Onkel sexuell mißbraucht. Mein Vater fing damit an, als ich fünf Jahre alt geworden war. Bis zu meinem zwölften Lebensjahr versuchte er immer wieder, ob er schon in mich eindringen könne. Dann wurde er mein Vergewaltiger und blieb es wöchentlich vier- bis fünfmal. Mein Onkel, der uns einmal ertappt hatte, ließ sich sein Schweigen durch Zuguckendürfen und Mitmachendürfen bezahlen. Mein Onkel ist der Bruder meiner Mutter. Früher hatte ich ihn sehr geliebt.

Was mein Vater und mein Onkel mir antaten, läßt sich mit Worten schwer beschreiben; ich will es auch nicht. Ich bin an meinem Körper, an meinem Geist und in meiner Seele zerstört worden. Seit meinem achtzehnten Lebensjahr habe ich mehr Zeit in psychiatrischen Kliniken verbracht als außerhalb. Mein Körper ist mit Verletzungen übersät, die ich mir in Augenblicken der Todessehnsucht selbst beigebracht habe. Ich ertrage keine körperliche Nähe und suche sie doch. Ich sehne mich nach Liebe und Zärtlichkeit und habe doch soviel Angst vor Männern, ja, auch soviel Haß gegen ihre Körperhaftigkeit, daß ich die Liebe nicht ertrage. Nur eines bin ich nicht, geistig verwirrt. Ich bin normal. Das sage ich nicht, weil ich es sein will, sondern weil es mir in verschiedenen psychologischen Gutachten bestätigt wurde. Solche Gutachten braucht man, wenn man seinen Vater und seinen Onkel vor Gericht wegen sexuellen Mißbrauchs verklagt hat. Und ich habe es getan, vor zwei Jahren schon. Der Prozeß läuft noch immer, macht mich krank, macht mir Gewissensbisse, weil ich, sein Kind, ihn, meinen Vater, anzeige und ins Gefängnis bringen will – macht mir angst und ist doch nicht mehr von mir abzustreifen. Ich will endlich aus berufenem Mund hören, daß ich keine Schuld habe, daß ich meinen Vater und meinen Onkel nicht verführt habe, sondern sie beide mir Unrecht angetan haben. Vielleicht kann ich dann ein normales Leben anfangen und meine Vergangenheit abheften, ablegen, vergessen. Vielleicht muß ich dann nicht mehr in mehreren Wochenstunden in psychotherapeutische Behandlung, muß Krankenhäuser nie mehr von innen sehen, muß nicht in irgendwelchen betreuten Wohngemeinschaften unterschlüpfen, bis man mich dort wegen meiner Probleme nicht mehr ›tragen kann‹. Vielleicht lerne ich dann, daß ich als Mensch etwas wert bin und wirklich Zuneigung empfange statt Mitleid. Vielleicht lerne ich dann, daß mich ein Mann lieben darf, ohne mir Unrecht zu tun, und daß es schön ist, selbst zu lieben, und daß es keine Schuld, keine Sünde und nichts Verbotenes ist.

Vielleicht haben Gregor und ich dann eine Chance. Das ist meine Hoffnung. Ohne diese Hoffnung würde ich mich vor einen Zug stürzen. Es würde mir nicht schwerfallen. Jedenfalls sicher leichter, als weiter so zu leben wie bisher.

Ich habe Gregor in einer psychotherapeutischen Klinik kennengelernt. Wo auch sonst? Er ist dort in den Tageslauf fest eingebunden und betreut Menschen wie mich. Gregor ist achtund-

zwanzig Jahre alt. Er ist groß und schlank, hat dunkle Haare, die sich locken würden, wenn er sie etwas länger trüge. Zum Schreiben braucht er eine Brille. Gregor ist schön.

Ich bin nicht schön. Ich mag mich nicht anschauen, schon gar nicht nackt. Ich bade nie bei Licht, gehe nicht ins Schwimmbad und kaufe mir nur Kleider, in denen ich mich verstecken kann.

Ich war schon seit zwei Tagen in der Klinik, als ich Gregor zum ersten Mal sah. Er trug einen dunkelgrauen Pullover und eine noch dunklere Hose. Alles an ihm wirkte dunkel und still, wie er so in seinem Sessel lehnte und nichts von dem ganzen Wirbel rundherum zu merken schien. Ich dachte zuerst, das ist einer von uns Patienten. Aber plötzlich hob er den Kopf und sah mich an. Ich spürte seinen Blick bis in mir drinnen. Er schien alles auf einmal zu sehen, zu erkennen, und plötzlich lächelte er. »Hallo!« sagte er. Aber ich konnte nichts antworten. Ich war wie gelähmt.

Die ganze Nacht verfolgte mich Gregors Blick und dieses Lächeln. Ich war wütend über mich und verzweifelt, weil mir so etwas noch nie passiert war.

Ich und ein Mann, das war doch Schwachsinn!

Aber als es Zeit war für die Werkstunde, beeilte ich mich so, daß ich als erste unten war. Gregor war nicht da! Ich dachte, in mir zerbricht etwas. Als er dann mit ein wenig Verspätung kam, wurde mir vor Herzklopfen fast schlecht. Und Gregor sprach mich an.

Von da an sahen wir uns jeden Tag. Wir sprachen viel zusammen. Ich von meinem Vater, meinem Onkel, dem Prozeß. Er von seiner Mutter, seiner Schulzeit, kleinen lustigen Begebenheiten, die er so mal erlebt hatte. Manchmal lud er mich ein, mit ihm im Stadtpark spazieren zu gehen. Wenn er mich begleitete, bekam ich Ausgeherlaubnis von der Klinik. Einmal waren wir spätabends noch unterwegs. Im Park hatte man ein Riesenfeuerwerk vorbereitet, das wollten wir zusammen miterleben.

Wir standen dicht beieinander, als es losging. Die Raketen waren wie unheimlich schöne Seeanemonen, die ich mal in einem Buch gesehen hatte. Als ich mich umdrehte, um es Gregor zu sagen, legte er die Arme um mich und küßte mich. Ich war wie erstarrt. Ich wehrte mich nicht. Es war schön und furchtbar zugleich. Auf einmal geriet Gregor das Kreuz in die Finger, das ich immer um den Hals trage. Er ließ mich sofort los. Er zitterte richtig.

»Tut mir leid!« sagte er. »Es ist unverzeihlich!«

Wir fuhren dann sofort mit der Straßenbahn in die Klinik zurück. Unterwegs sprachen wir kein Wort. Ich hätte schon Fragen gehabt. Ich begriff gar nichts. Mir war nur schlecht, und in mir drinnen schrie es immer, daß alles meine Schuld wäre und daß er sich vor mir ekelt, weil ich ja vielleicht irgendwie zu erfahren geküßt hätte oder so.

Im Bett fing ich dann an zu heulen und konnte gar nicht mehr aufhören. Solche Heulkrämpfe kriege ich öfter. Und da sagte meine Zimmernachbarin: »Sag bloß, du hast dich in Gregor verknallt? Der ist doch Priester!«

Von dem Moment an wußte ich also, daß er Priester ist und keine Frau lieben darf. Für eine andere Frau wäre das vielleicht ein Zeichen gewesen, daß eine Liebe keinen Zweck hat. Für mich war es genau andersrum. Ich durfte ihn lieben, weil nur meine Seele ihn lieben würde. Ich war so glücklich. Ich kann es gar nicht ausdrücken. Ich schrieb Gregor einen Brief. Später sagte er mir, es sei ihm ziemlich wirr vorgekommen, was ich da so alles loswurde. Aber die Hauptsache wurde ihm doch klar, daß ich ihn gern hätte.

Nachdem ich aus der Klinik entlassen worden war, kam ich in eine betreute Wohngemeinschaft, um dort zu lernen, mit meinen selbstzerstörerischen Versuchen umzugehen. Aber ich hatte seit Wochen keine Lust mehr, mir etwas anzutun. Da war Gregor, der war mir so viel wichtiger. Alle Gefühle, die ich nie hatte haben können, hatte ich jetzt. Das war schön. Das Leben *hatte plötzlich Sinn. Und ich fühlte mich dabei ganz ruhig, weil Gregor mich ja doch nie wie ein Mann berühren würde, nie sehen würde, wie häßlich ich war. Mein Gesicht war ja nicht so häßlich.*

Eines Abends brachte Gregor mich in die WG (Wohngemeinschaft) zurück. Er kam noch für eine Kaffeepause zu mir aufs Zimmer mit. Ich hatte gerade angefangen, Kaffee aufzubrühen, als er mich fest in die Arme nahm und drückte. Er sagte, er liebe mich wirklich, so wie ein Mann eben eine Frau liebt, und ob ich ihn denn nicht auch lieb hätte. Ja, sagte ich, ich liebe dich auch, aber ich kann nicht mit dir schlafen, das würde ich nicht ertragen, daß du mich dann verläßt. Warum sollte er mich wohl verlassen, fragte er. Er würde mich doch lieben. Ob ich denn nicht wüßte, was das heißt, einen Menschen zu lieben, und daß so ein Gefühl nicht einfach auf Bestellung kommt oder aufhört? Er sagte, er hätte lange dagegen angekämpft. Sagte, es wäre schwer für ihn wegen der Kirche und allem, aber seine Gefühle für mich wären nun einmal da, dagegen könne er nichts machen, und er wolle es auch gar nicht.

Seit diesem Abend sind Gregor und ich ein Paar. Meine Seele hat ihn zuerst geliebt, aber ich fange ganz langsam an, ihn auch mit dem Körper zu lieben. Ich kann es ertragen, wenn er mich streichelt und mich berührt. Und ich spüre auch, daß mein Körper seinem Körper antwortet. Davor habe ich noch Angst, weil ich es früher gehaßt habe, wenn mein Körper Lustgefühle bekam, die schlecht waren und verboten und einfach zum Umbringen schlimm. Jetzt lerne ich, daß Lust etwas Schönes sein kann. Aber ich lerne langsam. Für Gregor manchmal zu langsam. Er ist sehr geduldig mit mir, sehr verständnisvoll und einfühlsam. Aber er ist ein Mann. Das muß ich mir immer wieder klarmachen. Neulich sagte Gregor, daß er gern ein Kind mit mir hätte.

Wenn ich schwanger wäre, würde er sein Priesteramt niederlegen und mich heiraten. Es sagte, es wäre fast unmöglich für ihn, mich zu lieben und gleichzeitig Priester zu sein, weil die Kirche es ihm verbietet. Und er sagte, er würde es aber nur tun, wenn ich ein Kind bekäme, weil sonst zwischen uns immer noch nicht alles klar wäre. Ich weiß nicht, was ich will. Meine Therapeutin sagt, ein Kind wäre jetzt noch nicht gut für mich. Aber ich will Gregor nicht verlieren. Er sagt, ich müßte meine Liebe beweisen. Vielleicht schaffe ich es ja. Ich weiß es nicht.

Manchmal träume ich, daß Gregor mich nur deswegen liebt, weil er damit ein gutes Werk tut und nur deshalb zu mir hält, weil er mich damit ja vielleicht von meiner Männerangst heilt. Ich habe Angst, daß ich eines Tages aufwache und feststelle, daß meine Träume Wirklichkeit sind und das, was ich jetzt mit Gregor erlebe, in Wirklichkeit der Traum ist.

Kampf gegen Windmühlenflügel?

Claudia berichtet:

21.04.89, Köln

»Hast du Kinder?« diese Frage richtete letzte Woche im Hausflur die fünfjährige Tochter unserer Nachbarin an mich. »Nein«, kam meine spontane Antwort zurück mit einem ergänzenden: »Noch nicht.« »Warum nicht?« bohrte Anne weiter.

Langsam wurde es mir unangenehm. »Tja, weißt du ... das ist schwierig zu erklären ...« Gott sei Dank standen wir nun vor meiner Wohnungstür. Anne riskierte noch schnell einen neugierigen Blick und wurde von ihrer Mutter weitergezogen. Das Gespräch war beendet – das Thema wird mich noch lange beschäftigen.

Ich hätte sehr gern Kinder mit Johannes zusammen, aber unsere berufliche Zukunft ist ungewiß. Jederzeit schwebt die Arbeitslosigkeit wie ein Damoklesschwert über unseren Köpfen.

Ein Kind in eine so unsichere finanzielle Situation hinein gebären?

Vielleicht sind diese Überlegungen nur ein Vorwand. Sieht es bei anderen Paaren nicht oft ähnlich aus?

Vieles ist geschehen in den Jahren, seit ich mit Johannes, einem ehemaligen Karmeliterpater, verheiratet bin. Mein gesamter Freundeskreis löste sich in Nichts auf. Eine schmerzliche Erfahrung: Je integrierter in das ›kirchliche System‹ meine Freundinnen waren, desto schneller und entschiedener distanzierten sie sich, als ich ihnen meinen Entschluß zur Heirat mitteilte.

Eine sehr gute Freundin, Provinzoberin in einer katholischen Frauenkongregation, sagte mir auf den Kopf zu: »Als Oberin kann ich es mir nicht erlauben, mit dir weiterhin freundschaftlichen Kontakt zu haben.« Und teilte mir durch die Blume mit, daß ich mich in Zukunft vom Ordenshaus fernhalten sollte, um keine Unruhe zu stiften.

Keine Unruhe stiften – alles beim alten lassen – nur ausgetretene Pfade begehen – nicht aus der Reihe tanzen – das schien mir das Motto der heutigen katholischen Kirche zu sein.

Eine Kinderfrage nur, aber sie rührt mich an. Eine Tür springt auf in mir. Erinnerungen, Rückblicke, es stürmt auf mich ein. Immer noch steht die Zeit vor mir, wie erst gestern gelebt.

Mai war es, Juni 1984, in Mainz.
Zeit der Begegnung.

Während der Karwoche, die ich in Besinnung und Stille verlebte, wurde mir klar, daß ich eine Gruppe brauchte, in der ich mich zu Hause fühlen könnte. Mein Weg führte mich eines Tages in den Mainzer Karmel. Ich studierte schon drei Jahre in Mainz Religionspädagogik, hatte aber erst jetzt erfahren, daß hier regelmäßig Studentengottesdienste gefeiert wurden. Vielleicht würde ich da Menschen finden, die mir Heimat sein können (die

Beziehungen, die ich in meinem Geburtsort Ludwigshafen geknüpft hatte, lösten sich allmählich auf). So nahm ich an den Gottesdiensten teil, wonach eine gemütliche Agape gehalten wurde, bei der ich gut mit anderen ins Gespräch kam. Nach einiger Zeit erfuhr ich, daß Pater Elias, der die Gestaltung der Gottesdienste übernommen hatte, zusätzlich einen Literaturkreis anbot. Auch dazu kam ich regelmäßig ins Kloster. Zwischen Pater Elias und mir entwickelte sich bald eine tiefe Zuneigung, die er zuerst ins Wort brachte, als ich bei ihm zu einer Gottesdienstvorbereitung auftauchte. Gespannt im Gesprächszimmer sitzend, frage er mich: »Was erwartest du eigentlich von unserer Beziehung?« Mir war bisher nicht klar, daß wir überhaupt eine ›Beziehung‹ hatten. In mir war sicher ein Gefühl der Zuneigung, aber schließlich galt bis dato ›Was nicht sein darf, kann auch nicht sein!‹ So antwortete ich nach geraumer Zeit des Schweigens: »Ich erwarte jedenfalls keine Seelsorgerbeziehung«, und meinte damit, daß ich nicht vorhätte, mich in irgendeine Abhängigkeit hineinzubegeben nach dem Prinzip: Seelsorger sagt Beichtkind, was es tun und zu lassen hat. »Ich auch nicht!« entgegnete er – wohl etwas enttäuscht, daß ich scheinbar nicht erfaßte, was er sagen wollte. »Merkst du denn nicht, daß ich dich sehr gerne habe?!« mit dieser Frage fiel in mir eine Welt zusammen. Die Gedanken schossen nur so durch meinen Kopf. Eine Liebesbeziehung zu einem katholischen Priester – das darf nicht wahr sein!!! Einige Zeit danach war ich noch fest davon überzeugt, daß dieses Gespräch nur ein Traum gewesen sein konnte. Die Fügung brachte es, daß wir uns öfter trafen – in der Stadt, am Rheinufer, in der Kirche ... wir konnten uns nicht mehr aus dem Weg gehen – unsere Wege hatten sich getroffen, jetzt war es wohl an uns, sie zu einem Weg zu verbinden.

Obwohl wir uns fast täglich sahen, ahnte niemand in unserer Umgebung etwas. Es begann eine sehr schwere Krisenzeit. Gehören wir zusammen? Sollen wir wirklich gemeinsam den Weg gehen? Kann es überhaupt eine Zukunft für uns beide ge-

ben? Wie wird es beruflich weitergehen? Alle diese Fragen beschäftigten uns und ließen uns nicht ruhen. Während heimlicher Treffen im nächtlichen Mainz stellten wir uns und unsere Liebe auf den Prüfstand. Eine Zeit des ständigen Hin- und Hergerissen-Seins war angebrochen. Als wir die ganze Beziehung mal wieder in Frage stellten, schrieb ich im Literaturkreis folgendes Gedicht:

Trennung

Du sagst:
»Wir müssen uns trennen«,
und nimmst alles mit:
deinen warmen Pullover,
das frisch gebügelte Hemd,
die graue Alltagshose.
Du schlägst die Tür
hinter dir zu
und gehst.
Ich renne dir nach
und rufe:
»Du hast deine Gefühle
bei mir vergessen!«

1. Dezember 1984, Bad Dürkheim

Es geht immer noch drunter und drüber. Die heiße Entscheidungsphase dauert an. Mittlerweile wohne ich in Bad Dürkheim und habe vor drei Monaten mein Anerkennungsjahr als Gemeindereferentin begonnen. Ich bin ständig krank – ich halte dieses Hin und Her nicht mehr aus. Elias und ich pendeln fast täglich zwischen Mainz und Bad Dürkheim. Er ›wohnt‹ schon bei mir. Ehe auf Probe? Der Konflikt zwischen Repräsentation der Kirche nach außen hin und einer heimlichen Beziehung zu einem katholischen Priester ist für mich unerträglich. In einem Gespräch, das im Wohnzimmer des Gemeindepfarrers stattfindet, entscheide ich mich, mit offenen Karten zu spielen und schildere meine derzeitige Zwangslage. Die Reaktionen sind unterschiedlich. Pfarrer Knörr meint, ich solle mich von nun an voll in die Arbeit stürzen, um den Konflikt wieder vergessen zu können. Schweigend sitzt Kaplan Reitnauer da, wirft mir von Zeit zu Zeit einen kritischen Blick zu. Die Chefin der Gemeindereferenten/innen rät mir, das Anerkennungsjahr, das ich abbrechen will, auf jeden Fall weiterzumachen. Alles in allem habe ich das Gefühl, daß mich niemand im Raum hier versteht. In dem Bewußtsein, daß das noch eine harte Zeit werden würde, beschließe ich, das Anerkennungsjahr doch ›durchzuziehen‹. Kaplan Reitnauer, mein Mentor im Schul- und Gemeindebereich, läßt an mir seinen ganzen Haß an Frauen aus, und bewirkt, daß jede Prüfung (zwei Unterrichtsprüfungen und eine Prüfung Kindergottesdienst) miserabel beurteilt wird. Die in Priesterseminaren antrainierte Angst vor Frauen ist, denke ich, sehr tief in einigen (wenn nicht den meisten) Klerikern verankert.

29. Dezember 1984, Mainz

Die Entscheidung ist gefallen. Elias hatte ein Gespräch mit dem Ordensoberen in Mainz und bat um seine Entlassung aus dem Ordensstand. Wir sitzen im Auto direkt am Rheinufer – und weinen. Alea iacta sunt[1] *– unwiderruflich. Abschied ohne Wiederkehr. In diesem Moment sind alle Gefühle da – Angst vor der eigenen Courage und vor der Zukunft. Erlösung, die Zeit der Entscheidungssuche ist vorbei – Trauer, ein alter Lebensabschnitt ist zu Ende – freudige Erwartung der gemeinsamen Zeit – Liebe ...*

Schon am Tag danach starten die Vorbereitungen für die kleine Verlobungsfeier, die an Silvester stattfindet.

---

1 lat.: ›Die Würfel sind gefallen‹

1. Januar 1985, Bad Dürkheim

Neujahrsempfang in der Gemeinde Bad Dürkheim. Ich trage schon meinen Ehering, aber niemand reagiert darauf. Nein, ich werde meine Verlobung mit Johannes (an Silvester nahm Elias seinen bürgerlichen Namen an) nicht mitteilen!

Das Leben und Arbeiten in der Pfarrgemeinde wird für mich zunehmend unerträglich. Ich führe ein Doppelleben.

29. März 1985, Bad Dürkheim

17.00 Uhr Gespräch mit Herrn Urich im Ordinariat in Speyer. Explosive Spannungen im Raum. »Wenn Sie heiraten, dann reagieren wir mit der fristlosen Kündigung!« Punkt. Aus. Fertig. Da ist wieder das ›Anathema sit‹ *der Kirche. Wer sich nicht so verhält, wer nicht so denkt wie wir, der/die sei ausgeschlossen. So ähnlich müssen sich die Deliquenten während der Inquisition gefühlt haben. Unbarmherzige Worte gesprochen – das Kreuz im Hintergrund.*

»Ist es Ihnen lieber, wenn ich heimlich mit einem katholischen Priester zusammenlebe?!« fragte ich nur noch. Denn das wäre ja die Alternative, um einer Kündigung und dem beruflichen Aus zu entgehen. Ehrlichkeit wird bestraft. Solange man/Frau ›kein Faktum setzt‹ (sprich heiratet), reagiert die Kirche nicht.

Mit einem gespielt väterlichen Ton – »Sie können sich alles noch mal überlegen und mir jederzeit Bescheid geben, dann wird sofort alles (die schriftliche Kündigung, Anm. d. Verf.) rückgängig gemacht!« – schiebt mich Herr Urich aus der Tür hinaus. Die Tür fällt hinter mir ins Schloß, und ich weiß, daß ich dieses Gebäude nie mehr betreten werde. Ende Mai, eine Woche nach unserer Heirat, erreicht mich per Einschreiben die fristlose Kündigung:

›... zu unserem Bedauern müssen wir Ihr Praktikantenverhältnis außerordentlich zum 31. Mai 1985 kündigen.

Begründung:

Nachdem Sie am 17.5.1985 standesamtlich die Ehe geschlossen haben und eine kirchliche Trauung zur Zeit nicht möglich ist, verstoßen Sie gegen die Richtlinien der Deutschen Bischofskonferenz, über persönliche Anforderungen an Laien im pastoralen Dienst im Hinblick auf Ehe und Familie. Wir können Sie daher als Praktikantin für den Beruf der Gemeindeassistentin/Gemeindereferentin nicht länger beschäftigen ...

Für Ihren weiteren Lebensweg wünschen wir Ihnen alles Gute und Gottes Segen ...‹

Da hatte ich's also schriftlich. Eigentlich schon pervers – Johannes darf *aufgrund seiner Priesterweihe (Priesterweihe ist ein kirchliches Ehehindernis!) nicht kirchlich heiraten, und ich* muß, *um im Kirchendienst arbeiten zu können, kirchlich verheiratet sein. Da verstehe noch eine/r die Welt bzw. die Kirche!*

Laisierungen werden momentan von Herrn Wojtyla nur sehr selten ausgesprochen, so daß Johannes nicht in den Laienstand versetzt werden kann und weiterhin an seine Gelübde gebunden bleibt, was eine kirchliche Heirat ausschließt.

Ein Kirchengesetz setzt ein anderes außer Kraft. Absurdität in Reinkultur.

Juni/Juli 1985, Mainz

Mir wurde geraten, gegen die fristlose Entlassung gerichtlich vorzugehen. So zog ich gegen die Diözese Speyer vors Arbeitsgericht. Weder während des Güte- noch während des Kammertermins konnte eine Einigung erzielt werden. Die Zeit zwischen den Gerichtsverhandlungen verhalf mir zu einer innerlichen Distanz zu dieser katholischen Kirche, die von mir ein Verhalten erwartete (kirchliche Heirat), was sie gleichzeitig Johannes strikt untersagte.

Interessant fand ich dann schließlich die zweite Verhandlung vor dem Arbeitsgericht in Ludwigshafen, während der

Richter Carle den Vertreter des Bischofs Schlembach, Herrn Weber, fragte: »Welche Alternative neben der standesamtlichen Heirat hätte Frau Kohnen denn gehabt?« und der Gefragte antwortete: »Sie hätte heimlich zusammenleben können, dann wäre die Kirche nicht gezwungen gewesen, zu reagieren.« Das war eine offene und ehrliche Aussage, die die Doppelmoral der Kirche entlarvte. In diesem Moment wußte ich es zu schätzen, daß Herr Weber nicht dem Klerikerstand angehörte – das hätte sich ein Priester nicht zu sagen gewagt!

Im Schreiben der Rechtsanwälte der Beklagten (Diözese Speyer) heißt es:

›Für die Beklagte sind die eheähnlichen Beziehungen der Klägerin zu dem katholischen Pater mit der standesamtlichen Trauung aufgenommen worden und waren diese Beziehungen vor der Öffentlichkeit Grund, das Ausbildungsverhältnis sofort zu beenden. Das folgt aus der zur Vermeidung der Unglaubwürdigkeit der Kirche gebotenen Untrennbarkeit von Dienst und Verkündigung im karitativen und erzieherischen Bereich.‹ Die standesamtliche Heirat, die Entscheidung offen zusammenzuleben und zueinanderzustehen, macht die Kirche demzufolge unglaubwürdig. Paradox, daß die Kirche heiratswilligen Priestern alternativ anbietet, die Frau als Haushälterin ins Pfarrhaus zu nehmen bzw. anderweitig heimlich zusammenzuleben. In einem mir bekannten ›Fall‹ wurde dem Priester gestattet, mit seiner Freundin im Pfarrhaus zu leben, er mußte allerdings vorher unterschreiben, daß es zu keinem Geschlechtsverkehr kommen werde ...

Macht es die Kirche etwa glaubwürdig(er), wenn Pfarrer und Haushälterin wie Mann und Frau unter einem Dach leben – die aus der Beziehung entstehenden Kinder vielleicht dann noch Ähnlichkeiten mit dem Pfarrer aufweisen – und der Zölibat nur noch eine Farce ist, oder ist es für alle Beteiligten und für die Kirche nicht ehrlicher, eine, da es aufgrund päpstlichen Ratschlusses nicht anders geht, ›scheinbare Legalisierung der Beziehung‹ (sprich: standesamtliche Heirat) zu vollziehen?

Ich kenne sehr viele Frauen, die eine heimliche Beziehung mit einem Priester leben, und ich habe auch Verständnis dafür. Die heutige Arbeitsmarktlage ist so prekär, daß man/frau bei Berufsverbot (und nichts anderes spricht die Kirche aus) vor dem totalen beruflichen und finanziellen Aus steht. Ein erneuter Berufseinstieg ist oft sehr schwierig.

Wir für unseren Teil hätten nicht länger heimlich zusammen leben können. Das ständige Versteckspiel, die dauernde Verleumdung des Partners/der Partnerin und die damit verbundenen Spannungen sind energieraubend und zermürbend.

25.4.89, Köln

Johannes und ich sind im nächsten Monat vier Jahre verheiratet. Vieles liegt noch im argen.

Die Beziehung zu meinem Schwiegervater, der mich anfangs in einem Gespräch mit Johannes als ›Priesterhure‹ bezeichnete, ist gespannt geblieben. Sowohl ihm als auch meiner Mutter (die uns nach wie vor finanziell unter die Arme greift) wäre es lieber, wenn wir über die Sache Gras wachsen ließen, anstatt immer wieder an die Öffentlichkeit zu gehen.

Die Wunden, die mir die Amtskirche mit ihren unmenschlichen Gesetzen geschlagen hat, sind blutig und verheilen schlecht. Häufig brechen sie wieder auf, wenn ich von neuen Ungerechtigkeiten höre, die Priestern und ihren Frauen zugefügt werden.

Ich bin im Mai 1986 aus der Kirche ausgetreten. Ein Schritt, der nur die logische Konsequenz aus meinen bisherigen Erlebnissen in der Kirche und mit der Kirche war. Eigenartig so ein Kirchenaustritt.

Alles läuft höchst bürokratisch ab – in Anwesenheit eines Beamten wird im Amtsgericht ein Antrag unterschrieben. Kein persönliches Gespräch, nicht die Frage nach dem Warum, nicht das Angebot, sich darüber auszutauschen ... Wir hatten in der

Gemeinde in Gonsenheim keinen Kontakt, suchten ihn auch nicht, um nicht wieder neu verwundet zu werden. Als der Pfarrgemeinde mein Kirchenaustritt gemeldet wurde, kam ein letzter Brief:

›... das Amtsgericht hat uns mitgeteilt, daß Sie am 22.5.86 aus der katholischen Kirche ausgetreten sind ...

Trotzdem möchte ich Sie herzlich bitten, Ihre Entscheidung noch einmal in aller Ruhe zu überdenken. Gegebenenfalls bin ich gern bereit, gemeinsam mit Ihnen zu überlegen, denn vieles kann erfahrungsgemäß in einem guten und offenen Gespräch geklärt werden ...

Ganz gleich, ob dieser Brief Sie nachdenklich macht oder Sie in Ihrer Haltung bestärkt: Die Seelsorger stehen Ihnen auch in Zukunft jederzeit zur Verfügung – für ein Gespräch oder für einen neuen Anfang.‹

Ein neuer Anfang in dieser Kirche? Niemals! Sicher, irgendwann wird sich die Kirche wandeln, sie muß es, um überleben zu können. Aber diese durchgreifende Wandlung werde ich nicht mehr erleben – zumindest nicht in diesem Leben.

»Das, was Sie in der Kirche suchen, nämlich Mitmenschlichkeit und Akzeptiert-Werden, finden Sie nie dort. Sie kommen mir manchmal vor wie Don Quixote, der gegen die Windmühlenflügel ankämpfte. Genauso ein aussichtsloser Kampf ist es, den Sie gegen die katholische Kirche führen«, sagte Herr Gabler, ein Therapeut, in der letzten Sitzung zu mir.

Don Quixote, der Ritter von der traurigen Gestalt. Sinnbild für meinen Kampf für eine menschlichere und christlichere Kirche.

Wahrscheinlich gebe ich in den Augen der Amtskirche eine genauso traurige Gestalt ab. Noch habe ich überschüssige Energie, die ich in der ›Gruppe vom Zölibat betroffener Frauen‹ und in der ›Vereinigung katholischer Priester und ihrer Frauen‹ sinnvoll einsetzen kann.

›Liebe ohne Kraft kann nichts ausrichten, und um die eigene Kraft richtig einzuschätzen, muß man die Dinge sehen, wie sie sind ... Windmühlenflügel für Riesen zu halten, ist nicht nur eine Halluzination, sondern eine Sünde‹ (Kindlers Literaturlexikon), Kampf für eine Veränderung in der Kirche – Kampf gegen Windmühlenflügel.

Claudia, 24.4.89

Priesterfrauen gab es immer

Gott erfand die Liebe, der Mensch erfand den Zölibat. Wen wundert's da noch, daß die Liebe den Zölibat besiegt? Immer wieder, bis zum heutigen Tag und darüber hinaus. So lange, bis auch der Papst begreift, daß die Macht des Kirchenstaates das Leiden Tausender Männer, Frauen und unschuldiger Kinder nicht wert ist. So lange, bis der Pflichtzölibat abgeschafft ist.

Beim Stöbern nach den Spuren des Zölibats und solcher Menschen, die ihm entgegenhandelten, finden sich berühmte Namen. Aus dem Schatten der Jahrhunderte tauchen sie auf. Wenige nur; die meisten sind verschollen, ausradiert. Roms Befehlsvollstrecker haben ganze Arbeit geleistet. Führen sie doch bis heute geheime Trauungsbücher, unter Verschluß gehaltene Taufregister, schreiben Verklausuliertes hinter die Namen der Priesterkinder. Und doch gibt es sie, die Spuren der verbotenen Liebe. Ich will nur kurz beleuchten.

4. Jahrhundert

Mit Staunen habe ich es gelesen. Augustinus, der große heilige Kirchenlehrer (354-430), der Prediger gegen die Fleischeslust und Schändlichkeit der Leidenschaft, auch er hat geliebt, ehe er ›dem Fleische‹ abschwor, und sich wünschte, Kinder würden ›mit der Hand gesät wie das Korn‹.

Eine junge Afrikanerin war es. Vierzehn Jahre lebte er mit ihr in einem eheähnlichen Verhältnis und zeugte mit ihr einen Sohn, Adeodatus. Leider war die Geliebte der Mutter des Augustinus als Schwiegertochter nicht vornehm genug. Und da sie einer angemessenen Ehe im Wege stand, wurde die Afrikanerin kurzerhand verstoßen. Augustinus berichtet selbst davon in seinen Memoiren:

›Mittlerweile häuften sich meine Sünden. Man hatte mir die Genossin meines Lagers als Hindernis für die Ehe von der Seite gerissen, sie, die mir ans Herz gewachsen war, und von Schnitt und Wunde vergoß dieses Herz von seinem Lebensblut. Sie war heimgekehrt nach Afrika, nicht ohne Dir gelobt zu haben, sie wolle keinem anderen Manne mehr gehören, und hatte meinen natürlichen Sohn, dessen Mutter sie war, bei mir zurückgelassen. Ich aber, ich Unseliger, nicht einmal imstande, es einem Weibe gleichzutun, fand den Aufschub, daß ich erst nach zwei Jahren die erhalten sollte, um die ich warb, unerträglich und verschaffte mir, wie ich ja nicht Freund der Ehe war, sondern Sklave der Lust, eine andere Genossin, natürlich nicht Gattin, so als ginge es darum, die Sucht meiner kranken Seele im Verlaß auf die Dienste eingefleischter Gewohnheit bei Kraft zu erhalten und unversehrt, ja noch üppiger, hinüberzuschleppen ins Reich des ehelich Fordernden. Und doch heilte jene Wunde nicht, die mir die Losreißung von der früheren Gefährtin geschlagen hatte; nach dem wühlenden Schmerz der Entzündung ging sie in Fäulnis über und ihr gleichsam nun kälteres Schmerzen ließ um so weniger Hoffnung.‹

Mit diesen Bekenntnissen lag Augustinus voll im Trend seiner Zeit. Soeben war ja der Zölibat erfunden. Spanien preschte der übrigen Welt voraus. Immerhin verlangte man damals noch keine absolute Ehelosigkeit des Klerus oder die Nichtigkeitserklärung bereits bestehender Ehen. Statt dessen begnügte man sich mit dem priesterlichen Versprechen, daß Kirchenmänner ihre ›Weiber‹ künftig so bei sich dulden würden, ›als hätten sie sie nicht, auf daß sowohl die eheliche Liebe bewahrt bleibe, als auch das eheliche Werk aufhöre‹ (Leo I. 458/59).

5. Jahrhundert

Die Liebe war einfach nicht totzukriegen. Als selbst die Schikanen des vergangenen Jahrhunderts und alles Wettern gegen die Fleischeslust nichts fruchteten, legten sich die Kircheneiferer stärker ins Zeug. Nunmehr durfte ein Priester nicht mehr ohne geistlichen Beistand in die Nähe fremder Frauen kommen. Zwischen ein bis sieben Kleriker wurden ihm als Wachhunde zugeteilt. Und wehe, die Burschen spurten nicht! Mit tüchtig verbleuten Augen spitzelten sie dann um so besser.

Die Ehefrau des Priesters kam auch nicht ungeschoren davon. Für sie gab's von nun an Schlafzimmerverbot und zwar total. Und damit sie nicht auf die Idee kam, ein anderer Mann habe auch ein schönes Bett, mußte ihr priesterlicher Ehegemahl eins scharfes Auge auf sie haben. Sollte seine Frau nämlich fremdgehen, mußte er sie bestrafen. Und zwar gründlich.

Außer Mord war alles erlaubt. Nein, befohlen! Wenn der gehörnte Priestergemahl nämlich zum Verzeihen aufgelegt war, kam er selbst an die Reihe.

Das Besitzrecht des Priesters auf seine Frau reichte sogar über den Tod hinaus. Falls er starb, durfte sie sich nicht wiederverheiraten.

6. Jahrhundert

Die kirchlichen Maßnahmen wurden noch schärfer.

Nun war es schon so weit, daß Priesterfrauen, die es mit einem Mann trieben – auch wenn's der eigene war – hundert Peitschenhiebe verabreicht bekommen mußten und der Mann auf Nimmerwiedersehen in einem Strafkloster verschwand. Weil die Prügelstrafe oft zu mühselig schien, machte die Kirchenobrigkeit es gern kurz und schmerzlos: Kam eine Weibsperson auch nur in Verdacht, etwas mit dem Priester zu haben, wurde sie verkauft oder dem Richter geschenkt.

7. Jahrhundert

Das Verkaufsgeschäft mit Priesterweibern hatte sich prächtig angelassen. Logisch, daß man es nun auch auf die rechtmäßig angetraute Ehefrau ausdehnte.

8. bis 10. Jahrhundert

Das Wort ›Ehefrau‹ verschwand aus dem priesterlichen Sprachgebrauch und wurde durch das bis heute gebräuchliche Wort ›Konkubine‹ ersetzt. Es bezeichnet jede außereheliche Geliebte. Und davon gab's noch immer reichlich genug.

11. Jahrhundert

1049 – Papst Leo IX. erklärte jede Frau, die mit einem Priester lebte, zur Sklavin seines Palastes.

1054 – Ein Lichtblick! Als Kardinal Humbert in Konstantinopel aufschrie: »Junge Ehemänner, soeben von fleischlicher Lust erschöpft, dienen am Altar. Und unmittelbar danach umarmen sie mit ihren vom unbefleckten Leib geheiligten Händen wieder ihre Frauen. Das ist nicht das Kennzeichen des wahren Glaubens, sondern eine Erfindung des Satans«, hielt ihn der Abt Niketas vom Studiu-Koster ›für dümmer noch als einen Esel‹.

1063 – Papst Alexander II. ließ Priesterfrauen nebst ihren Kindern und dem Ehemann verprügeln, berauben oder umbringen.

Um 1073/80 – Papst Gregor VII. ließ in Mailand verheiratete Priester während des Gottesdienstes abschlachten und ihre Frauen auf den Altären vergewaltigen.

1081 – Papst Urban II. gab weltlichen Fürsten das Recht, Priesterfrauen sowie deren Kinder zu versklaven und zu verkaufen. Ihre Besitztümer verfielen der Kirche. Ihren Kindern blieb das Erbrecht für immer verwehrt.

12. Jahrhundert

Die berühmteste Liebesgeschichte unter dem Kreuz des Zölibats erzählt man sich von Abaelard, einem Theologen und Philosophen, und dessen Frau Héloise.

Die beiden lernten sich im Hause eines Onkels der Héloise kennen. Dieser, ein Abt namens Fulbert, war damals Domherr von Notre-Dame in Paris und ein mächtiger Mann. Eine Verbindung Abaelards mit Héloise war Fulbert nicht gerade recht. Doch als das blutjunge Nichtlein schwanger wurde, war es der fromme Onkel selbst, der auf Hochzeit drängte. Héloise aber zögerte. Würde es Abaelard nicht schaden, wenn sie heirateten? Würde man ihn und sie selbst mit ihrem gemeinsamen Kind nicht grausam strafen? Hörte man doch von entsetzlichen Vorfällen bei der Jagd auf unkeusche Kirchenleute und deren Familien.

Schließlich gab Héloise nach. Bedingung: Absolutes Stillschweigen. Ihre Ehe mit Abaelard sollte Geheimnis bleiben. Und der Onkel versprach's.

Nach der Geburt ihres Kindes, welches heimlich bei einer Tante zurückblieb und im Dunkel der Geschichte verschwand, kehrte Héloise in das Haus ihres Onkels Fulbert zurück und lebte wie zuvor in heimlicher Liebe mit Abaelard.

Für den Onkel war das stille Glück der beiden wohl etwas viel, so daß er es schließlich an die große Glocke hing. Abaelard und Héloise ein Ehepaar! Die Welt der beiden stand Kopf, und Abaelard, voller Angst um Freiheit und Leben, versuchte, seine Liebste in einem Nonnenkloster vor jedem Zugriff zu sichern.

Wie empörte sich da der fromme Onkel Abt! Und wie leicht ließ sich Héloises Verwandtschaft von seinem Eifer mitreißen! Eines Nachts schlug die Stunde der Rache für Abaelard. Erst als sie ihn entmannt und das Übel ausgemerzt hatten, durch welches Héloise um ihre Jungfräulichkeit gekommen war, ließen die treuen Verwandten Fulberts von ihrem Opfer ab. Héloise blieb in ihrem Kloster. Ja, sie wurde sogar Priorin. Abaelard versuchte, als Einsiedler zu überleben, schloß aber später ebenfalls die Klosterpforte hinter sich. Als Eunuch fiel ihm das Leben eines Abtes nicht mehr schwer. Die Liebe aber blieb. Und auch der Schmerz über den erlittenen Verlust. Wir lesen es bei Héloise:

›*An Abaelard*

Du kennst doch die ganze Schwere deiner Verpflichtung, wie das Sakrament der Ehe dich an mich bindet. Mir bist du verpflichtet und verfallen; denn alle Welt bezeugt es, daß meine Liebe zu dir kein Maß und kein Ziel gekannt. Herzliebster, du weißt es, alle wissen es, was ich in dir verloren, wie jammervoll der Sturz war nach dem schwärzesten Verrat, den die Welt kennt; dich verloren und in dir mich verloren, schmerzt tief; doch abgrundtief schmerzt es, wie ich dich verlieren mußte ...

Du einzig, du allein schlugst mir die Wunde, heile du sie auch gnadenvoll! Du allein kannst mich betrüben, du allein kannst mich fröhlich machen und trösten, und du allein bist dazu verpflichtet, so stark, wie es nur ein Mensch sein kann. Jeden Befehl von dir habe ich ausgeführt in so blindem Gehorsam, daß ich auf dein Geheiß mich selbst opferte: Ich mußte dir eben gehorchen.

Aber noch nicht genug, ich traue mich kaum, es zu sagen, meine Liebe schlug um in Wahnsinn; sie opferte in hoffnungslosem Verzweifeln das eine einzige Ziel ihrer Sehnsucht. Ohne Zaudern – du, du gabst ja den Befehl – brachte ich mein altes Gewand und mein altes Herz zum Opfer, um aller Welt zu zeigen, wie ich dein eigen sei mit Leib und Seele. Gott ist mein Zeuge, ich habe je und je in dir nur dich gesucht, dich schlechthin, nicht das deine, nicht Hab und Gut. Ein festes Eheband, eine Morgengabe – habe ich je danach gefragt? Du bist mein Zeuge, nicht meine Lust, nicht mein Wille war je mein Ziel, nein, nur deine volle Befriedigung. In dem Namen ›Gattin‹ hören andere vielleicht das Hehre, das Dauernde; mir war es immer der Inbegriff aller Süße, deine Geliebte zu heißen, ja – bitte zürne nicht! – deine Schlafbuhle, deine Dirne ...

Herr Gott, sei du mein Zeuge, wenn der Kaiser käme, der Beherrscher der ganzen Welt sich herabließe, mich zu ehelichen, wenn er mir dabei die ganze Erde verschriebe und verbriefte zum ewigen Besitz: Ich möchte doch lieber deine Dirne heißen – und wäre noch stolz darauf – als seine Kaiserin ...

Heiliger Irrtum selige Selbsttäuschung, wenn Ehegatten einander in der Liebe zum Vollkommenen gehören, wenn Keuschheit der Seelen noch mehr als leiblicher Verzicht das Eheband nicht zerreißen läßt! Aber andere Frauen bilden sich den Besitz des Vollkommenen nur ein; daß ich es besaß, war vollste Wirklichkeit. Was andere Frauen in ihren Gatten zu haben glaubten, ich brauche es von dir nicht zu glauben, ich wußte die Wahrheit meines Besitzes und mit mir die ganze Welt! Die echte Tiefe meiner Liebe zu dir gründete sich auf ihre Irrtumslosigkeit.‹

(Aus: Das Insel-Buch der Liebe, Insel-Verlag)

Prügel, Versklavung, Mord – noch immer hatte nichts die Liebe und die ›Fleischeslust‹ verhindern können. Als Draufgabe auf ein Schreckensregiment, das kaum noch zu verschärfen war, befahl die Synode von Rouen, alle Priesterfrauen mit dem Kirchenbann zu belegen. Sie wurden dadurch von allen Sakramenten ausgeschlossen, selbst der Gnade der christlichen Beerdigung. Ein Urteil, das einer Überstellung an die Hölle gleichkam. Und zum sichtbaren Zeichen ihrer Nichtswürdigkeit wurden ihnen öffentlich in der Kirche die Haare geschoren.

Die Päpste, selbst keineswegs weißer als ihre schwarzen Schafe, wetterten. Innozenz III. (1198-1216) schalt seinen Klerus ›sittenloser als Laien‹.

Honorius III. (1216-27) sah ein, ›sie sind zum Verderben geworden‹.

Alexander IV. (1254-61) stellte fest, ›daß das Volk, anstatt gebessert zu werden, durch die Geistlichen vollständig verdorben wird‹.

Und schließlich das Wort des Dominikaners und späteren Kardinals Hugo von St.-Cher auf dem Konzil von Lyon (1251): ›Freunde! wir haben dieser Stadt viel genützt. Als wir herkamen, fanden wir nur drei oder vier Hurenhäuser, bei unserem Abgange verlassen wir nur eines. Dieses aber reicht von einem Ende der Stadt bis zum anderen.‹ (*Karlheinz Deschner,* Das Kreuz mit der Kirche)

Die tragische Liebesgeschichte des Subdiakons Bochard und seiner Frau Margarete mag hier stellvertretend für alle anderen Leiden stehen.

Bochard war Kantor zu Laon und Kanonikus von Tournay. Mit Margarete, einer Schwester der Gräfin Johannas von Flandern, hatte er zwei Kinder. Eine rechtschaffene Ehe, von Liebe und Harmonie getragen. In den Augen

Papst Innozenz III. war sie freilich eine ›Mistpfütze‹ und den Kirchenbann wert. Jeden Sonntag bei Kirchengeläut und Kerzenlicht mußte dieser erneuert werden, solange bis Bochard Frau und Kinder verließe.

Endlich gab Bochard klein bei und nahm zur Wiedergutmachung seiner Sünde an einem Kreuzzug teil. Ein Jahr verging. Wie Margarete mit den Kindern zurechtkam, hat niemand registriert. Für Bochard aber muß es ein hartes Jahr gewesen sein, denn als er Frau und Kinder wiedersah, rief er: »Lieber will ich mich lebendig schinden lassen, als euch verlassen!«

Den Beweis für diese Liebe ließ die Kirche ihn sogleich antreten. In Gent ergriffen ihn die Schergen. Er wurde geköpft. Sein Kopf aber wurde an einer Stange quer durch Flandern getragen. Zur Abschreckung.

14. Jahrhundert

Wie Karlheinz Deschner schreibt, gedieh das Sexleben der Priester trotz (oder wegen?) der päpstlichen Zölibatsdekrete so prächtig, daß die Bauern zum Schutz ihrer Frauen und Kinder die Heiratserlaubnis für Geistliche mit Waffengewalt durchsetzen wollten. Und ein böses Sprichwort dieser Zeit frotzelte: ›Solange der Bauer Weiber hat, braucht der Pfaffe nicht zu heiraten.‹

15. Jahrhundert

Savonarola, der leidenschaftliche Jesuit und Moralprediger, klagte an, Papst Alexander VI. (1492-1503) sei ›schlimmer als ein Vieh‹. Einmal, so liest man, befahl er fünfzig Huren in den Vatikan und setzte Siegerpreise für die Geistlichen aus, die die meisten Mädchen ›fleischlich erkennen‹ würden. Doch auch sonst nahm er es mit dem Zölibat nur für andere genau. Selbst zog er mit vier Kindern in den Vatikan ein. Eines davon war die berühmte

Lucrezia Borgia, die es schon früh mit ihren Brüdern trieb und ein Kind bekam, welches der ›heilige Vater im Vatikan‹ als von ihm gezeugt anerkannte. Und damit auch der Nachwelt die Schönheit seiner Mätressen erhalten bliebe, ließ er zum Beispiel die reizende Julia Farnese nicht nur ›Braut Christi‹ nennen, sondern als Mutter Gottes porträtieren. Er selbst, ganz klein und häßlich, anbetend zu ihren Füßen.

16. Jahrhundert

Die Sehnsucht nach dem anderen, ergänzenden Geschlecht nahm und nahm kein Ende. Heimlichkeiten, Lügen, Angst und Not liefen daneben einher.

Auch dem geweihten Kanoniker Nikolaus Kopernikus, der die jährliche Bewegung der Erde um die Sonne beschrieb (1473-1543), blieb diese Erfahrung nicht erspart.

Viele Jahre hatte er mit Anna Schilling in eheähnlicher Gemeinschaft verbracht, als plötzlich sein Bischof und Jugendfreund Dantiskus, Domherr zu Frauenburg, die Trennung verlangte. Kopernikus, damals bereits über sechzig, bewies diplomatisches Geschick. Ja, sicher, so teilte er seinem Oberhirten mit, natürlich wolle er gehorchen, doch sei es schwer, eine Ersatz-Haushälterin im Verwandtenkreis zu finden. Geduld, Hochwürden, etwas Geduld.

Erst als das Geduldsspiel ausgereizt war, schob Kopernikus seine Frau ab. Jedenfalls zum Schein, denn heimlich traf er sich mit ihr, so oft es möglich war.

Dantiskus aber blieb wach. Die heimlichen Rendezvous entgingen ihm nicht. Sein AUS war hart und unerbittlich. Vier Jahre nur durchlitt Kopernikus den Verlust der Liebsten. Er starb einsam und verbittert. Von Anna wissen wir nichts.

Glücklicher als Anna Schilling traf es die Nonne Katharina von Bora. Begeistert hatte sie die Spaltung der Kirche

Roms unter dem aufsässigen Mönchsbruder Martin Luther (1483-1546) mitverfolgt. Als der neue Kirchenheld ihr Hilfe anbot, floh sie mit acht anderen Nonnen aus dem Kloster. Der Maler Lucas Cranach bot ihr Unterschlupf, bis Luther ihr die Ehe antrug. Der Mönch und die Nonne, nein, leicht war es nicht für die Neuvermählten. Doch die Zeit gab den Zweiflern Unrecht. Die ›unheilige Ehe‹ hielt. Sechs leibliche Kinder gingen aus ihr hervor, elf Pflegekinder fanden auch noch Platz darin. Frau Luther war tüchtig. Ihr ist es zu danken, daß die Familie zu beißen und zu trinken hatte. Ihr selbstgebrautes Bier half so manches Mal aus, wenn wieder einmal Ebbe in der Kasse war. ›Damit wir (...) christlich wandeln‹, schrieb Martin Luther in seinem Traktat ›Vom ehelichen Leben‹, so halte aufs erste fest, daß Mann und Weib Gottes Werk sind. Halte dein Herz und Mund zu, und schelte ihm sein Werk nicht, und heiße nicht böse, was er selbst gut heißt.

›... Darum die jungen Männer sich vorsehen sollen, wenn sie die heidnischen Bücher lesen und die allgemeine Klage hören, damit sie nicht Gift schöpfen. Dem Teufel ist's nämlich nicht wohl beim ehelichen Leben; denn es ist Gottes Werk und guter Wille. Darum hat er in der Welt so viel dawider schreien und schreiben lassen, damit er die Leute von dem gottgefälligen Leben abschrecke und in den Stricken der Hurerei und Selbstbefrieidgung behalte, so daß mich dünkt, auch Salomo, wiewohl er böse Weiber sehr schilt, habe doch wider solche Gotteslästerer gesagt (Spr 18, 22): ›Wer ein Weib findet, der findet etwas Gutes und wird Wohlgefallen von Gott schöpfen.‹

Umgekehrt lernen wir, wie unselig der geistliche Mönchs- und Nonnenstand ist an sich selbst, worin kein Gotteswort ist noch Wohlgefallen, wo alle Werke, alles Wesen und Leiden unchristlich, vergeblich und schädlich sind, was Christus deutlich sagt und sie schreckt (Mt 15,

19): ›Vergeblich dienen sie mir in Menschengeboten.‹ Darum können Eheweib und Klosterfrau überhaupt nicht verglichen werden, wenn jene in Erkenntnis und Glauben ihres Standes und diese ohne Glauben in Vermessenheit ihres geistlichen Standes lebt ...‹

Doch nicht nur Martin, auch Katharina Luther war es Ernst mit der Ehe als gottgefälliges Werk. Überall begegnete man der entsprungenen Nonne mit Respekt und Achtung. Und noch heute gelten ihre vorbildliche Lebensweise, ihr sozialer Einsatz und ihre Ehe evangelischen Pfarrersfrauen als erstrebenswertes Beispiel.

17. Jahrhundert

Von nun an ›mieten‹ sich Kleriker Frauen, die sie (siehe auch Karlheinz Deschner, Das Kreuz mit der Kirche) als ›Köchin‹, ›Hausmutter‹ oder blutsverwandt ausgeben und nach dem jeweiligen geistlichen Rang benannt wissen wollen.

In Büchern über die gute, alte Zeit liest man oft von ihnen, den Probstinnen, Domdekaninnen. Trotzdem hieß es offiziell noch immer: öffentlich auspeitschen und Haft für die Frauen, die ›erwischt‹ wurden.

Die Liebe des mit fünfundzwanzig Jahren zum Priester geweihten Musikgenies Antonio Vivaldi (1678-1741) zu der Schauspielerin und Primadonna Anna Giro ist wenig bekannt. Dennoch gab es sie, und die geliebte Priesterfrau ging als *›Armina del preto rosso‹* in die Geschichte ein (*›preto rosso‹* – roter Priester. So hieß Vivaldi wegen seiner fuchsroten Haare).

Und natürlich folgte auch die Strafe für Vivaldi. Wenige Jahre vor seinem Tod plante er eine große Opernsaison in Ferrara. Aber nein, Kardinal Ruffo hob den Finger. Keine Oper für einen Priester mit ›Frau‹! Vivaldi wurde rasch vergessen.

In Wien erhielt er ein Armenbegräbnis.

Die Neuzeit

Seit den Tagen der Aufklärung war der Zölibat mehr denn je unter Beschuß geraten. Antizölibatsvereine entstanden – und wurden nicht ernst genommen. Man riet ›diesen wollustigen Kameraden, zum Protestantismus überzugehen‹ (J. Ries, Kirche und Keuschheit, 1922). Und von Papst Johannes XXIII. (1958-63) war in der Frankfurter Rundschau vom 27.7.1961 das Wort zu lesen: ›Wir bedauern ..., daß da jemand daherfaselt von der Absicht oder dem Vorteil der katholischen Kirche, auf das zu verzichten, was durch Jahrhunderte ihren Ruhm und den ihrer Priester ausgemacht hat: das kirchliche Zölibatsgesetz.‹

Ein goldenes Papstwort in der Tat. Nur übertroffen durch die Bestätigung des polnischen Papstes Johannes Paul II. in der unmittelbaren Gegenwart.

Und darum trifft es wie seit eh und je die Priesterfrauen nebst ihren Kindern am schnellsten und gründlichsten, wenn die Amtskirche Rom zu Strafmaßnahmen greift. Zum Beispiel die Oberstudienrätin *Gisela Rosenbaum*. Als sie sich öffentlich zu ihrer Liebe zu Pater Anselm Forster, mit dem sie zwei Kinder hat, bekannte, erhielt sei am 23. Mai 1989 folgendes Anwaltsschreiben:

›... kündigen wir hiermit das zwischen Ihnen und der Abtei Schäftlarn bestehende Dienstverhältnis

außerordentlich und fristlos.

Als Begründung führen wir an, daß Sie sich schwere Verfehlungen gegen dienstliche und außerdienstliche Pflichten eines Lehrers vorwerfen lassen müssen sowie gegen die Treuepflichten gegenüber der Abtei Schäftlarn als Ihren Vertragspartner verstoßen haben. Wie unsere Mandantschaft nämlich am 16.05.1989 aus der Presse erfahren mußte, haben Sie über Jahre hinweg ein Verhältnis mit

Herrn Pater Anselm Forster gehabt. Sie wußten, daß Herr Anselm Forster durch Ablegung seiner feierlichen Gelübde vor dem Abt des Klosters Schäftlarn an den Orden unserer Mandantschaft gebunden war. Durch Ihre Beziehungen zu Herrn Forster haben Sie die für die Klosterschule unserer Mandantin geltenden Grundsätze und die wesentlichen Normen der Katholischen Kirche in einer so schwerwiegenden Weise verletzt, daß für eine weitere Tätigkeit an der Schule unserer Mandantin und für eine Zusammenarbeit mit der Schule jede Basis entfallen ist.

Weiter haben Sie zwei außereheliche Kinder, ohne daß die Schule wußte, daß der Vater dieser Kinder ein Pater der Abtei Schäftlarn ist.

Dieses gesamte Verhalten verstößt gegen die Grundsätze der Erziehungsarbeit und die Bildungsziele der Klosterschule. Eine weitere schwere Verfehlung, die unserer Mandantschaft zur fristlosen Kündigung berechtigt, liegt darin, daß Sie, ohne vorherige Benachrichtigung unserer Mandantschaft, die Presse von diesen Vorgängen informiert haben und dadurch die oben dargestellten Vorkommnisse in fast allen wesentlichen, in München erscheinenden Tageszeitungen ausführlich zu lesen waren. Damit haben Sie dem Ansehen der Schule ebenfalls stark geschadet.

Mit freundlichen Grüßen
(Rechtsanwälte ...)‹

Nach siebzehn Arbeitsjahren als Kunsterzieherin war diese Kündigung das berufliche Aus für Gisela Rosenbaum.

»Noch dreizehn Tage sind es«, schrieb sie damals in ihr Tagebuch. »Dann werde ich von diesem Arbeitstisch wegtreten müssen. Von hier aus hatte ich Anfangsgymnasiasten genauso unterrichtet wie Abiturientinnen und Abiturienten. Ich hatte versucht, sie zu begeistern, mit ihnen und für sie gekämpft und mich um Verständnis bemüht ...

Tränen laufen mir innerlich herunter, wenn ein Schüler zu mir sagt: ›Ich freue mich, wenn ich Sie nächstes Jahr im Unterricht habe.‹ Oder eine Schülerin mich anschaut und meint: ›Schön ist es bei Ihnen in der Schule!‹

Als K. sagte: ›Ich fahre jetzt für einige Zeit ins Ausland, und wenn ich zurückkomme, gehe ich zu Ihnen in den Leistungskurs‹ und mich dabei hoffnungsvoll anlächelte, versuchte auch ich zu strahlen, während sich mein Herz verkrampfte. Hoffentlich werfen alle, die uns nicht verstehen, nicht auch noch Steine hinter uns her. Es geht mir sehr schlecht. Schmerzen im Nacken; wenn ich den Kopf bewege, dröhnt er. Seelisch fühle ich mich fahl und frage mich, ob ich den Schwierigkeiten gewachsen bin.«

Schlimme dreizehn letzte Tage waren es nicht nur für Gisela Rosenbaum. Auch Pater Anselm Forster hatte zu leiden, ging er doch in dieser Zeit ›den Gang nach Canossa‹ zu seinem Abt und obersten Hirten.

Vieles war schlimm, was da im Namen Gottes kam. Nicht nur, daß die vierfache fristlose Kündigung im Briefkasten steckte, an der Haustür klebte, an den Rechtsanwalt gesandt und per Post zugestellt wurde. Nicht nur, daß fremde Menschen bitterböse Zeilen schrieben wie: ›Verworfener Priester spricht aus der Hölle.‹

Aber am schlimmsten war, daß der Abt Schüler veranlaßte, eine Ausladung anläßlich der Abiturfeier zu schikken. Darin hieß es: ›... wenn Sie beabsichtigen sollten, kommen zu wollen, sollten Sie sich in jedem Falle ... bewußt werden, daß ein Großteil der eingeladenen Lehrerschaft ihre Teilnahme zurückzieht ... Dies würde dem Fest erheblichen Schaden zufügen ... Angesichts der besonderen Situation hoffe ich, Sie ... nehmen Rücksicht auf den Gastgeber und die Harmonie des Festes.‹

Da schmerzte es nicht einmal mehr, daß Abt und Konvent des Benediktinerklosters Schläftlarn im Isartal südlich von München in einer Stellungnahme mitteilten, man sei ›erschüttert und traurig‹ über die Entscheidung des Ordensgeistlichen und Gymnasialleiters im Kloster, Anselm Forster, die Mutter seiner Kinder zu heiraten.

Es gab aber auch viele, viele anerkennende Briefe von Schülern, ehemaligen Schülern und Schülereltern.

Ein Kind der Sünde

Ich heiße Anna Elisabeth Maria. Mein Vater ist katholischer Priester. Er wohnt nicht bei uns. Weil er meine Mutter nur wenig Geld für uns geben kann, muß sie den ganzen Tag arbeiten. Ich bin zu Hause und warte auf sie. Manchmal besuche ich meine Freundinnen. Das ist schön. Aber meistens bin ich allein.

Ich bin sehr traurig, daß ich nicht zu meiner Oma kann. Das machen viele aus meiner Klasse. Aber meine Oma sagt, ich darf nicht zu ihr, weil ich ein Kind der Sünde bin und meine Kinder und deren Kinder und alle wären deswegen siebenmal verflucht. Darum will sie nichts mit mir zu tun haben, weil sie nicht in die Hölle will. Und meine Mutter will sie auch nicht mehr sehen, weil sie eine Schande ist und das mit meinem Vater gemacht hat.

Anna (11 Jahre)

Das Frauenbild der Kirche

Unbestritten prägte und prägt bis hinein in die Gegenwart keine Macht unser aller Denken, Handeln und Empfinden deutlicher als die Kirche. Insbesondere das Frauenbild ist hiervon betroffen, wie sich anhand der Bibel belegen läßt. Wohl jedem ist die Schöpfungsgeschichte ein Begriff. Heißt es da zunächst in Genesis 1, 27-28: ›Und Gott schuf den Menschen ihm zum Bilde, zum Bilde Gottes schuf er ihn; und schuf er einen Mann und ein Weib. Und Gott segnete sie ...‹, so lassen schon Genesis 2, 18 ff. keine Zweifel mehr an der unterschiedlichen Wertigkeit von Frau und Mann. Erstgeschaffen ist demnach der Mann. Ihm zur ›Gehilfin‹ schuf Gott die Frau. Und zwar nicht aus einem neuen Erdklumpen, so wie er Adam nach dem göttlichen Bilde formte, sondern aus einer Rippe des bereits über die Schöpfung herrschenden Mannes. ›Bein von meinem Bein und Fleisch von meinem Fleisch‹, nannte Adam seine Eva. ›Männin soll sie heißen, weil sie vom Manne genommen ist.‹

Ausdrücklich minderwertig jedoch wird die Frau im Alten Testament erst nach dem Sündenfall. Es ist ihr Fluch, Verlangen nach dem Mann zu tragen, welcher von nun an ihr Herr sein soll (Gen 3, 16 ff.). Fluch und Strafe zugleich für den Ungehorsam der Frau gegenüber Gott und für ihre Verführungskunst gegenüber dem Mann.

Hier also liegt die Wurzel der ewig männlichen Angst vor dem Unterlegensein gegenüber der Frau; liegt auch die Wurzel des Gedankens an die Frau als die Verführerin zur Sünde. Denn weil der Mann nicht Herr der Frau war, kam die Vertreibung aus dem Paradies, kamen Not und Tod. In der Folge reiht sich in der Bibel Mahnung an Mahnung. Die Frau als personifizierte Gottlosigkeit wird ebenso geschildert wie die hochmütigen, die bösen und guten Frauen, wie die rechten ›Sorgenhaferln‹ im Hause des Vaters, nämlich die Jungfrauen. Der Mann ist von ihnen allen im höchsten Maße gefährdet.

Was aber sind nach dem Wortlaut der Bibel ›hochmütige Frauen‹? Die wohl wichtigste Aussage dazu findet sich bei Jesaja 3, 16 ff. Da heißt es: ›... daß die Töchter Zions stolz sind und gehen mit aufgerichtetem Halse, mit geschminkten Angesichtern, treten einher und schwänzeln und haben köstliche Schuhe an ihren Füßen ...‹ Um sie zu strafen, lesen wir weiter, ›wird der Herr den Schmuck an den köstlichen Schuhen wegnehmen und die Heftel, die Spangen, die Kettlein, die Armspangen, die Hauben ... und es wird ein Gestank für guten Geruch sein und ein Strick für einen Gürtel ... solches alles anstatt der Schöne.‹

›Es ist dem Menschen gut, daß er kein Weib berühre‹, schreibt Paulus in seinem ersten Brief an die Korinther. Wenn aber doch, so nur um der Hurerei willen. »Ein böses Weib«, sagt Sirach, »gericht dem Manne zur Schande. Der Verdacht, böse zu sein, listig und finster wie ein schwarzer Sack, stellt sich sofort bei einer schönen Frau, aber auch bei einer reichen. Von ihnen kommt die Sünde her«, wie Sirach weiß. Und darum raube die böse Frau dem Mann nicht nur die ewige Seligkeit, sondern auch alle Lebensfreude. Lieber solle er bei Löwen und Drachen hausen, als weiterhin bei ihr. Scheidung ist demnach die letzte Rettung. Hingegen ist ein Weib, das schweigen kann, eine Gabe Gottes. Wenn sie wohlerzogen, züchtig, keusch, beständig und freundlich ist, gibt es nichts Lieberes auf Erden. Kann sie gar noch vernünftig mit ihrem Mann umgehen, ist sie in seinem Hause der Sonne am Himmel vergleichbar.

Da ein Mann nur selten eine gute Frau findet, sei es grundsätzlich sinnvoll, meint Sirach, nicht so gern um die Weiber zu sein. »Wende dein Angesicht von schönen Frauen«, rät er wohlwollend seinen Schafen, »denn schöne Weiber haben manchen betört, und böse Lust entbrennet davon wie ein Feuer.« Vor allem aber sei gefährlich, nach Jungfrauen zu schauen. Nur zu leicht werde man gegen sie entzündet. Überhaupt die Jungfrauen. Sie sind es, wie Sirach weiß, die dem Vater ›viel heimlichen Wachens‹ einbringen. Muß dieser sich doch den Kopf zermartern, daß sein Jungfräulein nicht unversehens eine alter Jungfer wird oder, was noch schlimmer wäre, in seinem Hause geschändet und geschwängert würde. Schande für das Vaterhaupt! (Vgl. auch: Karin Jäckel, Es kann jede Frau treffen – Vergewaltigung)

Jesus machte Schluß mit dieser vom Judentum geprägten Wertskala. Er war gesandt und gekommen, die Welt erneut mit Gottes Willen und Wort vertraut zu machen. Und er lebte vor, wie es gedacht war. Die Juden staunten nur so über die genießerische Lebensfreude, die er ausstrahlte und seine Art, mit Frauen ebenbürtig umzugehen.

Immer wieder berichten die Bibelschreiber, wie frei und ungezwungen Jesus Frauen zum Beispiel in deren Haus besuchte. Wie gern er sie im Kreis seiner Zuhörer und Gläubigen sah. Wie bereitwillig er ihre Fragen beantwortete und ernst nahm. Wann immer sich Gelegenheit dazu bot, trat er für Frauen ein, half und tröstete sie und wies die zurecht, die ihnen ungebührlich oder ungerecht begegneten.

Frauen, auch das belegt die Bibel, liebten und bewunderten Jesus sehr. In großer Schar zogen sie auf seinen Predigerreisen mit, wobei sie ihn mit ihrem Hab und Gut unterstützten.

In den Augen der Juden war dies eine Ungeheuerlichkeit, ja, eine Art Revolution. Doch die Menschen um Jesus lernten um. Noch lange lebte sein Beispiel in der Erinnerung der Urkirche fort. Frauen wie Männer hielten zu seinen Lehren in Verkündigung und Gemeindearbeit.

Dann aber kam Paulus und mit ihm der neuerliche, der endgültige Niedergang des Frauentums in der Kirche Roms. Unaufhaltsam vollzog er sich, Hand in Hand mit der Verteufelung der Sexualität, der Verächtlichmachung der Ehe und dem hohen Lob der Askese.

Bis in die Neuzeit und Gegenwart ist eine Frau, die einen Priester liebt, eine, die sich an Gottes Gut vergreift. Ist sie Mitarbeiterin der römisch-katholischen Kirche und ihre Liaison bzw. Heiratsabsicht mit einem Priester fliegt auf, steht ihr die Entlassung ins Haus. Auch ein Arbeitsgerichtsprozeß hilft da nicht.

Betroffene wissen aus eigener Erfahrung, auf wie subtile Weise kirchliche Briefmaßnahmen vor allem auf die Seele wirken. Da scheut man sich nicht, die Hebel bei den Eltern der Heiratskandidaten, am liebsten bei denen der Frau, anzusetzen. Einfluß heißt es, solle man doch nehmen auf die Verführerin, der wohl nicht klar sei, was zu tun sie im Begriff stehe. Solche Worte wirken.

Eine Priesterfrau schrieb:

›Meiner Mutter fiel es zuerst sehr schwer, unsere Heirat zu akzeptieren, weil sie trotz ihres sonst ganz gesunden Menschenverstandes dem alten Gesetzesdenken verhaftet ist und glaubte, eine nicht kirchlich geschlossene Ehe bedeute auch den Abfall vom Glauben (und wahrscheinlich auch die eigene Verdammnis), hat sie ja auch gründlich so gelernt. Doch bis zur Hochzeit war sie soweit, daß sie mitfeiern konnte, und in dem Gottesdienst, den wir aus diesem Anlaß gefeiert haben, konnte sie dann wirklich ihren Segen geben. Seine Brüder waren, da sie von uns beiden sehr wenig wußten und wissen wollten, überrascht bis schockiert. Einer von ihnen, dem wir es schon lange vor der Hochzeit sagten, meinte X. noch ins Gewissen reden zu müssen. Aber schließlich haben sie sich doch damit abgefunden bis auf einen, der ganz in unserer Nähe wohnte. Er hat sich wohl von allen am meisten aufgewertet gefühlt durch den ›Bruder Pfarrer‹, und nun fühlt er sich betrogen und ist beleidigt. Er hat ihm einen Brief geschrieben mit allen möglichen Vorhaltungen und zur Hochzeit ist er natürlich nicht gekommen.‹

Doch mit familiären Druckmitteln läßt man es nicht genug sein. Vielmehr ist es üblich, einem um Dispens bittenden Priester Trennungszeiten vorzuschlagen; Phasen der Stille in der Geborgenheit eines Klosters, wo geistlicher Beistand geboten ist, den verlorenen Sohn wieder heim zu geleiten. Oder diesen mit der Aussicht auf ein verlockendes Studium, einen Missionsaufenthalt, umstimmen zu wollen. Auch ein Wink zur Karriereleiter wird nicht verschmäht.

Hilft alles nichts, ist die Frau dem Priester nicht aus dem Herzen zu reißen, hat Rom noch weitere Mittel.

»Uns wurde angeboten, daß Josef als Militärpfarrer Dienst tun solle, wo ich als seine Haushälterin gar nicht auffiele«, sagte Rita. »Von anderen Priesterfrauen weiß ich, daß man ihnen antrug, als Pfarrsekretärin oder Gemeindehelferin zu arbeiten. Wenn nur garantiert ist, daß es keiner erfährt oder merkt, daß kein ›Ärgernis‹, wie's heißt, erregt wird, dann bist du für die Kirche schon akzeptabel. Daß du als Frau Wünsche hast und Rechte und nicht bloß zur Bediensteten abgewertet werden willst, will die Obrigkeit nicht sehen. Partnerschaft zwischen Mann und Frau, daß es so etwas gibt, ist noch nicht bis Rom vorgedrungen.«

»Es ist ja nicht allein die Tatsache, daß ich als Frau, als Ich-Person gar keine Existenzberechtigung zu haben schien, als uns der Bischof vorschlug, ich sollte Martins Haushälterin werden«, meinte Sabine. »Für die Öffentlichkeit dürfen wir bei so einem Leben ja nichts miteinander haben. Das heißt, Kinder sind ausgeschlossen. Und bekäme ich doch eins, dürfte es nicht von Martin sein, auch wenn es von ihm wäre. Lüge, Lüge, Lüge, Lüge. Und das in der Kirche!«

Eine andere Frau sagte mir: »Wir versuchten mit dem Bischof wie mit einem Menschen zu sprechen, wie mit einem Vater. Aber er hörte uns nur kurz an, ließ uns kaum ausreden und fing schon mit bösen Vorwürfen an, noch ehe wir mit unserer Erklärung fertig waren. Es interessierte ihn gar nicht, wie die Beziehung zustande gekommen war, daß T. es war, der damit anfing, daß ich nie gewagt hätte, ihm zu zeigen, was er mir bedeutet, eben weil er als Priester tabu für mich war. Ich dachte, damit müßte ich mich abfinden, irgendwie käme ich schon über die Gefühle hinweg. Erst als er mir sagte, daß er mich liebt und begehrt, erst da ließ ich Nähe zu. Trotzdem sah der Bischof mich als extrem schuldig an, viel schuldiger als T. Mit mir, sagte er, sei die Sünde neu in die Welt gekommen und wie ich, als eine moralisch so schwache Person, es wagen wolle, Kinder mit T. zu haben. Meinen Eltern hatte ich damals schon alles gestanden. Sie waren geschockt, und vor allem meine Mutter begriff nicht, wie ich nur ›so sein‹ könne. Das war hart genug. Aber schlimm wurde es erst, als meine Eltern Besuch von unserem Pfarrer bekamen. Danach war ich für sie und auch für meine Patentanten nur noch die Mißratene, so eine Art Hure, auf jeden Fall eine, die einen um die ewige Seligkeit bringt. Eine Freundin meiner Mutter, mit der ich mich immer gut verstanden hatte, rief mich an. Sie sagte, sie wolle nicht, daß ich sie nochmals besuche. In ihren Augen wäre ich die Schwester des Satans, denn ich hätte in T. Jesus versucht.«

Die Frau als Untermensch? Heute wie damals? Damals, als Thomas von Aquin lebte und sie als unvollkommenes Etwas bezeichnete, als mangelhaft und zufällig entstanden, eine Mißbildung der Natur, eine Zwischenstufe zum Mann, als mißlungenen Mann sogar.

Immer noch der wahrhaft antiquierte Gedankenwahn, daß der Mann im Geschlechtsakt ›befleckt‹ werde, in die Tiefe gezogen und beschmutzt durch die Frau?

Immer noch die jahrhundertealte Lehre des bekehrten Heiden Augustinus, des Heiligen? Die nämlich von ›der lichten Straße der Freundschaft‹ zwischen Seele und Seele, dem ›heiter ruhigen Glanz‹ einer solchen Liebe und im Gegensatz dazu die Lehre von den ›Nebeldünsten ... aus dem sumpfigen Strudel sich regender Mannbarkeit‹. Die Lehre auch von ›der Finsternis der Wollust‹, welche in ›Abgründen von Leidenschaften‹ endet und ›in einen Wirbel von Schändlichkeiten‹ reißt.

Immer noch also die Frau als Verkörperung des Bösen?

Es sieht ganz danach aus, wenn wir bedenken, wie weit das Herz der ›Mutter Kirche‹ ist, wenn ein Priester sich unter dem Deckmantel der Seelenverwandtschaft mit einer Frau einläßt. Gemeinsames Wohnen unter einem Dach, gemeinsame Arbeit, gemeinsamer Urlaub, gemeinsame Reisen, freundschaftlich-platonische Zärtlichkeiten – alles ist erlaubt, und ›Honni soit qui mal y pense‹[2].

Erst wenn die Seelenliebe im Bett Erfüllung findet, wird's schändlich.

Nie registrieren Priesterfrauen es deutlicher, als wenn sie schwanger und Mutter eines Priesterkindes sind. Da wird ›Schwiegermutter Kirche‹ ganz hart, knallhart. Da knallt sie die Türen zu, sperrt aus, was nicht sein darf. Und die Tränen der Frauen rühren sie nicht, und die Rufe der Kinder nach ihrem ›Papa‹ hört sie nicht. Warum auch? Schließlich ist diese Tür schon so lange zu, daß man inzwischen vergessen hat, wie es war, als ein Mann namens Jesus sie für Frauen und Kinder weit aufstieß. Oder?

---

2 Französisch: ›Ein Schelm, der Arges dabei denkt‹, Devise des Hosenbandordens

Lieber Papa, Hochwürden!

Meine Mutter, du kennst sie ja vielleicht noch, sagte mir, ich sollte mir doch mal überlegen, was ich dir in einem Brief schreiben würde, wenn ich dir schreiben dürfte. Der Brief soll dann veröffentlicht werden. Zuerst wollte ich nicht, weil ich finde, das mit dir geht keinen etwas an. Aber dann sagte meine Mutter, daß du den Brief auf diese Weise ja vielleicht doch mal zu sehen kriegst. Das gibt mir zu denken. Also habe ich mich entschlossen, den Brief doch zu schreiben. Ich schreibe zwar nicht unter meinem richtigen Namen. Aber ich könnte mir vorstellen, daß du mich doch erkennst, auch wenn du mich überhaupt nicht kennst und meiner Mutter alle Briefe ungeöffnet zurückgeschickt hast. Auch den, als ich zur Kommunion kam, wo alle Väter ihre Söhne besuchen.

So, und jetzt also der Brief:

Lieber Papa, Hochwürden!

Hiermit teile ich dir mit, daß du noch immer einen Sohn hast. Wahrscheinlich hast du es vergessen. Meine Mutter sagt, das übt man bei euch. Heute war ich dreizehn. Aber wenn man einen echten Bischof zum Vater hat, kann einem ja nichts Schlimmeres mehr passieren.

Bis genau 15 Uhr 11 dachte ich, du bist tot.

Dann hat meine Mutter sich zu mir gesetzt und gesagt, ich wäre jetzt alt genug. Sie hat ein Fotoalbum geholt und mir von dir erzählt. Wir haben die Fotos zusammen angeschaut. Du bist schlecht zu erkennen, also keine Angst, falls wir uns mal treffen sollten. Wahrscheinlich Absicht, oder? Auf einem Foto trägst du mich. Ich hab gebrüllt.

Es war bei der Taufe. Danach bist du dann verschwunden, einfach so. Meine Mutter hat lange gewartet. Du hast uns glatt sitzenlassen. Echt turbogeil, hochwürdiger Vater. Auf dich kann man stolz sein.

Mein lieber, heiliger Vater, du kotzt mich an.

Mit b… Grüßen!

Dein ewig unvergeßlicher Sohn

Post scriptum – ich lerne Latein, vielleicht verstehe ich dich dann ja mal. Als du tot warst, warst du eigentlich ganz okay. Ich habe sogar um dich geweint. Das tut mir leid.

Gibt es ein Zurück?

Da der Zölibat im Kanonischen Recht fixiert ist und gesetzlich geregelt wird, kann ein offizielles gültiges Zurück nur auf kirchenrechtlichem Wege bewerkstelligt werden.

Und das ist schwer, sehr schwer!

Ein Mensch, der sich entscheidet, mit Leib und Seele in den Dienst und den Altar Gottes zu treten, hat sich auf dieses ›Ja‹ lange vorbereitet. Er hat sich geprüft und prüfen lassen. Und er hat sich für stark genug empfunden, sich als ganzen Menschen hinzugeben. Ehrfürchtig, dankbar und voll Zuversicht ist er in Jesu Fußstapfen getreten. Bewußt und willentlich, aus freien Stücken.

Der Priesterberuf ist kein ›Job‹, ganz gleich, wer ihn in welcher Teil-Kirche Gottes ausübt. Er ist Berufung, und die Berufung ist ein Geschenk Gottes.

»Das legst du nicht einfach so ab, wie einer sonst dem Boß die Kündigung hinknallt«, sagte Gero, ein Kapuziner, der seine Freundin Silke schon seit drei Jahren kennt und ›alles, nur das eine nicht‹, mit ihr macht. »Da steigst du nicht aus von jetzt auf nachher, schulst kurz um und startest neu. Wenn du berufen bist, dann bleibst du's. Und wenn Gott dich haben will, dann läufst du nicht weg. Berufung, das bleibt, solange du lebst oder sogar ewig.«

Berufung bleibt. Genau das macht es so schwer, vom Zölibat zurückzutreten, denn wer nicht im Zölibat lebt, darf kein Priesteramt ausüben.

Viele Priesteramtskandidaten wissen gar nicht, daß Gott keine totale Keuschheit von ihnen erwartet oder verlangt. Sie wissen gar nicht, daß die Zölibatspflicht eine Draufgabe aus jahrhundertelang verstaubter Menschengeschichte ist. Trotz aller vorbereitenden Erziehung im Schoß der christlichen Familie und genossenen Forderung von Berufungen zum Diakonat oder zölibatärem Priestertum (CIC, 1983, Can. 233 § 1), wissen sie oft nicht, daß Weihe und Ehe einander nicht absolut ausschließen. Alfons Kraus, der heute von sich selbst schreibt: ›Priester bin ich ja ewig, nur das Amt übe ich auf Geheiß nicht aus‹, bekennt dann auch an anderer Stelle seines Buches ›Für einen gefallenen Engel beten sie nicht‹:

›Ich glaube fälschlicherweise wegen aller erhaltenen Informationen und der herrschenden Doktrin während meiner ganzen Ausbildung, daß der Zölibat vom Wesen des Priestertums her gefordert sei. Ich befand mich in einem unverschuldeten Irrtum: Willst du Priester werden, dann willst du den zölibatären Priesterstand. Du mußt die bittere Pille um des Priesterberufes willen schlucken. Siehe: Petrus verließ alles, auch seine Frau, und folgte dem Herrn! (Man beachte die falsche Exegese!)

Ich erinnere mich genau, daß ich aufgrund der gängigen Theorien nicht wußte, was es war, was ich da auf mich nahm: einen Eid, ein Gelübde oder ein Gesetz oder was auch immer sonst. Gegen beide ersteren setzte ich willentlich einen eindeutigen *Obex* (= Vorbehalt). Ich übernahm den Zölibat als eine nicht geliebte Berufsverpflichtung.

Eigentlich wollte ich den Zölibat überhaupt nicht. Ich wollte das Priesteramt und den priesterlichen Dienst. Hätte ich ein verheirateter Priester werden können, wäre ich ein solcher geworden.

Als Priester verfolgte ich den Gang des Konzils aufmerksam und interessiert! Die Erklärung zum Zölibat war für mich wie eine Offenbarung. Ab da hielt ich mich um das halbe Leben betrogen! Ich fühlte mich schließlich an ein Versprechen, das unter falschen Voraussetzungen abgefordert wurde, nicht mehr so gebunden wie vorher.

Aber das Volk (...) hält dich für einen Ausgesuchten, Erwählten, Erhabenen.

Wehe, wenn sie dich so hoch erhoben haben, wie tief kannst du dann stürzen! Ja, wie tief stürzt du dann, wenn du den in dich gesetzten Erwartungen nicht mehr entsprichst. Sie betrachten dich als etwas statisch Unverrückbares und Umwandelbares. Daß das Leben ein Lernprozeß ist, währenddessen sich jemand verändert, gilt für dich nicht!

Wer nicht lernt, ist tot! Aber als Priester darfst du dich nur wie Jesus verändern, hinsichtlich ›Alter und Weisheit und Wohlgefallen vor Gott und den Menschen‹ (Lk 2, 52).

Würde ich heute noch einmal als Priester anfangen, dann würde ich predigen: ›Ich will euch auf meine Weise dienen! Dafür danke ich Gott, daß er mir zum Dienst an euch ein deutliches Charisma gegeben hat! – Brüder, was die Geistesgaben betrifft, so will ich euch nicht im unklaren lassen.‹«

Hans Heimerl, der Kirchenrechtler, führt dazu aus: ›Der einzelne Kandidat nimmt oft, wenn nicht meistens, gerade seine Eignung und Bereitschaft zur Ehelosigkeit zum Hauptkriterium für seine Entscheidung, die Vorgesetzten machen die Zulassung zu den Weihen von diesem Punkt abhängig. Dieses Übergewicht ist rechtlich nicht unmittelbar begründet, aber es kommt aus der Wertschätzung, welche die Rechtsordnung insgesamt dem Zölibat verleiht, vor allem aus der an Unmöglichkeit heranreichenden Schwierigkeit, die Entscheidung später zu korrigieren.‹ (Hans Heimerl, Der Zölibat, Recht und Gerechtigkeit)

Thomas, mit dem ich mich zu einem langen Gespräch auf den Eingangsstufen des Straßburgers Münsters verabredet hatte, formulierte es schlichter:

»Für mich war der Zölibat immer der Beweis, den Gott von mir wollte. Und ich hatte vor, zu beweisen, daß ich würdig war, von ihm geliebt zu werden. Als ich dann Jutta kennenlernte und zum ersten Mal einen Orgasmus hatte, weil ich an eine bestimmte Frau, nämlich an sie, dabei gedacht hatte, ja, also, das war, als ob ich plötzlich so irgendwie aus dem Paradies vertrieben worden wäre. Das tat so weh, daß ich lieber tot gewesen wäre. Aber das wäre ja auch eine Sünde gewesen, mich umzubringen. Ich wußte bloß nicht genau, welche schlimmer wäre.«

»Wie kamst du darauf, daß Jutta trotzdem der richtige Weg für dich ist?« wollte ich wissen.

Thomas wendete seine Hände, als hätte er die Finger neu bekommen. »Weißt du«, sagte er, »das ist nichts, was du weißt und dann nie mehr umkrempelst. Ich mußte mir ja eingestehen, daß und wie Jutta auf mich wirkte. Und wie jede Maus suchte ich ein Schlupfloch vor der Katze. Ich fing an, über den Zölibat zu lesen, was das Zeug hielt. Da fand ich raus, wie das wirklich ist. Und ich fand auch raus, daß sogar Jesus vielleicht verheiratet oder doch ziemlich eng mit Maria Magdalena war. Es gibt reichlich Zitatstellen darüber von Forschern und anderen klugen Köpfen.«

»Du hast Jutta geheiratet?« stellte ich fragend fest.

»Ja.« Thomas sah mich an. »Für Jesus ist die Ehe das Größte.

Für mich auch. Und eine Kirche, die das nicht versteht bzw. durch den Zölibat dafür sorgt, daß Frauen Menschen dritter Wahl sind, – nee, so eine Kirche ist nichts für mich.«

»Heißt das, du bist aus der Kirche ausgetreten?«

»Kennst du diese gesungene Geschichte von Herman van Veen, als Gott auf der Erde rumspaziert und auch in die Kirche kommt?« fragte Thomas zurück. »Wo er wissen will, warum es in seiner Kirche so dunkel ist und kein Wasser fließt und keine Leute beten und der Priester sagt, weil die Menschen lieber in der Sonne sitzen und sich selbst für Gott halten?«

Ich kannte das Lied, aber ich verstand nicht.

»Es hört damit auf, daß Gott sich vor der Kirche neben einen Mann setzt, die Beine übereinanderschlägt und voller Verständnis ›Kollege!‹ zu ihm sagt«, lächelte Thomas. »Ich hoffe immer, damit meint er mich so ein bißchen mit.«

Ich bin ein Priesterkind

Mein Vater ist ein Priester ohne Amt. Ich höre öfter bei Gesprächen zu, daher weiß ich ein bißchen, was für Probleme meine Eltern haben.

Meine Eltern sind lieb zueinander. Als Priesterfamilie sind wir genauso wie andere Familien. Ich fühle mich gegenüber anderen Kindern nicht benachteiligt.

Ich bin stolz auf meinen Vater, weil er für das Recht kämpft. Ich bin auch stolz, wenn etwas über uns in der Zeitung steht und wenn mein Vater mal predigt.

Manchmal haben meine Eltern keine Zeit für uns bei den vielen Gesprächen. Ich habe meistens Langeweile, weil ich nicht dabei sein darf, aber das ist mir egal.

Die Liebe hat gewonnen, weil mein Vater gegen die Vorschriften geheiratet hat. Es ist schade, daß er nicht mehr Priester sein kann, wie ein Fußballstar, der Schneider sein muß.

Ich kann mich gut in ihn hineinversetzen, wie es ihm geht. Deswegen unterstütze ich meinen Vater auch bei Demonstrationen gegen den Zölibat.

Dominique Tobias

Zurück in den Laienstand

Erwirkt ein geweihter Priester ein Ende der Zölibatspflicht durch Dispens, wird er laut Kanonischem Gesetz in den Laienstand zurückversetzt. Umgangssprachlich hat sich dafür der Begriff *›Laisierung‹* eingebürgert. Ein laisierter Priester bleibt Priester vor Gott ein Leben lang. Vor den Menschen bleibt er es nicht, denn die Kirche verbietet ihm, seine Weihegewalt auszuüben und nimmt ihm das zugehörige Priesteramt nebst allen Aufgaben und Vollmachten. Übrig bleibt eine vage Möglichkeit, in den allgemeinen Dienst der Kirche übernommen zu werden, etwa als Lehrer oder Leiter an einer katholischen Schule oder bei der Caritas und ähnlichen Bereichen.

Neben dem Problem, ohne Unterhalt und Anstellung quasi auf der Straße zu stehen und als ›gestandener Mann‹ nochmals ganz von vorne zu beginnen, trägt Mutter Kirche ihrem gescheiterten Sohn jedoch noch ein zusätzliches Päckchen auf. Sie verbietet ihm nämlich – und mit

Vorliebe dann, wenn er verheiratet ist! –, sich an einem Ort aufzuhalten und zu wohnen, wo sein Priesteramt bekannt ist. Nur wenn ›kein Ärgernis‹, etwa aus der Bevölkerung, zu fürchten ist, hat der zuständige kirchliche Ordinarius die Macht, von diesem Aufenthaltsverbot zu befreien.

Daß die Dispens ein Geheimnis bleiben muß, vor allem vor der Kirchengemeinde, ist für die Mutter Kirche selbstverständlich.

Aus diesem Grund wird der Vermerk über die Trauung eines Priesters nur im diözesanen Geheimarchiv vorgenommen und das Kind eines Priesters in verklausulierter Geheimniskrämerei in den Taufbüchern eingetragen. Sollte man einmal eines dieser Dokumente benötigen, muß zuerst der Ordinarius um Erlaubnis gebeten werden (Normen 1970, über die Durchführung des Reskriptes Art. V, 4/VI, 2).

»Als ein Freund vor ein paar Jahren laisiert worden war und geheiratet hat«, meinte Johannes in diesem Zusammenhang, »durften nicht einmal Trauzeugen anwesend sein, und weil ja alles so anrüchig ist, wenn ein Priester abtrünnig wird, gab's mangels Gästen auch keine anschließende Hochzeitsfeier, von Brautkleid und so ganz zu schweigen. Auf dem einzigen Hochzeitstelegramm stand groß und deutlich: Priesterhure und noch ein paar Nettigkeiten dieser Art. Da geht's uns doch schon gold. Oder?«

Gibt es ein Recht auf Dispens?

Das Kirchengesetz verpflichtet seine Gläubigen wie das Staatsgesetz seine Bürger. Ein Recht auf rechtswidriges Verhalten gibt es nicht und auch kein Recht auf die Erlaubnis, das Recht zu brechen. Getreu dem Grundsatz ›Gleiches Recht für alle‹, gilt dies auch für den Pflichtzölibat sowie den Wunsch nach Dispens davon. Kein Recht auf Dispens also!

Nun ist aber die Kirche in erster Linie Gottes ›Staat auf Erden‹. Und vor Gott ist nichts unmöglich, auch die Erfüllung scheinbar unrechtmäßiger Wünsche nicht. Was er schenken und gewähren will, liegt in seiner Gnade.

Nach Gottes Vorbild räumt die Kirche ihren Bittstellern gewisse Vergünstigungen ein. Dazu gehört auch die Gnade des Zölibatsdispenses.

Freilich bedeutet die Möglichkeit einer solchen Gnade nicht, daß die Kirche sie jedem zubilligen muß. Abgesehen von den Gründen, die einen Priester bewegen mögen, um Dispens zu bitten, muß die Bitte selbst ›im Geist der Demut‹ vorgebracht werden (Rechtsnorm 1980).

›Im Geist der Demut!‹ Markus, der einem Pfarrer im Badischen als Kaplan zur Seite steht, lachte bei unserem Treffen auf. »Das verstehst du nicht. Demut ist nichts für Weltliche. Aber uns Geistlichen bringen sie das vom ersten Augenblick an bei. Im Grunde schon im Kommunionsunterricht und als Ministrant. Später dann sowieso. Mit als allererstes und wichtigstes lernst du und übst du, sowohl dem Papst als auch deinem Oberhirten gegenüber Ehrfurcht und Gehorsam zu zeigen, Anordnungen in Demut zu empfangen, Kritik in Demut zu ertragen, Bitten in Demut auszusprechen, in Demut auf Anhörung zu warten. Demut, Demut, Demut. Und nur ja nie aufmucken oder gar heftig widersprechen!«

Ich hatte Markus über die Beziehungsbrücke ›Freund-eines-Freundes-einer-Bekannten‹ kennengelernt. Es hatte Wochen gedauert, bis er zusagte, mit mir über seine Liebe zu S. zu sprechen. Und auch dann kam das Treffen erst zustande, nachdem ich mich schriftlich verpflichtet hatte, Markus vor jeder Möglichkeit des Entdecktwerdens zu bewahren. Er, S. und ich saßen ohne Zeugen in meinem

Auto. Nur Stift und Papier wollte Markus mir als Gedächtnisstütze erlauben, und vor dem Abschied verlangte er zu lesen, was ich notiert hatte.

»Warum diese Vorsicht?« fragte ich.

»Ich habe unlängst ein Dispensgesuch eingereicht«, sagte Markus. »Niemand weiß, daß es wegen S. ist. Ich habe ihren Namen verschwiegen. Sie arbeitet als Gemeindereferentin bei uns. Im Glauben und nach den Grundsätzen der katholischen Kirche. Du weißt, was das heißt!«

»Ich würde entlassen«, warf S. ein. »Liebe zum Kaplan gehört nicht in meinen Aufgabenbereich. Das habe ich natürlich von Anfang an gewußt. Aber ich will meinen Beruf nicht nur deshalb ersatzlos streichen, weil ich mich verliebt habe. Markus und ich haben lange überlegt, was wir irgendwann mal gemeinsam auf die Füße stellen könnten. Und wir haben auch schon Pläne. Wir möchten beide wohl gern in der Altenpflege tätig werden. Dazu brauche ich jedoch eine Zusatzausbildung, die ich nur absolvieren kann, wenn ich genügend Geld habe. Und auch für den Ausbau meines Elternhauses brauche ich Geld. Ich muß also möglichst lange arbeiten, um sparen zu können. Und das geht nur, wenn uns keiner auf die Schliche kommt.«

Das leuchtete mir ein. »Aber du?« wandte ich mich an Markus. »Wirst du nicht sofort vom Dienst suspendiert, wenn du um Zölibatsdispens bittest?«

»Nein«, sagte Markus. »Nicht unbedingt. Noch ist nichts entschieden. Das Verfahren läuft noch, alles ist offen.«

»Wie siehst du deine Chancen?«

»Mager«, meinte Markus. »Wenn S. und ich verheiratet wären und Kinder hätten, stünden die Aktien besser. Trotz meines Geistes der Demut. Willst du meinen Brief lesen?« Ich gebe diesen Brief hier nur in Auszügen preis. Ihn vollständig abzudrucken hieße, Markus auffindbar zu machen.

›Sehr geehrter Herr Bischof,
es fällt mir schwer, Sie mit diesem Schreiben enttäuschen zu müssen. Aber als Priester im Angesicht Gottes und der Welt mit einer Lüge leben zu müssen, die alle moralischen Werte zerstört, ist mir nicht mehr länger möglich.

Ich habe, sehr geehrter Herr Bischof, seit nunmehr sechzehn Monaten eine für mich unauflösliche seelische und körperliche Bindung an eine Frau. Diese Liebe ist mein Leben. Und weder will noch kann, noch werde ich diese Liebe verleugnen oder auf eine Bruder-Schwester-Beziehung reduzieren.

Gott weiß, wie gern und freudig ich in seinem Dienst stehe.

Wie schwer es mir ist, diesem Dienst zu entsagen. Aber Gott hat mir auch die Liebe zu einer Frau ins Herz gelegt, welche es mir künftig unmöglich macht, sexuell enthaltsam zu leben und ehelos zu bleiben.

Da ich meine Dinge vor Gott und meiner Kirche in Ordnung bringen möchte, um nicht mehr länger Schaden an der Seele zu nehmen, muß ich Sie, sehr geehrter Herr Bischof, um Lossprechung von der Zölibatspflicht bitten.

Gleichzeitig bitte ich in aller gebotenen Demut und Bescheidenheit um einen Termin zu einer Aussprache.‹

»Kam es zu dieser Aussprache?« fragte ich.

»Sicher«, sagte Markus. »Schon etwa eine reichliche Woche später erhielt ich eine Einladung ins bischöfliche Ordinariat.«

»Während Markus dort war, hielt ich Zwiesprache mit Gott«, setzte S. hinzu. »Aber die Kerze, die ich angezündet hatte, brannte viel länger, als Markus willkommen war.«

»Mein Bischof empfing mich voller Nachsicht und Güte«, sagte Markus. »Er sprach von Verfehlung und Zeit der Prüfung des Zölibats. Und als ich von Liebe, Sex und anderen Gefühlen anfing, hörte er wohl zehn Minuten auch ernsthaft zu. Ja, ja, sagte er, man werde alles prüfen, alles zur rechten Zeit. Ich werde davon hören, bald schon. Geduld müsse ich allerdings einbringen. Doch wenn meine Eheabsicht so fest und ernst sei, daß ich dafür entschlossen sei, meine priesterliche Pflicht zu vergessen und mein Wort zu brechen, das ich freiwillig gegeben habe – was sei dann schon etwas Zeit.«

Seit meinem Gespräch mit Markus und S. ist fast ein Jahr vergangen. Markus weiß, daß sein Antrag auf Zölibatsdispens in Rom liegt. Mit S. ist ein Treffen nur einmal im Monat möglich, denn man hat in 300 km weit von ihr weg in eine andere Pfarrei versetzt.

»Wir sehen uns meistens auf halbem Weg in der Stadt. Dort tauchen wir einfach unter und sind für ein paar Stunden ein Liebespaar wie andere. Wenn der gemeinsame Urlaub nicht wäre, vielleicht hätten uns die Schwierigkeiten schon geschafft. Aber zum Glück gibt's die paar Wochen im Jahr. Wir reisen getrennt an und ab, und S. reicht ihren Urlaub nie auf den Tag genau mit mir ein. Ich werde ja doch beobachtet, und es reicht, wenn S. mit dem fertig werden muß, was unser augenblickliches Versteckspiel betrifft.«

»Was wäre, wenn sich ein Kind anmelden würde?«

Markus zögerte. »S. nimmt die Pille. Bisher ging alles gut. Aber ich glaube, wir würden unsere Pläne nicht ändern, also Heirat erst, wenn S. ihr Leben wieder fest im Griff und das Durcheinander geregelt hat, das durch mich eingetreten ist.«

»Das heißt, du überläßt es S., das Startzeichen für eine Hochzeit zu geben?«

»Sicher«, sagte Markus. »Ich konnte sie nur bitten, meine Frau zu werden und alles dafür vorzubereiten. Ja sagen und mich annehmen muß sie selbst.«

»Auch hier im Geiste der Demut?« fragte ich. »Allzeit bereit?«

Markus lächelte nur.

Papa, wenn ich groß bin, werde ich für dich Priester

Monika ist die Mutter eines Priesterkindes. Ihr Sohn Claudio ist sechs Jahre alt. Er weiß, daß sein Vater katholischer Geistlicher ist. Monikas Priestermann ist Abt eines Klosters. Eine Heirat kommt für ihn nicht in Frage. Monika schrieb mir, was ihr Sohn Claudio vor einiger Zeit zu seinem Vater am Telefon sagte:

»Papa, warum kannst du denn nicht bei uns sein? Du kannst dem Papst doch sagen, daß ich dich jetzt haben muß. Ein Junge muß doch einen Papa haben.

...

Ach, Papa, sag ihm doch einfach, daß du jetzt erst mal eine Pause machst. Wenn ich dann groß bin, kann ich ja für dich Priester werden. Und du bleibst dann bei der Mutti.«

Claudio (6 Jahre)

Zwei Väter

Für alle, die meine Geschichte lesen, heiße ich Eva. Ich muß mich verstecken, denn ich lebe ein Doppelleben. Meine Kinder, Thomas (7) und Susanne (6), haben zwei Väter. Ihren leiblichen Vater, der ein Priester ist – ich will ihn hier Elias nennen – und einen Vater, der in allen Papieren eingetragen ist, meinen Mann Paul. Meine Kinder wissen nicht, daß Elias ihr Vater ist. Sie ken-

nen ihn als lieben Freund der Familie und hängen sehr an ihm. Eines Tages werden sie die Wahrheit erfahren. Ich habe Angst davor.

Paul weiß, daß Elias der leibliche Vater unserer Kinder ist. Trotzdem ist er der echte Vater. Er ist es, der Thomas und Susanne ernährt, sie tröstet, wenn sie Kummer haben, an ihrem Bett sitzt, wenn sie krank sind. Er ist es, der mit ihnen spielt und sie zu aufrechten Menschen erzieht. Elias ist nur der biologische Vater. Wir alle drei sehen es so.

Das Leben in einer solchen Dreiecksbeziehung ist ja recht ungewöhnlich. Wie kam es dazu?

Paul und ich haben blutjung geheiratet. Er war gerade 22, ich noch nicht ganz 21. Sexuell waren wir füreinander die erste Erfahrung. Ich will damit sagen, wir merkten erst viel später, daß Paul zwar von seiner Ausstrahlung, seinem Aussehen, auch bezüglich seiner Sexualität her ein Mann ist, aber keine Kinder zeugen kann. Gerade Kinder aber hatten wir uns immer gewünscht, jedenfalls von dem Zeitpunkt an, wo wir sie uns finanziell erlauben konnten. Als wir die Wahrheit durch einen Arztbesuch erfuhren, brach für mich die Welt zusammen.

Da ich ein sehr religiöser Mensch bin, suchte ich Rat bei Elias. Er war erst unlängst als Pfarrer in unsere Gemeinde gekommen. In unseren Gesprächen kamen wir uns sehr nahe.

Würden Sie sagen, es war Liebe auf den ersten Blick?

Nein. Ich war gefühlsmäßig sehr auf meinen Mann fixiert. In Elias sah ich eine Art höherer Autorität. Ich erwartete Rat und Hilfe von ihm, wie ich mit meinem veränderten Lebensanspruch umgehen und fertig werden könnte.

Warum wurde Liebe daraus?

Elias verlor ein wenig von seiner, ja, Unantastbarkeit, als ich merkte, wie gut er nach einem dezenten Herrenparfum duftete, oder als ich mitbekam, wie lächerlich übertrieben er auf eine Wespe oder Biene reagieren konnte. Das fing so ganz klein an, daß ich es erst gar nicht begriff. Ich weiß auch nicht, wann sich erste körperliche Dinge einschlichen. Jedenfalls werde ich nie vergessen, daß es ein Donnerstag im Mai war, als ich zum erstenmal den Wunsch verspürte, er möge mich nicht nur auf die Wange, sondern richtig küssen.

Änderte dieser Wunsch etwas an der Beziehung?

Ich versuchte, Elias aus dem Weg zu gehen. Das war jedoch sehr schwierig, weil Paul und er sich mittlerweile gut angefreundet hatten. Elias kam und ging nach Belieben. Und ich hatte keinen Grund, ihm auszuweichen. Trotzdem bemerkte ich mit einer Art Lust, daß es ihm etwas ausmachte, wenn ich nicht wie früher neben ihm Platz nahm und ihn auch nicht mehr zur Begrüßung oder zum Abschied auf die Wange küßte.

Von wem ging dann die endgültige Initiative aus?

Ich glaube, so kann man es nicht formulieren. Elias sagte mir später, ihm sei es ergangen wie mir. Er habe seine Zuneigung lange als ›in der Tugend‹ haltbar verstanden. Später, als ich diese vorsichtige Trennung versuchte, sei ihm bewußt geworden, daß er dies für sich nicht akzeptieren konnte. Trotzdem habe er sich vorgenommen, unsere Freundschaft nicht zu gefährden. Der Moment, der unsere Dreiecksgeschichte, wie Sie es nennen, beschloß, war so zufällig und lächerlich wie im Fernsehen oder im Schmierenkomödchen. Wir gingen zusammen spazieren, Elias und ich. Irgendwie bin ich ausgerutscht; es war naß, hatte geregnet. Elias fing mich auf. Das war's dann. Wir hielten uns fest, und alles war so bestimmt. Wir hatten uns so lange gewehrt, wie wir konnten.

Haben Sie Ihrem Mann gestanden, was in Ihnen vorging?

Zuerst nicht. Paul erschien mir so verletzlich, seit wir von seiner körperlichen Situation wußten. Ich wollte ihm nicht weh tun. Aber Paul spürte von allein, daß ich mich veränderte und vor allem, daß Elias anders war. Als er mich eines Abends fragte, was los sei, habe ich nicht gelogen.

Wie reagierte Paul?

Ich hatte befürchtet, Paul werde sehr unglücklich sein. Aber er hatte sich da schon längst seine eigenen Gedanken gemacht und überraschte mich nun damit. Ja, sagte er, er habe gewußt, daß Elias in mich verliebt sei, und er sei froh, daß auch ich mich zu ihm hingezogen fühle. Auf diese Weise sei es uns ja vielleicht doch noch möglich, eine richtige Familie zu werden. Er könne sich gut vorstellen, Elias' Kinder wie seine eigenen zu lieben. Und auf alle Fälle werde es ihm so lieber sein, als fremde Kinder zu adoptieren oder künstliche Befruchtung zu überlegen und so weiter.

Waren Sie über diesen Vorschlag geschockt?

Ja. Es traf mich schon. Ich kam mir plötzlich vor, als sollte ich Elias zu so einer Art Zuchtzweck lieben.

Und Elias?

Ich habe nicht mit ihm darüber gesprochen. Mir war klar, wie verletzt und entsetzt er gewesen wäre. Aber ich habe von da an auch nie mehr erwogen, mich vor einer Schwangerschaft zu schützen. Ich sehnte mich so nach einem Kind.

Sie wurden schwanger. Wie reagierte Elias?

Er schlug mir vor, sich laisieren zu lassen und mich zu heiraten. Aber ich spürte, wie schwer ihm dieser Vorschlag fiel. Ich hatte ein wenig gezögert, ob ich bei Paul bleiben würde, wenn Elias mich bitten würde, ihn zu heiraten. Daß es ihm so schwerfiel, machte es mir leichter. Ich trug ihm Pauls Idee vor und sagte, es werde sich ja zwischen uns nichts ändern, er sei ja für immer bei uns zu Hause. Elias brauchte eine Woche, dann war er einverstanden.

Wie wirkte sich diese Entscheidung auf Ihre Ehe aus?

Wir begannen, zu dritt miteinander zu leben. Paul und ich waren eher wie Geschwister, also ohne Sex. Paul hatte sich ja nie viel daraus gemacht und war ganz froh, davon weggekommen zu sein. Elias und ich, das blieb. Als der Thomas geboren war, hatte ich zwei glückliche Männer und er zwei glückliche Väter.

War das zweite Kind geplant?

Ja. Thomas sollte nicht als Einzelkind aufwachsen. Paul und ich hatten uns ja immer viele Kinder gewünscht. Ich bin übrigens wieder schwanger.

Wie steht Elias zu seinen Kindern?

Er liebt beide sehr, freut sich auf das dritte. Er ist ein verläßlicher Onkel, der aus dem Leben der Kinder nicht wegzudenken ist. Manchmal schmerzt es ihn, daß er sie nicht so nah erlebt wie Paul, daß sie zu Paul eben doch eine andere, tiefere Bindung haben als zu ihm. Vor allem, wenn Elias miterlebt, wie Paul und die Kinder Differenzen haben, ist er oft in Versuchung, sich einzumischen. Aber andererseits hat er sein Erstrecht auf die Kinder für seinen Beruf geopfert, und das ist eine Entscheidung, die wir beide tragen.

Hat noch nie jemand Verdacht geschöpft?

Sie meinen in unserem Freundeskreis und bei Verwandten? Nein, eigentlich nicht. Paul und Elias sind blond, etwa gleichgroß, beide Brillenträger und eher ruhige Typen. Man könnte sie durchaus für Brüder halten. Nur die Augen, das ist ein Problem. Da hat's schon manchmal Bemerkungen gegeben. Paul und ich haben nämlich beide braune Augen. Thomas und Susanne aber haben blaue Augen - wie Elias. Zum Glück hat die Großmutter meiner Mutter ebenfalls blaue Augen gehabt. So war der Sündenbock noch einmal gefunden.

Sie sagten, wenn die Kinder älter sind, wollen Sie das Geheimnis lüften.

Wir haben es uns fest vorgenommen. Jeder Mensch hat ein Recht darauf, über seine Abstammung Bescheid zu wissen. Paul, Elias und ich wollen aber damit warten, bis die Kinder in der Lage sind, uns zu verstehen und mit der Veränderung umzugehen.

Erwarten Sie Probleme?

Ich weiß es nicht. Natürlich habe ich Angst davor, daß die Kinder sich für uns schämen, uns anklagen oder verachten oder so. Das steckt ganz tief in mir drinnen. Dabei kann mir auch keiner helfen. Paul und Elias sehen es auch nicht.

Wie werden Sie damit fertig, ein Verhältnis zu einem Priester zu haben, Kinder von ihm zuhaben?

Warum fragen Sie nicht, wie er, wie Elias damit fertig wird? Er hat versprochen, ohne Sex und Familie zu leben, nicht ich.

Wie wird er damit fertig?

Er sagt, es mache ihm nichts aus. Er habe nur ein Versprechen gebrochen, das er der Kirche gegeben habe, aber nicht Gott. Er sagt, Gott habe ein solches Versprechen nie von ihm verlangt. Schwierigkeiten hat Elias allerdings oft mit der Lüge, in der wir alle leben. Aber dann beruhigt er sich damit, daß es so eine Art Notwehr ist und außerdem ein gutes Werk. Durch die Kinder sind drei Erwachsene glücklich geworden, die ohne diese Kinder gelitten hätten. Das sagt er, zählt vor Gott, nicht das, was der Papst will. Für Elias ist die Kirche viel mehr als der Papst. Er sieht die Menschen, die ihn brauchen. Und er sagt, Jesus habe der Ehebrecherin verziehen, weil sie viel geliebt habe. Also werde Jesus auch ihm verzeihen, denn er liebe nicht nur mich und die Kinder, sondern auch Paul und seine Gemeinde. Diese Hoffnung gibt ihm Kraft. Er ist ein wunderbarer Priester und ein wunderbarer Mann. Ich liebe ihn für beides.

Im Schatten der Vergangenheit

Für die meisten Liebespaare ist ein Zusammenbleiben für immer der herzlichste Wunsch. Auch Priester und ihre geliebten Frauen machen da nur selten eine Ausnahme. Mit dem einen schwerwiegenden Unterschied, daß die wenigsten Hoffnung haben, ihr Lebensziel jemals erreichen zu können. Es steht ja die Kirche dagegen. Und viele glauben auch heute immer noch, es sei Gott persönlich, der ihnen die Ehe verbiete und Familie versage, weil er sie in seinen Dienst als Priester berufen hat.

Das Miteinander-Hoffen, die Heimlichkeit der Liebe mit allen daraus erwachsenden Konsequenzen ketten Priester und die geliebte Frau in einer Art Kampf ›gegen Gott und die Welt‹ zusammen. Daß die Liebe in diesem Kampf im Laufe der Zeit Blessuren davonträgt, die nicht nur Narben hinterlassen, sondern Wunden, die nie mehr ganz heilen, merken sie in dieser Zeit zwar, nehmen es aber nur selten ernst.

»Wir dachten immer, das legt sich, wenn wir uns erst zueinander bekennen dürfen«, sagte Erika, deren Ehe mit einem Priester heute in einer schweren Krise steckt. »Aber wenn dann Ruhe einkehrt, nach der du dich so sehr gesehnt hast, dann spürst du die alten Schmerzen plötzlich doppelt deutlich. Und dann weißt du manchmal nicht mehr, warum du diesen Mann eigentlich einmal so über alles geliebt und gewollt hast. Dann kommt es vor, daß du denkst, die Kirche hatte doch recht, der ist für eine Ehe gar nicht geeignet, der ist nur zum Priester berufen, aber nicht zum Ehemann. Und wenn es dann auch noch so weit kommt, daß das aus dir herausbricht und dein Partner dir entgegenschreit, das habe er schon längst gewußt, aber dich nicht so enttäuschen wollen, dann, ja, dann zerbricht da was, was nie mehr zusammengeht.«

Erikas Worte stehen symptomatisch für zahlreiche Priesterehen. Erst im täglichen Miteinander zeigen sich ja die Besonderheiten des anderen, die bis dahin in der Sonntagsstimmung der seltenen, heimlichen Treffen verborgen waren. Jedes Ehepaar kennt sie, diese Schwierigkeiten des Sichzusammenraufens. Aber ein Priesterehepaar ist oft nicht in der Lage, solche Probleme für sich zu akzeptieren, weil Mann und Frau sich einbilden, bei ihnen müsse nach der langen Zeit des Umeinanderringens nur eitel Sonne herrschen. Wenn dann die ersten Schatten kommen, wird es schwer, an der von allen Seiten umstrittenen Liebe festzuhalten. Karen schrieb mir dazu:

»Heinz und ich kennen uns seit sechs Jahren. Wir haben zusammen gewohnt, heimlich natürlich, aber wir dachten doch, daß

wir einander kennengelernt hätten. Jetzt sehe ich, daß Heinz ein ganz anderer ist, als der, den ich kannte. Seit er kein Priester mehr sein darf, verkümmert etwas in ihm. Er trauert um das, was er verloren hat. Und an seinen plötzlichen Ausbrüchen merke ich, daß er sich nicht mehr sicher ist, ob das, was er für dieses Amt eingetauscht hat, wirklich besser ist. Ich kann die Tage, an denen er mich im Laufe eines Monats in den Arm nimmt, an einer Hand abzählen und behalte oft noch Finger übrig. Seine Zärtlichkeit, die mir so unendlich viel gegeben hat, ist kalt und fordernd so, als hätte er jetzt ein Recht und ich eine Pflicht im Bett und im Zusammensein. Das tut verdammt weh. Ich weiß nicht, wie wir das überstehen.«

Doch es gibt auch die andere Seite, wo nicht der Priester trauert, sondern die Frau.

Sylvia zum Beispiel leidet schwer daran, ihr drittes Kind von Jürgen bekommen zu sollen.

»Er fühlte sich schon durch unseren ersten Sohn total überfordert, den ich als unehelich gemeldet hatte«, sagte sie. »Er dachte, er kann das Schweigen nicht mehr aushalten und auch nicht mehr genug Geld für uns aufbringen. Weil wir in demselben Haus wohnten, hatte er auch Angst, das Kind könnte ihm zu ähnlich werden und jemand aus der Gemeinde daraus seine Schlüsse ziehen. Schließlich war es ja bekannt, daß wir beide oft zusammen waren. Von einer Pfarrhaushälterin wird ja auch nichts anderes erwartet. Die hat ja für den Herrn Pfarrer da zu sein und sich um die Gemeinde zu kümmern und im übrigen kein eigenes Leben mehr zu führen. Und außerdem befürchtete er auch, daß er mich entlassen müsse, wenn ich zum zweiten Mal ein uneheliches Kind bekäme. Ich werde es nie vergessen, wie er mir am Anfang der zweiten Schwangerschaft den Brief in den Kasten warf, obwohl wir doch in einem Haus wohnten und meist in einem Bett schliefen. In dem Brief stand: ›Ich ertrage es

nicht! Wenn du nicht abtreibst, bringe ich mich um! Du hast die Wahl, das Kind oder ich!‹

Wir sind zusammen zum Arzt gegangen, der durfte uns ja nicht verraten. Ich bekam eine Indikation. Wir fuhren gemeinsam zur Klinik. Unterwegs sprachen wir kein Wort. Ich habe nur geweint. Jürgen rauchte eine Pfeife nach der anderen. Warum spricht er nicht? dachte ich. Warum läßt er mich jetzt so hängen?

Am schlimmsten für mich war, daß Jürgen sich bei der Personalienaufnahme dem Arzt gegenüber, der den Abbruch machen sollte, nicht als Vater bekannte. Als der Arzt ihn fragte, ob er der Vater sei, sagte er nein, nein, er sei nur aus Gründen der inneren Notwendigkeit mitgekommen.

Ich war so unglaublich am Ende. Ich wollte dieses Kind nicht umbringen lassen. Ich wollte es zur Welt bringen. Ich war jung, gesund, es gab keinen Grund, es sterben zu lassen. Doch, einen, nämlich Jürgens Angst, seine Feigheit. War es das wert? Ich wußte es nicht, bis zuletzt, bis der Arzt mich fragte, ob ich den Eingriff tatsächlich wolle und ich ja sagte. Ich weiß es heute immer noch nicht.

Und das ist es, was mich heute so hart gegen Jürgen macht. Er hat sich jetzt zu unserm Sohn und zu mir bekannt. Er hat sein Amt niedergelegt. Er hat alles getan, was er tun konnte. Aber er hat unser Kind getötet, und ich habe es zugelassen. Das verzeihe ich ihm nicht. Ich kann es nicht ertragen, wenn er mich umarmen will. Ich sehe immer die Augen meines toten Kindes. Ich träume oft, es sei ein Mädchen gewesen. ich hätte immer gern eine Tochter gehabt. Jetzt erlaube ich mir nicht, zum dritten Mal schwanger zu werden, obwohl es jetzt erlaubt und kein Grund mehr zum Selbstmord wäre. Aber ich kann nicht, ich bringe es nicht mehr fertig. Früher, ehe wir geheiratet haben, waren Jürgen und ich gern zusammen. Er ist ein zärtlicher Mann. Wir haben gut harmoniert. Und jetzt? Er sagt, er hält das nicht mehr aus. Er sagt, er sei ein Mann mit einem starken Trieb, darum habe er auch nicht Priester bleiben können. Wenn ich ihm jetzt alles verweigere, ist das schlimmer als früher der Zölibat. Ich verstehe ihn ja auch, aber ich glaube, ich muß ihn einfach leiden lassen, weil er mich hat leiden lassen und das Kind aus Egoismus geopfert hat.«

Erst nach langem Zögern kam dann noch der Zusatz: »Und ich kann nicht mehr mit ihm schlafen, weil ich mir selbst nicht verzeihe. Weil ich mir selbst immer vorwerfe, ihn zu sehr geliebt zu haben, mich für ihn entwürdigt zu haben, für ihn sogar zur Kindsmörderin geworden bin. Und weil ich eine Liebe, die so weit geht, heute einfach nicht mehr ertragen kann. Ich weiß nur nicht, wie ich ihm das erklären soll. Er hat ja alles für unser Kind und für mich aufgegeben. Soll ich ihm jetzt sagen, daß ich ihn aufgeben will? Das hätte ich mir vorher überlegen müssen. Es gibt kein Zurück. Aber ich sehe auch nicht, wie es vorwärts gehen sollte.«

Nein, ein Allheilmittel ist die Ehe auch für Priester und ihre Frauen nicht. Wie überall auf der Welt, zwischen allen Menschen aller Nationen gibt es auch in Priesterehen Streit und Zwistigkeit, gibt es Untreue und Tränen. Die meisten, die ich befragt habe, sehen die Ursachen für die oft gravierenden Probleme eines Priesters im Zusammenleben mit seiner Partnerin in der Erziehung zum Zölibat und zum Leben in Einsamkeit, Bindungslosigkeit, abgetöteter sexueller Lust.

Hans-Jochen zum Beispiel sagte:

Ich bin nicht gerade das, was man einen Potenzprotz nennt. Ich liebe meine Frau und begehre sie auch. Aber ich bringe es durchaus fertig, mal zwei, drei Wochen keinen Sex mit ihr zu haben. Deswegen liebe ich sie nicht weniger, aber ich habe einfach kein Bedürfnis danach. Meiner Frau reicht das manchmal nicht. Das ist dann schwierig.

Friedrich, der vergeblich gegen sein großes Bedürfnis nach Ruhe und Ungestörtheit ankämpft, meinte:

Wir haben gelernt, uns gegen die Welt abzuschotten. Wir haben gelernt, uns total für die Welt zu öffnen. Aber wir haben nie gelernt, wo wir selbst stehen. Ich fühle mich manchmal wie ein kleines Kind, das gerade lernt, ›Ich‹ zu sagen. Meine Frau erwartet da oft viel zuviel von mir. Ich kann die selbstverständlichsten Dinge nicht, zum Beispiel Anträge ausfüllen, Behördengänge erledigen usw. Alles muß ich erst neu lernen. Das ist ihr oft zuviel. Mir ist es peinlich. Und weil wir beide Forderungen stellen, sie an mich, daß ich etwas kann, was ich nicht können kann, und ich an sie, daß sie mich versteht und akzeptiert, deswegen klappt es eben oft in keiner Richtung. Das ist zum Verzweifeln.

Martin, der zur Zeit von seiner Frau getrennt lebt, um auf eigenen Füßen stehen zu lernen, führte aus:

Tina und ich sind zwei Schiffe auf einem Meer. Wir haben denselben Weg. Aber ich bin immer nur das Beiboot, laufe an der langen Leine hinter ihr her, weil ich ohne sie nicht mehr mit den Wellen fertig würde. Am Anfang habe ich Tina geliebt, weil sie so stark ist. Ich habe sie bewundert, aufs höchste bewundert sogar. Jetzt, wo ich endlich die Kirche hinter mir habe, wo ich endlich mal ohne Gewissensbisse leben kann, wo ich zum ersten Mal voll mitkriege, wie das Leben sein kann, jetzt macht mich ihre Stärke fertig: Ich komme mir wieder vor, als sei ich ein Nichts, ein Niemand, die totale Nullnummer in ihrem Fahrwasser. Das ist wie früher als Priester, nur daß die Kirche jetzt eine echte Frau ist. Das halte ich nicht mehr aus. Ich will endlich mal selbst die Richtung vorgeben. Und ich will auch sehen, daß ich das bringe, nicht nur der ewige Mitläufer bin, der von einer Abhängigkeit in die andere fällt. Das ist für Tina total schwer zu kapieren. Aber wir lieben uns immer noch wahnsinnig. Sie ist die Frau meines Lebens. Eine andere kommt für mich nicht in Frage. Ich hoffe, sie hält das jetzt durch, damit ich dann zu ihr kommen kann, wenn ich in mir fertig bin, und wenn wir es miteinander richtig wagen können. Ich meine, mit einer echten Chance auf Partnerschaft und Gleichberechtigung.

Abschiedsbrief an die Liebe

Diesen Brief erhielt ich von Jutta ohne weiteren Kommentar. Jutta ist achtunddreißig Jahre alt, von Beruf Altenpflegerin und Mutter einer achtjährigen Tochter. Der Vater des Mädchens ist Priester im Amt.

Als Jutta die Belastungen ihrer Beziehung nicht mehr ertrug, schrieb sie ihm diesen Brief. Sie hat nie eine Antwort erhalten.

Liebster!

Gestern hast du dich von mir geschlichen wie ein Dieb in der Nacht. Und gestohlen hast du ja auch: mein Herz. Du hast vergessen, es an der Pfarrhaustür zurückzuschicken. Du hast es immer noch.

Liebster, ich liebe dich.

Aber ich kann nicht mehr. Ich gebe dich frei. Gebe dich der Kirche zurück, der du gehört hast, ehe du glaubtest, mir gehören zu wollen. Ich habe versucht, dich zu halten, mit aller Kraft und mit aller Liebe, die ich zu geben habe. Es hat nicht ausgereicht.

Die Kirche ist stärker als ich. Sie hat mich besiegt. Ich bin am Ende.

Liebster, ich kann dich verstehen und kann es auch nicht. Du bist Vater vieler geworden, ehe du selbst Vater unserer Tochter wurdest. Meine Liebe zu dir, meine Verzweiflung über das, was ich tue – ich lege alles in den Schoß deiner Kirche. Und ich hoffe, sie schenkt dir, was ich dir nicht geben konnte: Ruhe, inneren Frieden, Glück.

Liebster,

laß uns ein Ende machen mit der Zerstörung unserer selbst! Ich kann nicht mehr in dieser Lüge und in meinen Träumen leben. Ich möchte nicht mehr zulassen, diese Wirklichkeit zu vergiften. Ich weiß nicht, ob du jemals begriffen hast, wie unersetzlich du mir bist, wie so ganz in deine Hand ich mich begeben habe. Ich sage es dir heute zum letzten Mal. Von nun an will ich mich selbst in die Hand nehmen, mich und unser Kind.

Ich bitte dich nicht, mir zu verzeihen. Ich weiß, du verzeihst von Berufs wegen. Ich bitte dich nur, vergiß mich nicht. Erst, wenn du mich vergißt, werde ich wirklich tot für dich sein. Und das könnte ich nicht ertragen.

Deine Jutta

Es ist Gottes Wille

Meine Geschichte und die meines Freundes scheint mir von so furchtbarer Beispielhaftigkeit zu sein, daß sie, ohne daß Namen genannt werden, auf den Tisch gelegt werden sollte. Die Zeit ist jetzt einfach reif dafür.

Darum spreche ich.

In den Sommerferien 1953 habe ich als Siebzehnjährige einen jungen, katholischen Theologiestudenten kennengelernt und liebgewonnen. Ich war ein sehr scheues Mädchen und hätte nie gewagt, auf ihn zuzugehen – so voller Bewunderung, wie ich damals für ihn war. Aber er, der strahlende, junge Mann ging auf mich zu, und im Laufe des folgenden Jahres haben wir uns unsere Liebe gestanden. Im Sommer 1954 kam er nach bestandenem Examen für vierzehn Tage zu uns. Seine Liebe war sehr sinnlich und stürmisch, was ich in meiner Unerfahrenheit als

Zeichen für ihre besondere Größe gedeutet oder mißdeutet habe. Im Herbst des Jahres schrieb er mir dann den ›schwersten aller Briefe‹ zum Abschied und ließ mich darin wissen:

›... Wie sind wir einander nahe gekommen – und wie fremd sind wir uns doch. Wie gehören wir einander, und wie sehr gehören wir einander nicht. Wie lieben wir einander, jeder auf seine Weise, und wie dürfen wir einander doch nicht lieben. Wie freuen wir uns aneinander, und wie schmerzen wir uns. Wie leiden wir im Geheimen daran. Du nicht auch? Wir werden einander nie gehören und möchten es doch. Wir werden uns wohl nie verstehen und wünschten uns nicht so sehr. Wir werden uns nicht glücklich machen können und sehnten uns aber danach ... Vielleicht ist jetzt die Stunde, in der du für immer aus meinem Leben fortgehst? ... Ich habe mich nämlich entschlossen, meinen jungen Leib, mein Herz und meine Seele ganz und für immer meinem Beruf, ich muß es anders sagen, so ungewiß das in deinen und selbst meinen Ohren klingt, meiner Berufung zu opfern. Meinem und deinem Herrn Jesus. Ich werde mich also keinem Mädchen zur Ehe geben und ein Leben, ein unbekanntes Leben lang einsam sein ... anderer wegen.

Du wirst von deiner Herkunft aus diesen meinen Beruf nicht lieben, so wirst du auch mich nicht mehr lieben ... Davor habe ich zwar große Angst, aber so wird es sein, und ich muß diesen Schmerz ertragen, und ich habe es dem Herrn versprochen, ihn zu ertragen... Ob du mich so noch liebhaben wirst, zweifle ich ... Du hast doch nicht Engelskraft zum Lieben. Du bist doch auch ganz Mensch ... Das macht mein Herz bluten – (und vielleicht deines auch?) – und da stehen wir nun am Scheideweg ... Ob du nun noch mit mir gehst? ... Vielleicht verachtest du mich nun ... Ich weiß nicht und erwarte mit unruhiger Angst, was du tust ..., denn vergessen kann ich dich nicht mehr. Du bist tief eingeschrieben, weil unter vielen Schmerzen eingeschrieben in mir ... du wirst es wohl zurückweisen, daß ich mich noch ferner um dich sorgen wollte? Ich vermag dir ja nichts mehr zu erfüllen, was du dir erträumst und ersehnst, da du doch ein junges, zum Leben erwachendes Mädchen bist. Du wirst nun zu mir kein Zutrauen mehr haben? Wirst du mich nicht mehr lieben? Oh, du dürftest tiefes Vertrauen in mich haben, wenn du kannst ... Du dürftest, wenn du ... Sag mir, ob ich schweigen soll? Und wenn ich nicht schweigen müßte, wenn du mir noch einen kleinen Raum gewähren könntest in deinem Herzen – aber ich will und muß diesen Schmerz ertragen, und du mußt ihn mir antun.

Ich werde immer an dich denken, was auch immer nun zwischen uns geschieht und werde wohl einmal, ohne deinen Namen zu sagen, nicht verschweigen können, daß ich ein Mädchen kennen und verehren durfte, das war so ... unberührbar rein, daß es wie eine schöne Blume duftete ... Erinnerung, Erinnerung. Das warst du, meine Dorothee, mein feines und reines Mädchen ... du. So nehme ich dich in meine Einsamkeit mit. Versuche mich heute zu verstehen; es ist so ernst und so schwer ... Antworte bald. Warte nicht so lange wie ich mit diesem schwersten aller Briefe.

Darf ich noch sagen,
dein ...?‹

Es war, als ob sich eine Aschenschicht auf mein Herz gelegt hätte. Aber obwohl ich damals unbewußt in der Vorstellung gelebt habe, ich hätte keine Rechte und dürfte keine Ansprüche stellen, weder an Personen, noch an das Leben überhaupt, habe ich mich aufgebäumt. Für mich war meine Liebe etwas so Reines, Großes, Schönes gewesen, daß ich nicht verstehen konnte, weshalb das alles sündhaft und deshalb verboten sein sollte. Auf meine Fragen nach dem Warum und Wozu wußte mein Freund auch keine überzeugende Antwort. Da ich evangelisch bin und nie den Eindruck hatte, daß die Pfarrfrauen bei uns für ihre Männer nur ein hinderlicher Ballast bei der Arbeit und auf dem Weg zur ewigen Seligkeit sind – auf diese beiden Punkte beruft man sich doch –, konnte ich überhaupt kein Verständnis für einen Zwangszölibat aufbringen. Andererseits hatte ich aus demselben Grund auch keine religiösen Skrupel, meinen Freund weiterhin zu lieben. Wir haben also fortgefahren, einander Briefe zu schreiben. Trotz seiner Priesterweihe im Sommer 1955 blieben es Liebesbriefe. Auch gesehen haben wir uns, einmal im Jahr – jedes Jahr kürzer.

1961 wurde mein Freund selbständig und nahm sich eine Haushälterin. Ich hatte ihn angefleht: »Nimm mich!« Er aber sah es anders, sagte: »Eine Philologin steht dafür zu hoch im Kurs. Ich hatte mir dich als Gattin gewünscht; Dienstmagd darfst du mir nicht machen. Ich könnte das nicht ertragen.«

Mir die Demütigung anzutun, mich ganz aus seinem Leben auszuschließen, weil er allein leben müsse, und dann später eine lebenslange Gemeinschaft mit einer ›Dienstmagd‹ einzugehen, das hat er ertragen. Daß ich damals das sogenannte kanonische Alter noch lange nicht erreicht hatte, kann für seine Entscheidung keine Rolle gespielt haben, denn die Haushälterin ist zwei Jahre jünger als ich. Heute sagt er, wir hätten damals unmöglich zusammenleben können, weil ich nicht katholisch bin. Diese Haushälterin ist eines der bittersten Probleme für mich. Ist das denn nicht pervers: Das Zusammenleben mit einer angeblich ungeliebten Frau ist gut, das Zusammenleben mit einer angeblich geliebten Frau aber schlecht? Und ist es nicht geradezu Hohn, daß er mir später einmal sagte: »Meine Bindung an dich hat das andere (gemeint ist das musterhafte Leben mit der Haushälterin) erst möglich gemacht durch die einzigartige Rolle, die du in meinem Leben spielst.«

In jenen Jahren lebten wir das einzige Mal in unserer langen Geschichte nur wenige Kilometer voneinander entfernt. So kam er damals häufiger kurz zu mir, um ein wenig Zärtlichkeit zu geben und mitzunehmen, und fuhr dann heim, um mit seiner Haushälterin Kaffee zu trinken.

Als mir dieser entwürdigende Zustand unerträglich wurde, habe ich die Beziehung zu meinem Freund abgebrochen und ein paar Jahre später aus Verzweiflung einen anderen Mann geheiratet. 1974/75 ist diese Notgemeinschaft zerbrochen, und ich bin meinem alten Freund wiederbegegnet und von ihm aufgefangen worden. Er war viel freier als in den Jahren 1955 bis 1961, riesig verliebt und versprach, mich nun wirklich zu sich zu nehmen. Ich sollte nur vorher noch eine berufliche Chance ausschöpfen.

1976 machten wir beide zum ersten und einzigen Mal allein miteinander Urlaub, als dessen Folge prompt unser Sohn auftrat. Als ich die Anzeichen einer Schwangerschaft spürte, war ich beruflich im Ausland, einem unruhigen und krisengeschüttelten noch dazu. Doch die Reaktion des werdenden Vaters auf meine Nachricht war niederschmetternd. Er schrieb: »Bleib so lange wie möglich weg. Ich kann dich nicht heiraten und dich nicht bei mir aufnehmen. Aber im Stich lasse ich dich auch nicht: nur nenne mich nicht als Vater deines Kindes.« – Danach habe ich ihm lange gar nicht mehr geschrieben. Sein Versprechen, mit mir zusammenleben zu wollen, war damit also vom Tisch, wie nie dagewesen, weggewischt durch das, was normalerweise Menschen eher verbindet: ein Kind.

Noch während der Schwangerschaft wurde ich schwer krank. Mein Kind hatte eine Überlebenschance von höchstens zehn Prozent und kam viel zu leicht, steif und zittrig zur Welt. Aber der Kleine hat es geschafft. Sobald wir reisefähig waren, bin ich mit dem Kind nach Hause zurückgekehrt. Der überempfindliche Junge nahm mich dort zunächst stark in Anspruch, so daß ich wenig Zeit zum Brüten und Unglücklichsein hatte. Sein

Vater kam hin und wieder für ein paar Tage zu Besuch, vielleicht dreimal im Jahr. Damals machte er Äußerungen wie: »Ich hatte kein Kind gewollt, aber den will ich – Es tut mir so leid, daß ich ihm nicht meinen Namen geben kann – Es ist ein Irrsinn! – Vielleicht waren wir doch füreinander bestimmt? – Mit dir weiterleben, das hätte ich gemocht.« Aber was ihn vor allem erfüllte, war die Angst vor Entdeckung. Unser Sohn ist heute vierzehn Jahre alt, aber er war bis auf diesen Tag noch niemals bei seinem Vater. Als ich einmal sagte, andere Kinder kämen doch bestimmt auch zu ihm, erwiderte er: »Aber doch das eigene nicht!« Und daß unser Sohn sein Kind ist, das würde man unweigerlich sehen; die Haushälterin hat's ja gesagt, und also stimmt es. Sie weiß schon, wie sie in wohlverstandenem eigenen Interesse seine Angst schüren und wachhalten kann.

Zu Ostern 1983 kam es zwischen meinem Freund und mir erneut zum Bruch. Die in mir angestaute Enttäuschung und der Ärger über seine sich häufenden Nörgeleien, weil ich seiner Meinung nach bei der Erziehung unseres Sohnes, bei der er mich doch ganz alleingelassen hatte, so ziemlich alles falsch machte, ließen mich ihn hinauswerfen. Als er beim Abschied traurig zu unserem Sohn, nicht zu mir, aber für meine Ohren bestimmt, sagte: »Es war doch so schön!«, war ich zum Einlenken nicht mehr fähig, obwohl ich es am liebsten getan hätte. Schön mag es auch, hauptsächlich für ihn, gewesen sein. Er hatte sich sein Leben mittlerweile eingerichtet, und wir waren eine Art Zubrot oder Beilage für ihn. Für mich war es anders. Aus meinem Leben war das Herzstück herausgebrochen, und ich bekam nur dann und wann eine kleine Kostprobe davon, was hätte sein können und meiner Meinung nach hätte sein sollen.

Was in unserem Sohn bei und nach dem Bruch zwischen uns Eltern vorging, weiß ich nicht. Er hatte sich bis dahin prächtig entwickelt, wenn man seinen miserablen Lebensstart berücksichtigt. Er hatte eine ungemein blühende Phantasie, sprühte vor Ideen und konnte mit gut dreieinhalb Jahren schreiben und lesen. Gerade damit stieß er jedoch bei seinen Altersgenossen auf kein Verständnis, und weil er sich nicht recht wehren und schon gar nicht sich irgendwie durchsetzen konnte, wurde er schon im Kindergarten zum Prügelknaben. Weil er sich ärgern ließ, wurde er auch geärgert. Seine Waffe war dann ein mörderisches Geschrei, mit dem er sich bald auch bei seinen Erzieherinnen und Lehrern unbeliebt machte. Wer genug geschlagen worden ist, fängt endlich selbst damit an, und schließlich schaukelte sich die Misere so weit hoch, daß mein Sohn eine Psychotherapie beginnen mußte.

In all diesen Jahren hat er mich erstaunlich wenig, fast gar nicht, nach seinem Vater gefragt, und ich hatte wenig Lust, von mir aus die Rede auf ihn zu bringen. Zunächst war er der Meinung, mein geschiedener Mann, den er nicht kennt, sei sein Vater, und erst nach und nach habe ich ihm klargemacht, nicht der sei's, sondern der andere, der da früher manchmal gekommen sei.

Sein Vater schickte inzwischen Alimente, Sonderzulagen, Pakete zum Geburtstag des Jungen und zu Weihnachten und finanzierte Klavier- und Flötenstunden. Er war ein bloßer Zahlvater.

Als der Junge zehn Jahre alt war, hat er endlich zu begreifen begonnen, was sein Vater von Beruf ist und warum wir von ihm getrennt sind. Wohl um diesen fernen Vater irgendwie nahe zu sein, hat er daraufhin ein anhaltendes, heftiges Interesse für Theologie und Kirche und eine an Fanatismus grenzende Frömmigkeit entwickelt. Ungefähr zwei Jahre später, im Herbst 1989, eröffnete mir seine Therapeutin, der Junge suche verzweifelt nach seinem Vater (mir war das noch gar nicht aufgegangen!) und ob ich ihn nicht herbeischaffen könne. Dessen Beruf hatte sie längst schon aus den zur Therapie gehörenden Rollenspielen erraten.

Also suchte ich diesen Vater, und er hat sich von mir wiederfinden lassen. Als sich Vater und Sohn nun zum ersten Mal wiedersahen und das Kind ihn mit ›Sie‹ ansprach, war mein Freund sehr verletzt und hat mir diese Fremdheit angekreidet. Er sagte: »Das ist meiner auch!«, und es sei sein Menschenrecht als Vater, Kontakt zu seinem Kind zu haben. Brennend sei er an ihm interessiert, wenn auch nur aus der Ferne, weil es anders eben nicht möglich sei.

Seit diesem Wiedersehen haben wir ein paarmal einige Tage miteinander verbracht, zuletzt im vergangenen Sommer. Wir sind mit viel gutem Willen und großen Erwartungen aufeinander zugegangen, aber ich glaube, es war für uns alle drei mehr Enttäuschung als Freude. Zwar sind wir Eltern immer noch völlig vertraut miteinander und es ist für mich nach wie vor die Welt in Ordnung, wenn er bei uns ist, weil ich ihn immer noch sehr liebe. Aber ich spüre, daß sich bei ihm etwas geändert hat, daß ich ihm gleichgültiger geworden bin, und ich rätsle daran herum, ob es mein Alter, sein Alter oder ihr (wessen?) Alter ist, ob ihm vielleicht nur sein Pöstchen so zu Kopf gestiegen ist, ob die von mir verschuldete Trennung von 1983 nachwirkt. Meine Enttäuschung über die Abkühlung seiner Gefühle hat es mir jedoch endlich ermöglicht, Klartext mit ihm zu reden, was ich früher nie so deutlich und hart fertiggebracht hätte oder habe. Das wiederum hat ihn enttäuscht; und so dreht sich die Spirale weiter. Ich weiß nicht mehr, was an diesem Menschen noch echt ist. Einesteils spielt er herunter, was ihn mit mir verbindet: »Ich bin halt ein paarmal gekommen, weil ich sonst niemanden hatte. Von Zusammenleben war doch nie die Rede. – Andere haben doch auch einmal eine Begegnung gehabt und haben dann später eine andere Entscheidung gefällt und müssen das lebenslänglich durchhalten, auch wenn sie merken, daß es falsch war« – usw. Andererseits sagt er: »Wir gehören zusammen; jetzt erst recht!«, was in meinen Ohren zynisch klingt.

Die religiöse Verbrämung seines Verhaltens empört mich zutiefst. Er nennt sein Verharren im Priesteramt, sein Verheimlichen von Frau und Kind ›Gottes Willen‹. Ich betrachte es als

Unaufrichtigkeit, Lieblosigkeit, Eitelkeit, Feigheit und Bequemlichkeit. Den Widerspruch zwischen seinem ›Durchhaltenmüssen‹ und seiner panischen Angst vor Entdeckung, Auffliegen und dem Verweis aus Amt und Ehren scheint er gar nicht wahrzunehmen. Sein beliebtester Vorwand ist das Geld. Er sagt, dadurch, daß er im Amt bleibe, könne er viel besser für uns sorgen, und übersieht geflissentlich, daß er so viel billiger mit uns wegkommt, als wenn er unser Familienvater wäre. Dies einerseits. Andererseits hätten wir sein Geld bis jetzt gar nicht gebraucht. Ich habe ganz gut verdient, so daß er an unserem Tisch hätte mitessen können. Und wie schön, echt und innig wäre das gewesen! In Zukunft könnten allerdings seine Zahlungen für uns tatsächlich weniger werden, denn ich bin seit einiger Zeit arbeitslos, ohne Aussicht auf eine neue Anstellung. Das Argument ›Geld‹ erklärt aber zum Beispiel nicht, warum mein Freund noch nicht einmal seine allernächsten Angehörigen in unsere Geschichte einweiht und ihnen unseren Sohn vorgestellt hat. Ich meine darum, sein allergrößtes Anliegen ist sein eigenes Image, dem er uns opfert. Ein einziges Mal in den beiden letzten Jahren hat er ein wirklich offenes, ehrliches Wort zu mir gesagt, und zwar: »Ich fürchte mich so vor deiner Hellsichtigkeit, weil du recht hast.« Doch darauf wollte er seither nie mehr eingehen. Er scheint sich wirklich als unser Gönner und Wohltäter zu fühlen, während ich ihn mehr als unseren Schuldner ansehe. Falls er irgendwelche echten Schuldgefühle hat, dann wahrscheinlich nur wegen seines nicht so recht eingehaltenen Zölibatsversprechens.

Für unseren Sohn ist der so ersehnte, ja, seelisch notwendige Kontakt zu seinem Vater eine große Enttäuschung geworden. Als wir diesen auf Anraten der Therapeutin gesucht und auch gefunden hatten, barg das für den Jungen eine Riesenhoffnung. »Vielleicht heiratet ihr ja wieder, oder kommt sonstwie zusammen?« fragte er oft. Doch das Verhalten des Vaters und vor allem einer der letzten zwischen ihnen gewechselten

Briefe ließen diese Wünsche unerfüllbar scheinen. Normalerweise sprechen wir wenig über den Vater. Noch vor zwei Jahren war der Schmerz in mir zu groß, auch konnte ich wohl meine Niederlage und Demütigung in meinem Kampf um mein Lebensglück nicht eingestehen. Doch als der Junge nach dem Empfang des Briefes sichtbar litt, las ich ihn, entgegen meiner Gewohnheit, auch. Der Vater schrieb dem Jungen damals also, dieser möge daran reifen, daß sie nicht offen zusammenleben könnten und das Priesteramt akzeptieren. Es sei so Gottes Wille.

Ich wußte nicht, ob ich lachen oder weinen sollte. Der Vater, der doch selbst nie reif geworden war, schrieb seinem jungen Sohn, dieser solle reifen ... Nach dieser Enttäuschung vor etwa einem Jahr war das kirchliche Interesse des Jungen schlagartig erloschen, vielleicht mitbedingt durch den Einfluß eines konfessionslosen Schulfreundes, den er sehr mag. Erst seit wenigen Wochen, vielleicht im Zusammenhang mit Weihnachten, beginnt es sich wieder zaghaft zu regen. Ein Anstoß dazu mag auch gewesen sein, daß sich seine Klasse vor Weihnachten mit ihren noch recht spärlichen Griechisch-Kenntnissen am griechischen Urtext der Bibel versucht hat. Bei der Struktur meines Sohnes wäre dies durchaus denkbar. Im übrigen geht es ihm in der Schule jetzt besser als früher. Er ist ein ausgezeichneter Schüler und findet als solcher allmählich Anerkennung, was seinem Selbstbewußtsein guttut. Und ich meinerseits bin froh, daß es ihn gibt und daß er bei mir ist. Den Vater hat er jedoch auch jetzt noch nicht verschmerzt. Erst neulich suchte er wieder wie früher nach einer Möglichkeit, ihn irgendwie zu bekehren und auf unsere Seite zu ziehen, so daß Ehe und Familie erlaubt wären. Seine jüngste Idee war, der Vater – den er noch nie mit diesem Namen angesprochen hat – müsse doch eigentlich nur altkatholisch werden, und schon sei alles ganz einfach.

Wenn Sie mich fragen, was für ein Mensch mein Freund ist, fällt mir die Antwort darauf schwer. Er war von klein auf durch die Mutter zum Priester ausersehen und bestimmt worden. Schon als Sechsjähriger mußte er täglich Kirchendienst verrichten und in aller Herrgottsfrühe dafür aufstehen. Mit zehn Jahren wurde er ins Konvikt gegeben. Die Eltern, die aus allerkleinsten, bäuerlichen Verhältnissen kamen, ja, das ganze Dorf, alle haben von nun an auf ihn geblickt. Er wagte nicht, sie zu enttäuschen. Hinzu kam sein gesellschaftlicher Aufstieg, der ihn in eine starke Verpflichtung der Kirche und vor allem seinem Bischof gegenüber drängte. Er dachte, man brauche ihn, er sei unverzichtbar. Aber er war niemandem so wichtig wie mir. Als ich ihn kennenlernte, war er ein sehr hübscher, fröhlicher, lebhafter, kontaktfreudiger, redegewandter, lieber junger Mann; und ich habe ihn wegen alldem und schon allein deshalb, weil er Student war, während ich noch zur Schule ging, sehr bewundert. Daß allzu große rednerische Talente einen Menschen auch unglaubwürdig machen können, wußte ich damals noch nicht. Heute ist mein Freund immer noch attraktiv, ein begehrter Prediger und Redner, und wird vor allem von seinen Studentinnen umschwärmt. Ich möchte nicht unterstellen, daß er seine Beliebtheit ausnützt, aber er genießt sie durchaus. Doch trotz seiner vielen Fans sagt er, es seien immer nur ganz wenige Menschen, die einem etwas bedeuten.

Seine seelsorgerischen Qualitäten schätze ich nicht so hoch ein wie sein Rednertalent. Ich glaube, um Trauer und Leid würde er lieber einen Bogen machen, wie er ja auch in seinem Verhalten zu seinem Kind und mir immer den Weg des geringsten Widerstands gegangen ist. Allerdings könnte es sein, daß schon seine bloße Anwesenheit und gute Ausstrahlung auf Trauernde tröstlich wirkt.

Alles in allem ist mein Freund ein sehr liebenswerter Mensch, wenn er auch gerade meine Liebe, die er noch immer besitzt, am allerwenigsten verdient hat. Daß er in seinem Innern beides, nämlich Priestertum und Frau, gewollt hat, darf man ihm nicht vorwerfen, ist er doch nur ein besonders trauri-

ges Beispiel dafür, daß Priestertum und Zölibat nicht unabdingbar zu verknüpfen sind und der Zwang dazu nur Kummer und Leid über die Menschen bringt. Vorwerfen könnte oder müßte man ihm, daß er sich nicht zu seinem Leben bekennt, daß er sich statt dessen so maßlos hat indoktrinieren lassen, daß nun diese innere Gespaltenheit in ihm herrscht. Eine Gespaltenheit, die sogar so weit führt, daß er mir gegenüber den Zölibat zu verteidigen versucht. Schade um ihn, schade für unser Kind und für mich!

Es ist Nacht geworden über dem Niederschreiben meiner Lebensgeschichte. Und jetzt, da alles vor mir steht, fühle ich mich gar nicht wohl. Es ist mir, als hätte ich meinen Freund damit schon verraten, und das möchte ich nicht, obwohl er mich zeitlebens verraten hat.

EXKURS

Warum gerade er?
Was zieht Frauen an Priestern an?

Während meiner Recherche zu diesem Buch sprach oder schrieb ich mit insgesamt 136 Frauen, Kindern, Jugendlichen und Männern über ihr Leben im Zeichen des Zölibats. Ich hatte sie aufgefunden, teils durch bereits bestehende private Beziehungen und ›Mundpropaganda‹, wobei eine gesprächsoffene Person andere ihr bekannte zum Mitmachen ermunterte. Teils versuchte ich Leute aufzuspüren, über die in der Presse oder im Fernsehen berichtet worden war. Wieder andere fand ich durch die Mithilfe der ›Initiativgruppe der vom Zölibat betroffenen Frauen‹. Es dauerte lange, bis ich ausreichend Informationen beisammen hatte, um damit an die Öffentlichkeit zu gehen und mich zum Sprachrohr derer zu machen, die sonst schweigen müßten.

Eine Frage stellte ich den 80 Frauen, mit denen ich ihr Leben besprach, immer: »Warum gerade *er?* Was ist so besonderes an diesem Priester, daß alle Probleme in Kauf genommen werden?«

Wie zu erwarten, fielen die Antworten vielschichtig aus. Ich habe jedoch einige Schwerpunkte herausfiltern können. Sie sind in der Reihenfolge ihrer Häufigkeit aufgeführt.

»Er ist anders als andere Männer«, sagten 75 von 80 Frauen.

Anders, weil er:

- gut zuhören kann;
- mich in den Arm nehmen kann, ohne sofort Sex zu wollen;
- sich in mich einfühlen kann;
- über sich selbst nachdenkt;
- nicht die Hauptperson sein muß;
- ganz selbstverständlich Rücksicht auf mich nimmt, oft gar nicht vorher darüber redet, es einfach tut;
- weinen kann und sich nicht dafür schämt;
- mich nicht selbstverständlich nimmt;
- Ruhe und Kraft ausstrahlt;
- sich wahnsinnig gut beherrschen kann, fast nie rumbrüllt und nicht mit Kraftausdrücken um sich schmeißt;
- intelligent und gebildet ist, damit aber nicht protzt und andere merken läßt, daß er mehr weiß;
- hilfsbereit ist und sich selbst darüber vergessen kann;
- sich an Kleinigkeiten freuen kann – für ihn ist es noch ein Geschenk, wenn ich eine halbe Stunde für ihn freigenommen habe oder eine kleine Raupe mit Haaren mitbringe oder etwa Selbstgemachtes. Da muß es kein Designerstück oder sonst etwas in der Art sein;
- nicht vor anderen mit mir angibt.

»Er sagt nicht nur, daß er mich liebt. Er beweist es«, sagten 61 von 80 Frauen.

Er beweist es, indem er:

- etwas so Kostbares und Unersetzliches wie sein Priesteramt für mich riskiert;
- sich mir ganz schenkt und für sich selbst nichts zurückhält;
- mir total vertraut.

»Er hat mich erst zu dem gemacht, was ich bin«, sagten 43 von 80 Frauen.

Dies gelang, weil:

- wir uns kennenlernten, als ich noch sehr jung war. Er ist zehn (oft auch mehr) Jahre älter;
- er sehr viel Lebenserfahrung hat. Ich habe ihn von Anfang an bewundert;
- ich mir nie etwas aus jungen Männern gemacht habe. Die sind mir zu unreif, albern, haben viel zuviel mit sich selbst zu tun;
- er mir durch sein Beispiel dauernd den Spiegel vorhält und mich mitzieht. Ich muß mich einfach vorwärtsentwickeln, wenn ich mit ihm leben will.

»Die Hindernisse haben uns zusammengeschweißt«, sagten 35 von 80 Frauen.

Zusammengeschweißt, weil:

- wir uns keinem anvertrauen konnten. Wir hatten nur uns;
- wir Rücken an Rücken für unsere Liebe gekämpft haben. Ich meine, daß keiner davon merkt und daß wir einander – und auch jeder sich selbst – trotz der Geheimniskrämerei noch achten und lieben konnten;
- wir gute Argumente brauchten für unsere Liebe. Wir haben uns nie erlaubt, da mal einen Durchhänger zu haben und uns Dinge an den Kopf zu schmeißen, für die wir uns nachher schämen mußten.

»Er ist einfach attraktiv, hat so das gewisse Etwas«, sagten 15 von 80 Frauen.

»Er hat mich zuerst besonders gereizt, mit ihm zu schlafen, weil er als Priester ja nicht darf«, sagten 7 von 80 Frauen.

Der Reiz war, daß:

- ich es als Selbstbestätigung brauchte;
- es geheim bleiben mußte;
- ich sicher war, er gehört nur mir, nicht mal mehr der Kirche;
- es für ihn ganz neu war. Ich hatte es noch nie mit einem getan, der es noch nie probiert hatte;
- er so unglaublich schüchtern war und ich ihm alles beibringen konnte. Er hat nur das gemacht, was ich wollte. Nicht umgekehrt. Und es hat ihn nicht gewurmt. Es gefiel ihm.

»Ich dachte, in mich verliebt sich nie einer«, sagten 3 von 80 Frauen.

Sie glaubten, keine Chance auf Liebe zu haben, weil:

- ich mit 41 Jahren zu alt schien;
- ich einen Gehfehler habe;
- ich glaubte, daß ich nie mit einem Mann zusammen sein wollte.

Ziehen wir diese wichtigsten Argumente zusammen, ergibt sich daraus das Bild eines Mannes, der Frauen allein dadurch fasziniert, weil er in sich die Wesensmerkmale beider Geschlechter auslebt. Er ist vom Körperlichen her ein Mann, in seiner Seele aber eher weiblich geprägt.

Die Erziehung zum Priester ist eine Erziehung hin zum Du und weg vom Ich. Das offene Ohr, die Fähigkeit, sich auf den anderen einzustellen und helfen zu können, sind Merkmale, die den Priester als ›Seelenfänger‹ für seine Kirche auszeichnen. All das, was Frauen laut statistischer Umfragen als häufigste Scheidungsgründe angeben, sollte bei einem ›guten‹, engagierten Priester erst gar nicht vorkommen. Seelische Grausamkeit zum Beispiel oder Vernachlässigung des anderen, Brutalität. Und gerade diese besten, engagierten, nach außen auf Empfang gepolten Priester sind es, die den Zölibat eines Tages als widersinnig erfahren und ablehnen.

Gerade diese besten, engagierten Priester sind es aber auch, die die Christengemeinde braucht. Ist der Pflichtzölibat dieses Opfer wert?

III. TEIL

Priesterkinder: Kinder der Liebe – ein Leben in Angst

... und sie gebar ein unehelich Kind

Auf meinem Weg zur Arbeitsstelle komme ich an dem pfarreigenen Schaukasten vorbei. Dieser Schaukasten wird mit sehr viel Liebe und Phantasie von einem jungen Mann gestaltet. Dort kann man entsprechend der Zeit im Kirchenjahr anschauliche Bilder betrachten, die oft mit originellen Texten versehen sind und schon mal recht eigenwillig ausfallen. Dies ist beabsichtigt und setzt die Neugier der Vorbeieilenden voraus. Da bleibt es nicht aus, daß der Schaukasten oft Gegenstand reger Gespräche ist.

Die Gestaltung in der Weihnachtszeit war ebenfalls recht eigenwillig. Da sah der Betrachter eine knieende Frauengestalt, offenbar Maria, darüber ein schwebender Engel, von dem folgender Text ausging: ›Siehe, du wirst ein unehelich Kind gebären.‹ Dies war in der Tat ein sehr außergewöhnlicher Text und mir so noch nicht begegnet. Außerdem wunderte ich mich darüber, daß dieser Text von den ›Gewaltigen in der Pfarre‹ nicht beanstandet worden ist bzw. worden war.

Noch nicht!!

Denn nach wenigen Tagen war das Wort unehelich mit einem schwarzen Balken verdeckt worden. Das sah nun so aus:

›Siehe, du wirst ein [redacted] Kind gebären.‹

Wie ein schwarzer Sarg stand der Balken im Satz.

Ein ›unehelich Kind‹ darf nicht sein. Nicht in dieser Kirche. Da müssen schon geordnete Verhältnisse her.

- Unehelich!
- Unangenehm!
- Unangebracht!
- Unmöglich!
- Ungeliebt!

»Ich grüße dich ›Maria‹, die du den Mut hast, ein unehelich Kind zu tragen.

Ich grüße dich ›Maria‹, die du den Mut hast, ein unehelich Kind zu gebären.

Ich grüße dich ›Maria‹, die Frucht deines Leibes!

Ich grüße dich Kind, du aus ungeordneten Verhältnissen.

Ich jedenfalls mag dich.«

Josef Mettler

Mein Freund hat auch keinen Vater

Mein Freund hat auch keinen Vater. Das heißt, er hat schon einen, aber der lebt nicht mehr. Der hatte einen Chemieunfall in einer Fabrik und ist mit seinem ganzen Labor explodiert. Den Knall hätte er bis hier gehört, sagt mein Freund. Denn als sein Vater tot war, haben sie nur ein paar Teile von ihm ins Grab getan, weil alles andere weg war. Aber das hat keiner gemerkt, weil ja der Sargdeckel zu war. Nur seine Mutter hat es gewußt, und die hat es ihm dann erzählt. Ich habe auch keinen Vater. Aber mein Vater ist nicht tot. Er ist katholischer Priester, aber das darf ich keinem sagen, weil meine Mutter sonst kein Geld mehr für uns bekommt. Mein Vater lebt in einem Kloster und will auch immer da bleiben, er will nicht zu uns kommen, weil er versprochen hat, daß er nur Gott lieben soll und alles. Er hat gar kein eigenes Geld, und alles, was er machen will, ja, also, da muß er immer um Erlaubnis fragen. Darum kann er uns auch nicht besuchen, weil er dann angeben müßte, daß er zu uns will, und das darf er nicht, weil wir ja nicht mit ihm verwandt sind, weil er ja keine Frau haben darf und ein Kind. Aber einmal ist er doch gekommen. Da hat er gesagt, er will seinen Bruder besuchen, weil der gerade heiratet, und sein Bruder hat ihn auch eingeladen. Da hat mein Vater dann einen Umweg mit der Bahn genommen und ist zu uns gekommen. Aber nur für eine Nacht, damit es im Kloster keiner merkt. Das war schön, weil ich meinen Vater vorher noch nie gesehen habe, nur Fotos und so. Aber die sind ja nicht wirklich. Und am Telefon redet er sowieso fast nur mit meiner Mutter, weil er so selten und nur ganz geheim in der Nacht anrufen kann, wenn es keiner merkt. Da hat er dann Angst, uns könnte vielleicht mal einer abhören, und dann wüßten gleich alle, daß er ein Kind hat, und das darf er halt nicht. Wenn mein Freund mich fragt, warum ich denn keinen Vater habe, sage ich meistens, daß ich schon einen habe, aber der ist in Afrika. Wenn mein Freund seinen Vater besucht, bin ich manchmal neidisch. Aber meine Mutter sagt, solange man lebt, ist Hoffnung. Vielleicht läßt der Papst ihn ja doch noch raus aus dem Kloster. Das wäre schön.

Joachim (10 Jahre)
(Nach einer Tonbandaufzeichnung)

Priesterkinder – Kinder der Liebe

Seit Gott einen Mann und eine Frau erschuf, lag es in seinem Plan, daß sie miteinander Kinder zeugten. ›Seid fruchtbar und mehret euch!‹ Mit diesem Segenswunsch entließ er sie am sechsten Schöpfungstag ins Leben (Genesis 1, 28).

Verheiratet sein und Kinder zu haben, war für alle Menschen seit jeher ein Zeichen für Gottes Segen. Auch Jesu Apostel, Anhänger und Anhängerinnen waren verheiratet, werden Kinder gehabt haben. Ihnen und allen Kindern dieser Welt war Jesus besonders zugetan. Keine einzige Bibelstelle verweist darauf, daß es auch nur ein Kind gegeben hätte, das er ablehnte oder für seine Existenz oder etwas bestrafte, was dessen Eltern getan hatten.

Das Gesicht der von Jesus geformten Ur-Kirche veränderte sich im Laufe der Jahrhunderte. Viele seiner Lehren wurden ungedeutet oder gar mißdeutet. Der Zölibatsgedanke kam auf. Und mit ihm die absolute Entwürdigung einer jeden Frau, die einen Priester zu lieben wagte (siehe dazu das Kapitel ›Priesterfrauen gab es immer‹). Gemeinsam mit den Eltern litten die Kinder.

Im Jahr 655 nach Christus befahl die Kirche, Priesterkinder ›sollen nicht bloß ihre Eltern nicht beerben, sondern auf immer als Sklaven der Kirche gehören, bei der ihre Väter, die sie schandmäßig erzeugten, angestellt waren‹.

Dieses sogenannte Kirchenverdikt galt in allen westgotischen Gebieten.

Natürlich war niemand gern unfrei und Sklave. Und natürlich versuchten Priester, die eine verbotene Liebesbeziehung zu einer Frau eingingen, dafür zu sorgen, daß ihre Kinder ein freies Leben führen konnten. Da dies nur möglich war, wenn die Liebe geheim blieb und vor allem die Mutter frei geboren war, gingen Priester Kirchensklavinnen lieber aus dem Weg. Deren Kinder waren nach herrschendem Gesetz ja automatisch Sklaven.

Diese Fürsorglichkeit war der Kirche jedoch ein Dorn im Auge. Und so beschloß man im 11. Jahrhundert, daß alle Söhne und Töchter von Priestern, ›seien sie von Freien oder Unfreien, (Ehe-)Frauen oder Konkubinen (Geliebten) geboren‹, für immer Sklaven der Kirche sein sollten.

Darüber hinaus ordnete Papst Benedikt VIII. an: ›Wer Söhne von solchen Klerikern, die Sklaven der Kirche sind, für frei erklärt, weil von freien Frauen geboren, sei *anathema* (d. h. mit dem Kirchenbann belegt), weil er die Kirche beraubt. Kein Knecht einer Kirche, sei er Kleriker oder Laie, darf auf den Namen oder durch die Vermittlung eines Freien irgend etwas erwerben. Tut er es doch, so wird er gepeitscht und eingesperrt, bis die Kirche ihre Urkunden zurückerhält. Der Freie, der ihm geholfen, muß der Kirche vollständig Ersatz leisten, oder er wird mit den Kirchendieben verflucht. Der Richter oder Notar, der jene Urkunden abgefaßt, wird *anathematisiert* (d. h. mit dem Bann belegt).

Dieses Kirchengesetz wurde anschließend von Kaiser Heinrich II. zum Reichsgesetz erklärt.

Im 15. Jahrhundert verweigerte die Kirche den Priesterkindern nicht nur die materielle Vorsorge und Zuständigkeit des Vaters bzw. die Freiheit. Nein, sie untersagte Priestervätern den Kontakt zu ihren Kindern. So durften diese nicht unter der Obhut des Vaters aufwachsen und erzogen werden. Höchstens einmal alle vier Monate war ihnen für jeweils vier Tage ein Besuchsrecht zugestanden. Aber heimlich! Priesterväter durften nicht an Verlobung, Hochzeit oder Begräbnis ihrer Kinder und Enkelkinder teilnehmen. Überhaupt Hochzeit! Natürlich durften Priesterkinder auch nicht heiraten, wenn sie wollten. Die Tochter eines Priesters bekam keine Heiratserlaubnis mit einem Laienpriester, der vom Zölibat ausgenommen war. Der Sohn eines Priesters bekam überhaupt keine Frau.

Im 16. Jahrhundert befahl die Kirche, Söhne von Priestern nicht mehr auf demselben Friedhof zu beerdigen, wo schon der Vater beigesetzt worden war. Und damit auch die kleinste verräterische Spur getilgt wäre, durfte der Name des Sohnes auf dem Grabstein des Vaters nie erscheinen.

Im 17. Jahrhundert erging die Anweisung der Kirche, daß Priesterkinder ›auf immer verunehrt‹ sein müßten und Priesterväter ›auf immer ins Gefängnis gestoßen‹ werden sollten.

Heute werden Priesterkinder nur noch

- abgetrieben oder
- verleugnet oder
- verheimlicht oder
- schief angesehen oder
- gezwungen, für ihre Eltern zu lügen.

Da ich niemand habe

Mein Kind ist ein Priesterkind. Aber Matthias ist erst zweiundzwanzig Monate alt, so daß er noch nicht begreifen kann, was sein Vater arbeitet. Er ist von ihm getauft worden und hat ihn schon gesehen.

Zahlen kann der Vater nicht für das Kind, so leben wir von der Arbeitslosenunterstützung. Ich kann auch nicht weiter arbeiten, da ich niemand für Matthias habe.

(Heimliche Priesterfrau)

Kinder sind für uns kein Thema

Viele Priester und ihre Frauen verzichten bewußt auf Kinder. Einige der befragten Frauen gaben zu diesem Thema Statements ab:

Anna

Wegen unserer Beziehung und der ständigen, wenn auch mit der Zeit abnehmenden Angst, entdeckt zu werden, waren Kinder für uns kein Thema.

Ich habe diese Entscheidung nicht so sehr als Verzicht empfunden, weil ich als älteste in einer kinderreichen Familie schon früh Verantwortung übernehmen mußte und Kinder häufig als Belastung empfunden habe, die den eigenen Lebensraum einschränkt. Für mich war mein Beruf ein entscheidendes Feld meiner Selbstverwirklichung. Und als Alleinerziehende hätte ich mir die Situation sehr erschwert. Für unsere Beziehung standen immer die gegenseitige Zuneigung, das Vertrauen, das Zusammengehörigkeitsgefühl, gemeinsame Interessen, der partnerschaftliche Austausch im Vordergrund.

Irmgard

Wir verzichten auf Kinder, weil wir nicht möchten, daß die Kinder die Leidtragenden unserer Beziehung sein sollen.

Maria

Ich habe keine Kinder, weil mir das Zusammenleben mit ›meinem Mann‹ wichtiger ist, als Kinder von ihm zu haben, die ohne Vater aufwachsen und die ich allein großziehen muß. Vorläufig nehme ich die Pille oder ein anderes Verhütungsmittel, denn ›mein Mann‹ möchte seinen Beruf behalten. Bei einer Schwangerschaft würde er ihn nämlich sofort aufgeben. Angst oder Geldnot haben bei unserer Entscheidung gegen gemeinsame Kinder keine Rolle gespielt.

Gerda
Ich für meinen Teil habe die Möglichkeit zu Kindern nie ausgeschlossen und wäre wohl auch irgendwie damit klargekommen. Im Gegensatz zu meinem (verlorenen) Priester-Partner. Er hätte doch große Angst vor dem Gerede der Leute und dem damit verbundenen Eheverlust gehabt.

Im nachhinein, weil die Beziehung zerbrochen ist, bin ich doch froh, daß ich ›frei‹ aus dieser Zeit herausgekommen bin und kein Kind habe.

Johanna
Ich hätte gern ein Kind mit meinem Priestermann gehabt. Aber leider kam es aus ›technischen‹ Gründen nie dazu. ›Mein Mann‹ vollzog den Geschlechtsakt nie. Dieser wäre für ihn Sünde und Treuebruch gegenüber der Kirche gewesen. Wenn er mit mir durch andere Praktiken zum Höhepunkt kam, war es nur eine verzeihliche Schwäche.

Rita
Als ich merkte, von einem Priester schwanger zu sein, wußte ich weder ein noch aus. In meiner Verzweiflung rannte ich in einen Straßenbahnwagen und erlitt eine Fehlgeburt.

Agnes
Einige Paare aus unserem Freundeskreis haben Kinder. Wir konnten uns nicht dazu durchringen, Kinder in dieser Lüge aufwachsen zu lassen. ›Mein Mann‹ wollte sich als Vater bekennen dürfen und für seine Kinder einstehen. Da die Kirche ihm dies nicht erlaubt, haben wir auf Kinder verzichtet.

Rosi
Ich bin Erzieherin und arbeite in einem Kindergarten. Ich liebe Kinder und hätte gern eigene. Aber für mich sind Kinder nur in einer intakten Familie denkbar. Diese werde ich mit meinem

Priester nie haben. Wir leben und lieben heimlich. Da haben Kinder keinen Platz.

Monika

Manchmal frage ich mich, warum ausgerechnet ich diesen Mann liebe, er ausgerechnet mich liebt und ausgerechnet wir keine Kinder haben dürfen. Wir würden sie nicht mißhandeln oder mißbrauchen, wir würden sie nicht vernachlässigen. Wir würden sie nur lieben. Ich hoffe wirklich, es gibt einen Gott. Wozu wäre sonst alles gut?

Elke

Mein Priester und ich sehen uns etwa alle drei Wochen. Wir treffen uns im Wald. Wir lieben uns im Gras oder im Auto, falls es zu kalt oder naß draußen ist. Für einmal Sex in drei Wochen lohnt sich die Pille nicht. Wir benutzen Kondome oder Schaum. Aber ich habe jedesmal Angst, schwanger geworden zu sein. Wie sollte ich meinem Kind je ins Gesicht hineinsagen, daß sein Vater ein Gottgeweihter ist? Ich kann es ja selbst noch immer kaum fassen, daß ich es wage, mit ihm zu schlafen.

Hannelore

Das Kind eines Priesters muß ein Kind der Angst sein. Vom ersten Augenblick seines Lebens, noch im Mutterleib, würde es von Angst überflutet. Angst, entdeckt zu werden; Angst, verlassen zu werden. Das ist nichts für mich. Wenn ich ein Kind hätte, müßte es ohne Angst und glücklich aufwachsen. Ich habe mich sterilisieren lassen. Mein Priestermann hatte nicht den Mut dazu. Er hatte Angst, ins Krankenhaus zu gehen. Man hätte ihn ja fragen können.

Jetzt ist meine Beziehung zu diesem Priester vorbei. Ich habe einen Mann kennengelernt. Er möchte mich gern heiraten, Kinder haben. Ich werde ihn nicht heiraten. Das schmerzt. Aber vielleicht ist es eine Strafe. Ich weiß nur nicht wofür.

Es fällt mir schwer, Mut zu meinem Kind zu haben

Ich bin jetzt sechsunddreißig Jahre. Seit zehn Jahren bin ich Priester, Kaplan und schließlich Pfarrer geworden. Vor vier Jahren habe ich Alice kennengelernt. Wir lieben uns. Wir haben ein Kind zusammen.

Aber es fällt mir schwer, Mut zu meinem Kind zu haben. Ich habe versprochen, mich um ein Leben in sexueller Enthaltsamkeit zu bemühen. Ich habe versprochen, keine Frau als sexuelles Wesen zu registrieren. Ich habe versprochen, meine eigene Sexualität in Gott zu überwinden. Und ich habe jedes dieser Versprechen gebrochen.

Ich fühle mich schuldbeladen. Es ist wie eine körperlich und seelisch zu spürende Last, die mich oft fast erdrückt. Ich habe versagt, vor Gott und meiner Kirche, aber auch vor mir als Mensch.

Ich weiß nicht, wie ich mit dieser Schuld und diesem Schmerz leben soll. Alice ist eine Frau, die jeder schön und begehrenswert finden muß, der sie sieht. Ihre Ausstrahlung ist einfach überwältigend. Ich liebe sie und begehre sie. Sie ist alles, was ein Mann sich wünschen kann. Aber ich bin ein Mann, der kein Mann sein darf. Ich habe versprochen, den Mann in mir abzutöten und diese abgetötete Sexualität vor Gottes Altar niederzulegen. Als Opfer.

Mein Opfer ist vielleicht nicht angenommen worden, weil es nicht rein genug war. Ich leide sehr darunter. Wenn ich mein Kind sehe, das ich offiziell nicht kennen darf und auch nicht anerkennen kann, wird mir jeder Blick zur Qual. Ich möchte dieses Kind lieben können, aber ich kann es nicht ohne Schuldgefühle lieben. Es ist etwas Verbotenes, das ich doch annehmen muß.

Meine innere Beziehung zu Alice steckt in einer tiefen Krise. Ich wage selten, ihr meine Not zu offenbaren. Sie leidet schon genug an mir. Aber ich habe oft Angst, daran zu zerbrechen und uns alle mit ins Verderben zu reißen. Oder sollte ich sagen, daß ich uns alle schon ins Verderben gerissen habe?

(Jonas)

Was ich dem Papst schreiben würde

Karol Wojtyla!

Aus deinem Lebenslauf weiß ich, daß du in Polen geboren und in einer ganz normalen Familie aufgewachsen bist.

Ich wachse in keiner normalen Familie auf, denn mein Vater ist dein Priester, und du läßt nicht zu, daß er meine Mutter heiratet. Weißt du eigentlich, was das für mich bedeutet? Einen Vater zu haben, den ich nicht haben darf? Einen Vater zu haben, den ich nicht kennen darf? Einen Vater zu haben, den ich nicht vorzeigen darf? Einen Vater zu haben, der mich verleugnen muß? Einen Vater zu haben, der sich für meine Existenz schämen muß? Einen Vater zu haben, der seinen Beruf aufgeben müßte, wenn du erführest, daß er meine Mutter liebt und sie heiraten möchte?

Weißt du, was das für mich bedeutet, eine Mutter zu haben, die alle paar Tage vor Sehnsucht nach meinem Vater und vor Verzweiflung über ihre Trennung und weil so gar keine Hoffnung auf Glück besteht, Weinkrämpfe bekommt?

Weißt du, was es für mich bedeutet, wenn ich mir denken muß, daß sie vielleicht glücklich wäre, wenn ich nie geboren worden wäre? Weißt du, was das bedeutet, wenn man ein Mensch ist, den du im Namen Gottes verbietest?

Du wirst denken: Hätte mein Priester sich an mein Gesetz gehalten, wäre alles bestens.

Du wirst denken: Hätte diese Frau das Sakrament der Ehe geheiligt und keinen vorehelichen Geschlechtsverkehr gehabt, wäre auch alles bestens.

Du wirst denken: Bin ich meines Bruders Hüter?

Du wirst denken: Was kann ich dafür? Jeder Priester weiß, worauf er sich einläßt, wenn er mein Priester werden will.

Du hast recht, Karol Wojtyla!

Aber der Mensch ist ein Mensch und macht Fehler und Gott verzeiht sie ihm und läßt zu, daß man sich ändert.

Du läßt ein solches Sich-Ändern nicht zu. Du sagst, wer A sagt, muß auch B sagen. Da gibt es kein Neuüberlegen und Irren und kein Zurück.

Vielleicht hast du recht, Karol Wojtyla. Meine Eltern hatten die Wahl. Vielleicht war es ein Fehler, daß sie sich lieben und deine Gesetze mißachtet haben.

Aber du, Karol Wojtyla, bist auch nur ein Mensch und kannst dich irren. Hast du das vergessen? Vielleicht machst du den Fehler mit deinem Gesetz, das gar nicht Gottes Gesetz ist? Und trotzdem, Karol Wojtyla, was kann ich *dafür, daß ich geboren bin? Welches deiner Gesetze habe ich mißachtet, daß mich deine Kirche damit straft, daß ich leben muß, wie ich lebe? Was habe ich verbrochen, daß du mir meinen Vater verbietest und vorenthälst? Was habe ich verbrochen, daß ich verheimlicht und verleugnet werde und in einer kaputten Familie aufwachsen muß?*

Wie willst du das vor Gott verantworten? Oder mußt du dich nicht vor ihm verantworten, weil du ja unfehlbar bist und hier auf Erden das tust, was Gott selbst aus irgendwelchen Gründen selbst nicht tun will?

Du sagst, ich sei ein Kind der Sünde. Meine Eltern sagen, ich sei ein Kind der Liebe. Und du? Sagst du, Liebe ist Sünde?

Deine Kirche, Karol Wojtyla, hat mich verstoßen. Gott aber verstößt mich nicht. Das spüre ich, das weiß ich. Er hat auch mich bei meinem Namen gerufen, sonst lebte ich nicht.

Ich lege mein Leiden und meine Traurigkeit auf deine Schultern, Karol Wojtyla! Und ich wünsche dir sogar, daß du eines Tages eine Antwort parat haben wirst, wenn Gott dich nach mir fragt. Ich heiße Abel, Karol Wojtyla. Und dein Name fängt auch schon ganz richtig an: mit K wie Kain.

Da du mein Bruder bist, wie alle Menschen Brüder sind, grüße ich dich brüderlich.

Abel (19 Jahre)

Und da mein Vater immer noch lieber dein Priester sein will als nur der Mann meiner Mutter, wirst du verstehen, daß Abel mein falscher Name ist. Zwar hast du deinen Priester, meinen Vater gelehrt, daß er nicht für mich verantwortlich zu sein hat, weil ich nicht zu sein habe. Ich habe aber von meiner Mutter gelernt, daß ich Verantwortung für meinen Vater habe. Und ich habe leider keine Ausrede parat, um mich davor zu drücken.

Doch nur die andern kriegen rote Rosen

Gisela ist Mutter zweier Priesterkinder. Sohn und Tochter hat sie geboren, in jahrelangem Schweigen allein großgezogen. Um den Vater zu schützen, wußten selbst seine Kinder nicht, wer es war.

Gisela erinnert sich:

Allein in diesem unmöglichen Zimmer unter dem Dach. Verkrochen habe ich mich hier vor Familie, Nachbarn, die mich hassen, weil ich das Kind eines Priesters unter dem Herzen trage. Ein Zimmer wie ein Verlies. Die dunkle Holztäfelung zwischen den Dachbalken schaut bedrohlich zu mir herüber. Allein im Bett – warum bin ich wach geworden? Ich spüre es wieder – ein Zittern in meinem Bauch – jetzt, zwei Tage vor dem Geburtstermin. Schweiß tritt mir auf die Stirn. Sollten mitten in der Nacht die Wehen einsetzen? Jetzt, wo ich alleine im Zimmer liege – ohne Beistand – ohne jenen Mann und Priester, der der Vater meines ungeborenen Kindes ist.

Angst fühle ich, wenn ich in mich hineinhorche.

Ich müßte einen Notarzt rufen, wenn ich könnte – so einsam mitten in der Nacht. Nur wie, ohne Telefon?

Die ganze Schicksalhaftigkeit meines Daseins tritt mir wieder vor die Augen. Durch die Dunkelheit isoliert, fühle ich die Einsamkeit wie ein Würgen am Hals. Werde ich jetzt ganz allein dieses Kind gebären müssen? Es abnabeln, in Laken packen, nähren und wärmen müssen?

Wieder dieses Ziehen in der Bauchdecke.

Wenn ich nur den Morgen noch erlebe ...

Wie Schatten tanzen in dieser dunklen Nacht die letzten Monate und Wochen vor meinen Augen hin und her.

Die Nacht, in der wir uns umarmten und ich die empfängnisverhütenden Mittel zu Hause vergessen hatte.

Dann die Gewißheit, das Kind eines Priesters in meinem Bauch zu tragen.

Deine verzweifelten Blicke, ohnmächtig, wie du mir, mit dem Kind im Bauch, und gleichzeitig deinen kirchlichen Vorgesetzten gegenübertreten solltest.

Dein Ausruf mit dem Gesicht zur Wand: »Wenn du nicht weißt, wohin; ich weiß es auch nicht!«

Das Grauen, das mich bei diesen Worten zusammenfahren ließ. Die Beratungsstellen, die mir zur Abtreibung rieten.

Der feste Wille, der plötzlich da war, das Kind nicht wegzutöten.

Die Mattigkeit, die nach dieser Erkenntnis einsetzte und mir nun die Möglichkeit gab, nach Wochen der Anspannung wieder frei durchzuatmen und meinen Eltern den Brief zu schreiben, in dem stand: »Verzeiht, ich bin schwanger.« Dann der Blick, der mich traf: »Sie erwartet ein Kind, ohne einen Vater vorweisen zu können.«

Mein Zusammensinken – geschlagen von den Worten, die mich hier trafen – grau vor Übelkeit. »Hätte ich denn abtreiben sollen?« rief ich den anderen entgegen. Sie wandten sich ab, sagten nichts. Auch dieses Schweigen war eine Antwort ...

Wieder ein Ziehen im Bauch – naß vor Angst ist meine Stirn. Bei Sonnenaufgang fahre ich zur Entbindungsklinik und suche einen Parkplatz, auf dem kein Halte- oder Parkverbotsschild steht. Mindestens fünf Tage muß der Wagen hier stehen – eine Geburt kann nicht in der üblichen Parkdauer von zehn bis zwanzig Minuten abgehandelt werden. Den Krankenhauskoffer nehme ich mit in die Klinik, die Babytragetasche, die ich auf dem Rücksitz deponiert habe, brauche ich jetzt noch nicht.

Kalt läuft es mir über den Rücken, als ich auf die Klinikpforte zugehe. Hier geriet ich vor einigen Wochen bei der Anmeldung in die peinliche Situation, daß ich weder einen Vater des Kindes noch einen Ehemann nennen konnte. Gerade Striche zog ich über den Raum, der auf dem Formular für den Namen des

Vaters vorgesehen war. Diesmal kein Kommentar. Ich darf in die Klinik hinein, um die Wehen prüfen zu lassen. Aber sie sind zu schwach. Die Schwester will mich nach Hause schicken. Woher soll sie wissen, daß ich kein Zuhause mehr habe? Nur nicht in mein Verlies zurück! Nicht noch einmal diese Angst, allein in diesem Bett, das nicht mein Bett ist! Ich kämpfe um mein Hierbleiben, gebe Übelkeit, Schwäche, Verzweiflung an. Endlich! Mir wird gestattet, die Nacht im Klinikbett zu verbringen. Im Nebenbett liegt eine hübsche, blonde Frau.

An ihrem Bettrand sitzt ein dunkelhaariger werdender Vater, der ihre Hand hält, den schwangeren Bauch streichelt, bei Wehen mitleidet und ganz für seine Frau da ist. Rosen stehen auf dem Nachttisch, rote Rosen. Mein Nachttisch ist leer. Ich liege allein.

Bitte, laß die Wehen bleiben! versuche ich auf meinen Bauch einzureden. Ein Ziehen gibt Antwort. Nach Stunden ist es so weit. Das Bett im Entbindungszimmer steht für mich bereit. Noch einmal telefoniere ich mit dem Vater des Kindes. Es ist Wochenende – und er hat wie an allen kirchlichen Feiertagen mit der Ausführung seiner kirchlichen Pflichten zu tun. Hierher kann er nicht kommen – man würde ihn als Priester erkennen. Es gäbe einen Skandal, noch bevor die Geburt eingesetzt hätte.

Ich bin allein, versuche, mich auf mich zu konzentrieren, auf das, was mich erwartet. Allein gehe ich mit den technischen Geräten um, die man mir an Bauch und Venen hängt. Stundenlang lese ich den Herzton meines Kindes ab und lausche dem gleichmäßigen Pochen.

Was wird dieses Du in mir sein?

Wird es mein Leben verstehen – ohne Vater?

Wird es begreifen, daß sein Vater als katholischer Priester weder heiraten noch öffentlich bekennen darf, daß er zu uns gehört? Daß er keine Zärtlichkeiten austauschen kann, wenn uns jemand sehen könnte?

Wird es sich damit abfinden, Namen und Beruf seines Vaters nie erfahren zu dürfen?

Was wird es Klassenkameraden, Freunden, Kindern und Großen antworten, wenn diese es nach seinem Vater fragen?

Mein Kind kann keine Antwort erwarten auf Fragen wie: »Mama, wie alt ist er? Hat er einen Bart? Wann hat er mich zuletzt gesehen? Mag er mich? Warum ist er nicht bei uns? Mochte er mich wenigstens als Baby?«

Kein Bild von einem Vater darf sich in seinem Kopf formen. Eine ›weiße, unbeschriebene Wand‹ muß dort bleiben, ohne verräterisches Zeichen.

Und ich – was werde ich antworten, wenn ich nach dem Vater gefragt werde?

Soll ich immer Striche machen? Oder soll ich lieber schreiben: Vater gibt es keinen – die Kirche hält ihn fest – sie läßt ihn nicht zu meinem Kind – wenn er sich zu uns bekennt, verliert er schutzlos seine Stelle, seinen Lebensberuf.

Soll ich mir eine Geschichte ausdenken, daß das Kind von John Brown im Urlaub in Kanada zufällig entstanden und der Vater anschließend nach Westen davongeritten ist ...? Dann eher schon nach Süden, nach Rom. Dort ist der Vater gefangen in den zölibatären Mauern der ›heiligen‹ Stadt. Dort wird sein Schicksal entschieden, wenn seine Gedanken bestimmt und wird von mir verlangt, so zu sein, wie es eine sexualfeindliche Macht will.

Denke ich zu hart? Bilder ziehen durch meinen Kopf: Ein Kinder küssender Papst – ein Kardinal in den Slums der Armen – ein Kirchenhilfswerk für die Hungernden.

Wahre Bilder – Scheinbilder – vorgegebene Bilder? Was soll ich in meiner Situation glauben? Ich, die ich nur deswegen allein und einsam hier liege, weil Kirchengesetze es meinem Partner, dem Vater des ungeborenen Kindes in meinem Leib, verbieten, daß er hier bei mir sitzt, meine Hand in dieser schweren Stunde hält, mir hilft und zeigt, daß er mich liebt. Was ist das für eine Kirche, die mir und dem Kind diese Schmerzen zufügt? Sind es Menschen? Sind es Paragraphen?

Ich träume, eine lange Schlange von Kardinälen und Bischöfen stünde an meinem Bett. Einer nach dem anderen tritt an meine Seite, beugt sich zu mir mit dem typisch gütigen Lächeln – und ich kann fragen: »Bist du es, der will, daß dieses Kind in meinem Bauch keinen Vater haben darf?«

Wir schauen uns an, und jeder zeigt mir durch die Intensität seines Blickes: Ich bin es nicht. Doch die Lippen öffnen sich: »Die Kirche sagt ...«

Mit dem Rücken zu meinem Bett schreiten sie fort. Ich beginne zu zittern. Wir müßten miteinander sprechen. Meine Arme rudern in die Höhe. Ich bäume mich auf und schreie, schreie, schreie – aus Verzweiflung, Todesangst, Hilflosigkeit, unendlicher Einsamkeit.

Hände streicheln meine Stirn. Kalte Lappen werden um meine Arme gelegt. Starke Finger packen mich und drücken mich in die Kissen zurück. Doch ich sehe die weißen Gestalten weiter fortgehen.

»Haltet sie, haltet sie«, rufe ich mit letzter Kraft.

»Wir haben noch nicht miteinander gesprochen!«

»Niemand ist da«, sagt die freundliche Stimme an meinem Ohr. »Beruhigen Sie sich, Sie haben geträumt.«

»Es ist niemand da.« Ich sinke zurück.

Ja, es ist niemand da, einsam und allein liege ich im Bett – in Erwartung der Geburt des Priesterkindes. Bin nur noch Trägerin eines neuen Menschenwesens, das danach verlangt, geboren zu werden, ohne zu fragen, wer seine Eltern sind. Der werdende Vater ruft mich an. Erkundigt sich, wie es mir gehe, ob ich mit der Geburt zurechtkäme. Ich habe keine Kraft, mich zu fragen, wie es ihm gehen mag. Meine Antworten fallen nur stockend. Die stärker werdenden Wehen zwingen mich zu Unterbrechungen. Die blonde Frau im Bett neben mir stöhnt lauter und lauter. Auch meine Schmerzen erreichen die Schwelle meiner nerv-

lichen Belastbarkeit. Stärker werden sie als mein Wille. Ich leiste keinen Widerstand mehr. Ich muß dieses Kind wollen, muß bereit sein, den Bauch zu öffnen, muß ja sagen zu diesem neuen menschlichen Wesen. Nicht sperren soll ich mich, nicht verkrampfen, mich hingeben – leiden – pressen – pressen – pressen ... Ein Sohn ist geboren. Ein Priestersohn. Ich werde ihn mit mir nehmen. Beide werden wir nun kein Zuhause haben. Doch die Natur in ihm wird leben, auch wenn er nicht verstehen wird, daß ihn sein Vater nach Kirchenrecht nicht hätte zeugen dürfen.

Ich habe Angst, meinen Vater zu verraten

Unser Religionslehrer sprach heute in der Religionsstunde mit uns über Priesternachwuchs. Ich wünschte mir, daß sehr wenige Priester werden wollen, damit die Kirche gezwungen ist, den Zölibat abzuschaffen.

Ich würde mich als Priester gefangen fühlen. Nach Kirchenvorschriften kann man nicht frei leben.

Als Priesterkind fühle ich mich schlimm. Nie kann ich, wenn über die Familie geredet wird, sagen, das ist mein Vater. Ich wünsche mir, daß ich mit meinem Vater zusammen sein kann und auf Reisen keine Angst haben muß, daß uns jemand sieht.

Einmal ging ich mit ihm ins Schwimmbad, doch wir mußten immer mit Abstand gehen, weil auch ein Klassenkamerad von mir anwesend war. Wenn ich ihn besuche, darf mich niemand dabei erwischen. Ich darf zu ihm weder ›Du‹ noch ›Papa‹ sagen, höchstens heimlich, wenn uns keiner zuhört. In den Ferien müssen wir in einsame Gebiete fahren, wo kein Deutscher sich aufhält, damit uns ja keiner sieht.

Junge (11 Jahre)

Ich habe immer Angst, jemand zu treffen und so meinen Vater zu verraten.

Jens (10 Jahre)

Es reicht, wenn Gott uns segnet

Anna und Thaddäus sind ein Ehepaar ohne Trauschein, jedenfalls möchten sie sich so verstanden wissen und verstehen sich selbst auch so.

»Wir haben uns in einer kleinen Dorfkirche vor Gott unser Jawort gegeben«, sagt Thaddäus. »Alles andere zählt für uns nicht.«

»Wir tragen auch keine Ringe oder sonst was«, ergänzt Anna. »Wir wissen ja, daß wir uns treu bleiben wollen und zusammengehören. Die anderen geht das nichts an. Früher, da hat man das immer so gemacht. Da brauchte man das ganze Brimborium auch nicht.«

Thaddäus ist Priester. Er unterrichtet Jugendliche in einer Klosterschule und betreut zusätzlich junge Strafgefangene in einer offenen Strafanstalt. Anna ist Sozialarbeiterin mit großem religiösen Engagement.

Gemeinsam haben sie ein Zwillingspärchen, das bei Annas alleinstehender Mutter aufwächst. Die Kinder wissen, daß Thaddäus ihr Vater ist. Doch da weder Anna noch Thaddäus mit ihnen gemeinsam wohnen, ist es kein Problem.

»Jedenfalls kein so ganz großes«, sagt Anna und streift Thaddäus mit einem Blick. »Ein größeres Problem ist da schon, daß wir alle uns generell viel zu selten sehen und die Kinder eher an meine Mutter gebunden sind als an mich. Das tut dann schon weh, vor allem mir. Thaddäus hat's leichter damit. Für ihn sind die Kinder nicht so nah.«

»Das stimmt ja nun nicht so ganz«, widerspricht Thaddäus und legt die Hände zusammen. »Die Kinder sind mir genauso nah wie dir. Aber ich sehe einfach, daß es für sie und für uns besser ist, wenn sie bei deiner Mutter wohnen und aufwachsen, wo sie nicht dauernd mit dem Problem Priester-Vater konfrontiert sind.«

Also ist es doch ein Problem, wenn nur Gott einen segnet!

»Ja, schon«, nickt Anna, und Thaddäus nickt zustimmend. »Nicht eins zwischen uns oder zwischen uns und Gott, aber eins zwischen uns und der Kirche und darum auch zwischen uns und den Menschen. Wir tun ja etwas, was mit dem Kirchengesetz aneckt und mit der Erziehung, die wir im allgemeinen so mitkriegen. Schließlich darf ein Priester keine Frau haben und schon gar nicht ein Kind oder mehr.«

Thaddäus blickt seine Frau an. »Wir haben das natürlich von Anfang an gewußt«, sagt er. »Als ich Priester wurde, habe ich gewußt, daß der Zölibat auf mich zukam. Als ich Anna kennenlernte, war es Liebe auf den ersten Blick, auch wenn ich es lange vor mir selbst vertuscht habe. Als Anna und ich dann bewußt zu unseren Gefühlen standen, haben wir auch gewußt, was auf uns zukam.«

»Nur als ich einmal, wirklich nur einmal vergessen hatte, die Pille rechtzeitig zu nehmen, da wußten wir nicht so genau, was jetzt auf uns zukommen sollte«, setzt Anna hinzu. »Das waren dann die Zwillinge. Da haben wir wirklich wochenlang nicht gewußt, was jetzt werden soll.«

»An Abtreibung haben wir nie wirklich gedacht«, meint Thaddäus. »Das hätten wir vor Gott nicht verantworten können. Wir haben die Kinder eher wie eine Gnade angenommen, etwas von Gott Geschenktes, so eine Art Segen für unsere Ehe und das, was wir leben.«

»Wir hätten die beiden auch wirklich gern bei uns behalten«, sagt Anna. »Ich bin zuerst fast daran kaputt gegangen, daß ich sie hergeben sollte. Aber dann haben wir einmal ganz nüchtern Bilanz gezogen. Thaddäus ist Priester. Er hat kein Geld irgendwo auf der Hinterhand. Seine Eltern leben zwar noch, aber sie haben ihren Besitz schon an die Kirche vererbt. Da ist nichts mehr zu machen. Wenn Thaddäus kein Priester mehr wäre, hätte er weder einen Beruf noch Geld, noch irgendwas. Aber er hat zwei Kinder, die von dem Geld leben, das wir ihnen gemeinsam verdienen können. Für viele Leute würde das nicht weit reichen, was ich jetzt verdiene, zumal ja noch eine Zusatzausbildung oder eine ganz neue Ausbildung für Thaddäus dazukäme. Wir können gar nicht daran denken, jetzt offiziell zusammen zu leben. Zuerst müssen wir einen Grundstock schaffen für die Kinder, ehe wir uns auf solch ein Risiko einlassen können.«

»Mit Grundstock meinen wir zum Beispiel ein Haus«, setzt Thaddäus hinzu. »Anna hat einen Bausparvertrag abgeschlossen, den wir natürlich beide einzahlen. Wenn der mal zuteilungsreif wird, sieht die Sache schon anders aus, dann kann uns und vor allem den Kindern schon nicht mehr ganz so viel passieren. Dann wollen wir sehen, daß unsere Sache auch vor der Kirche ins Reine kommt. Aber vorher nicht, unmöglich.«

Wie gehen die Zwillinge mit ihrer Situation um?

»Da gab's eigentlich nie große Schwierigkeiten«, sagt Anna, und Thaddäus nickt zustimmend. »Sie waren ja von klein auf bei meiner Mutter: Ich habe sie dort unmittelbar nach dem Schwangerschaftsurlaub abgegeben. Meine Mutter war früher Säuglingsschwester. Sie hatte von Anfang an gewußt, daß ich von Thaddäus schwanger bin, und sie hat auch sofort gesagt, daß sie die Kinder nimmt, auch als sicher war, daß es Zwillinge würden.«

»Wir sind so oft zu Besuch gekommen, wie es ging«, murmelt Thaddäus. »Ich kann zwar seltener, aber Anna ist doch jede Woche mindestens einmal dort. Es sind ja nur hundertfünfzig Kilometer zu fahren. Das schafft man auch mal an einem Tag, wenn man zeitig losfährt.«

»Wir haben den beiden ziemlich früh gesagt, daß ihr Vater Priester ist. Meine Mutter geht regelmäßig mit ihnen in die Kirche. Sie haben sich schon etwas darunter vorstellen können, was ihr Vater macht. Es war nur schwer, daß sie es keinem sagen dürfen. Da hat meine Mutter doch manchmal Scharten auswetzen müssen, wenn die Kleinen so drauflosgeplappert haben. Im nachhinein denke ich, hätten wir es ihnen besser nicht gesagt. Das wäre für alle leichter gewesen. Offiziell sind die Kinder aber unehelich. Meine Mutter hat in der Nachbarschaft deswegen viel zu leiden, weil die Leute dachten, sie müßten sie wegen so einer Tochter bemitleiden, die den guten Namen so in den Schmutz zieht. Aber meine Mutter hat das ganz souverän gemeistert. Die hat immer nur gesagt: ›Fehler macht jeder, und wenn Liebe ein Fehler ist, muß man's halt ausbaden. Das kann jedem passieren. Sei froh, daß es nicht deine Tochter ist.‹«

Ihr seid nicht allein – ein Interview

Sarah ist fünfzehn Jahre alt. Ihr Vater ist ein gültig eingeweihter katholischer Priester ohne Amt.

Als Sarah sieben Jahre alt war, beantragte ihr Vater die Ehedispens und gleichzeitig seine Laisierung, um Sarahs

Mutter heiraten zu können und nicht ohne jede berufliche Zukunft dazustehen.

Leider dauerte es drei Jahre, bis die Kirche diesem Antrag stattgab. Für Sarahs Vater waren es genau zwei Jahre zu lang. In der Zwischenzeit lernte er nämlich eine andere Frau kennen, und als die Kirche ihn freigab, trat er mit dieser anderen Frau vor den Traualtar.

Sarah lebt mit ihrer Mutter allein. Erst mit zehn Jahren erfuhr sie, wer und was ihr Vater ist.

Zu einem Gespräch mit mir für dieses Buch war Sarah nur bereit, weil sie mit ihrer Aussage anderen Kindern Mut machen will.

»Ihr seid nicht allein!« Diese Botschaft gibt sie allen anderen Kindern katholischer Priester mit. »Schweigt nicht länger, redet, sagt, wer euer Vater ist, zwingt die Kirche zu handeln. Beweist, daß es uns gibt!«

Wie hat dir deine Mutter früher auf deine Fragen nach deinem Vater geantwortet?

Als ich klein war, habe ich mich nicht besonders für einen Vater interessiert. Die anderen Kinder hatten einen, aber der war auch meistens nicht da, wenn ich zum Spielen kam. Damals war es mir egal; ich hatte ja Mama. Als ich dann in den Kindergarten kam, habe ich meine Mutter dann schon gefragt. Sie sagte aber immer, mein Vater sei so sehr mit seiner Arbeit beschäftigt, daß er nicht zu uns kommen könne. Ich weiß noch, daß ich gefragt habe, ob er denn nie Urlaub hätte. Da hat sie gesagt, doch, das schon, aber er sei einfach zu weit weg, da sei es zu teuer, daß er käme.

Hast du dich damit abgefunden?

Zuerst schon. Wir mußten ja immer ziemlich sparen, weil wir nie viel Geld hatten. Aber ich hatte dann so ein Sparschwein. Da habe ich immer gespart, so mal eine Mark oder zehn Pfennig oder so. Das sollte für meinen Vater sein, damit er doch mal kommen konnte.

Kanntest du deinen Vater damals schon, ohne es zu wissen?

Ja, mein Vater kam damals ziemlich häufig zu uns. Ich dachte, er wäre mein Onkel. Er hat mir dann immer Heiligenbildchen und so was mitgebracht und mit mir gespielt oder erzählt. Er kann toll erzählen, und er war auch immer unheimlich lieb. Ich glaube, damals hätte ich ihn echt gern als Vater gehabt. Aber das habe ich natürlich nie gesagt, weil er ja ein Priester war. Und daß die keine Frau haben dürfen, wußte ich ja.

Hattest du nie eine Ahnung? Nie etwas gemerkt?

Ich habe schon mitbekommen, daß meine Mutter oft geweint hat, wenn mein Onkel dann wegging oder so. Aber ich habe mir wenig dabei gedacht.

Wurdest du jemals darauf angesprochen, daß es doch merkwürdig sei, wie eng deine Mutter mit einem Priester befreundet sei?

In der Schule machten die Älteren schon mal blöde Witze. Aber das hat mich bloß gewurmt, weil ich nichts dagegen machen konnte. Ich habe mir dann immer eingeredet, die anderen wären bloß neidisch, weil der Pfarrer so gern zu uns kam und halt nicht so oft zu ihnen oder zu ihren Eltern. Und ich habe mir auch eingeredet, daß es ja ganz toll wäre, weil ich dann so etwas wie einen Vater hätte, auch wenn er bloß mein Onkel wäre und so eine Art Stellvertreter für meinen echten Papa.

Wer hat dir dann gesagt, wer dein Vater ist?

Meine Mutter. Es war schon, nachdem mein Onkel nicht mehr zu uns kam. Ich hatte das nie verstanden. Das war hart für mich, weil ich ihn ja gern hatte und an ihn gewöhnt war und weil jetzt auch alle in meiner Klasse schrien, daß er sich wohl mit meiner Mutter verkracht hätte und was für eine das denn überhaupt wäre, daß sie sich mit einem Pfarrer streitet. Das wäre ja, als wenn man sich mit Gott zerstreiten würde, und dafür käme man ins Fegefeuer, mindestens, oder noch Schlimmeres würde passieren.

Was hat deine Mutter dir erklärt, als dein Onkel nicht mehr kam?

Sie hat geweint und gesagt, daß er jetzt lieber zu einer anderen Frau ginge, die hätte auch einen kleinen Jungen, und der würde ihn jetzt brauchen. Ich sagte, daß wir ihn doch auch brauchen würden, aber sie hat nur noch mehr geweint. Da habe ich gesagt, ach, eigentlich würden wir ihn ja überhaupt nicht brauchen, weil wir doch meinen richtigen Papa hätten, und der müßte jetzt einfach kommen.

Was hat deine Mutter darauf geantwortet?

Sie hat gesagt, das ginge nicht, und dann hat sie mich in den Arm genommen und mir alles erzählt. Sie sagte, daß mein Vater und sie sich verliebt hätten, obwohl er ein Priester ist und der Papst ihm verbietet, eine Frau zu haben. Sie sagte, sie hätte immer Angst gehabt, daß mal passiert, was jetzt passiert ist. Aber daß sie ihn zu stark geliebt hätte, und daß sie deswegen nichts gegen ihn machen kann. Und daß er nicht mehr zu uns kommt, weil da jetzt eine andere Frau ist, die er lieber hat. Da habe ich gefragt: »Ist das etwa der Pfarrer So-

undso?« Da hat sie nur genickt und geweint und gesagt: »Ja, und dein Onkel ist er auch nicht. Er ist wirklich und wahrhaftig dein Vater.«

Was ist da mit dir passiert?

Ich wußte gar nicht, wie ich damit umgehen sollte. Plötzlich war da mein Vater eigentlich mein Onkel oder mein Onkel mein Vater und doch wieder nicht. Das war alles so durcheinander. Ich konnte nichts mehr auf die Reihe bringen. Ja, habe ich dann nur gefragt, warum mag er denn die andere Frau jetzt lieber? Wenn er doch mein Vater ist, ist er doch auch dein Mann.

Hatte deine Mutter darauf eine Antwort?

Meine Mutter wußte ja selbst nicht, warum mein Vater uns nicht mehr will. Sie hat dann aber noch oft mit ihm telefoniert und Briefe geschrieben. Und er hat ihr geschrieben, daß er mich lieber nicht mehr sehen will, weil ihm das zu weh tut, was er mir antun muß, aber daß er jetzt eben die andere liebt und auch heiraten will, weil sie ja wieder ein Kind von ihm kriegt, und das wären dann schon zwei, und zwei wären eben mehr als eins und das müßten wir doch verstehen.

Hast du versucht, deinen Vater wiederzusehen?

Ja, am Anfang schon. Aber er hat immer ausrichten lassen, er wäre nicht da. Und dann ist er ja auch schon sehr bald aus unserem Ort weggekommen, und die Leute haben getuschelt, daß er jetzt verheiratet wäre und so eine Schande. Da habe ich nichts mehr gesagt und alles mit mir selber abgemacht. Aber davon bin ich dann sehr krank geworden.

Ich habe einfach im Bett gelegen und keinen Mucks mehr gemacht, und meine Mutter hat gedacht, ich müßte sterben. Es waren aber nur die Nerven. Ich weiß es selbst nicht so genau.

Möchtest du gern, daß dein Vater heute wieder mit dir Kontakt aufnimmt?

Nein. Meine Mutter und ich brauchen ihn nicht mehr. Ich schäme mich, daß er mein Vater ist. Meine Mutter sagt zwar, daß es Unrecht ist und Sünde. Aber das ist mir egal. Ich schäme mich einfach, weil mein Vater in meinen Augen ein Schwächling ist. Erst hat er die Kirche belogen, dann hat er meine Mutter belogen, mich hat er sowieso immer belogen. Nein, danke. Ich brauche ihn nicht.

Was hältst du denn von der Kirche?

Ich bin nicht katholisch. Meine Mutter wollte immer, daß ich getauft werde, wenn sie und mein Vater einmal heiraten. Als mein Vater eine andere genommen hat, hat sie mich evangelisch taufen lassen. Die katholische Kirche gibt mir nichts. Aber sie hat mir meinen Vater genommen und meine Mutter und mich unglücklich gemacht. Und manchmal glaube ich auch, daß die andere Frau mit meinem Vater nicht so richtig glücklich sein kann, weil sie doch weiß, daß da eine andere Frau ist, die auch ein Kind von ihm hat. Sie merkt es ja, weil er für mich zahlen muß und alles. Aber ich glaube auch, daß der Papst gar nicht weiß, was er tut. Er ist schon so alt, und einen anderen Ausgang soll er auch haben. Der kann ja selbst gar keine Frau haben. Vielleicht läßt er es darum nicht zu, daß ein Priester heiratet. Keine Ahnung. Jedenfalls finde ich das Mist. Und wenn's eine Sünde gibt, dann ist das wohl eine, denke ich.

Hast du schon einmal jemandem erzählt, daß dein Vater ein katholischer Priester ist?

Ja, ich war vor kurzem auf einem Kirchentag. Da haben Frauen sich dazu bekannt, daß sie Priesterfrauen sind und Kinder mit Priestern haben. Das finde ich stark. Ich habe meiner Mutter gesagt, sie soll da auch mitmachen, aber sie ist noch nicht so weit. Ich würde aber gern mitmachen. Wir sind doch wer, wir leben ja, uns gibt's ja, und wir sind auch ganz schön viele. Das kann die Kirche, ich meine die katholische, doch nicht so einfach unter den Tisch fegen. Wir müßten nur mal endlich reden und rausschreien, daß wir Priesterkinder sind. Darum finde ich ja auch toll, daß Sie da jetzt dieses Buch machen. Ich hoffe, daß es viele lesen und mitmachen. Ich bin jedenfalls dabei, und zur Not auch erst, wenn ich volljährig bin. Ich meine, falls meine Mutter es nicht erlaubt oder so. Gegen sie will ich nichts machen. Ich will sie nicht auch noch enttäuschen, sie hat schon reichlich mitgemacht. Aber spätestens dann bin ich dabei. Das habe ich mir ganz fest vorgenommen, und die Adresse von der Initiativgruppe der vom Zölibat betroffenen Frauen hängt an meiner Pinnwand. Es tut schon echt gut, daß da viele von uns sind. Ich dachte ja immer, so was gibt's nur einmal, nämlich mich. Und das war manchmal verdammt hart, weil ich dann auch immer anfing zu grübeln, warum meine Mutter sich wohl auf alles eingelassen und mich bekommen hatte. Na ja, ich hätte es schon schlimm gefunden, wenn meine Mutter eine von denen, ich meine, so eine, die mit jedem, ach Sie wissen schon, wenn sie halt schlecht gewesen wäre oder so. Aber wenn das viele machen, daß sie einen Priester lieben und das ganz normal ist, dann ist das alles nicht ihre Schuld. Dann ist es echt nur wegen dem Papst. Darüber bin ich froh. Und das hätte ich nicht gewußt ohne die Initiativgruppe. Deswegen, damit das die anderen Kinder auch wissen, deswegen will ich dann mitmachen.

Mein totes Kind.
Stichwort Abtreibung

Mein Kind,
dessen Haut ich nie fühle,
dessen Blick ich nie sehe,
dessen Hand mich nie berührt,
dessen Mund mich nie küßt,
dessen Seele mich besetzt,
dessen Geist mich nie verläßt,
du nur in mir lebst,
nicht geboren, nicht gestorben,
mein Kind.

Das Papier mit Christinas Zeilen ist fleckig, am Rand etwas kraus.

»Ich dichte sonst nie.« Die Stimme mir gegenüber klingt gepreßt. »Nur dieses eine Mal, da schrie das aus mir raus, da fielen mir die Worte ein, ich weiß auch nicht, so halt. Da habe ich es aufgeschrieben, und dann konnte ich weinen.«

»Konntest du es vorher nicht?« frage ich.

Christina wischt die Haarsträhne vor ihren Augen beiseite, schaut mich kurz an, wieder weg; Vorhang zu. »Nein«, sagt sie. »Da war keine Zeit für Tränen. Es tat auch zu weh. Wenn etwas so weh tut, merkst du den Schmerz fast nicht. Ich weiß auch nicht. Hört sich irre an. Ist ja auch egal.«

»Was tat weh?« frage ich. »Das Kind abtreiben zu lassen?«

»Ja«, gibt sie zurück. »Nein, das meine ich nicht. Ich meine Tobias. Daß er es von mir verlangt hat.«

»Obwohl er Priester ist, hat er von dir verlangt, das Kind abzutreiben?«

»Obwohl er der Vater ist.«

Christina zündet sich eine Zigarette an. Noch immer schaut sie mich nicht direkt an, pustet Rauchschleier zwischen uns.

»Daß er Priester ist, ach, das. Das war für uns nie so wichtig.

Höchstens beim ersten Mal, als er sich zu mir legte. Da fragte ich, wie er das vor seiner Kirche vertritt. Er meinte, damit käme er gut klar. Das wäre nichts zwischen ihm und Gott. Na, dachte ich, was ihm recht ist, kann mich ebenfalls nicht aufregen. Ich glaube, wir haben auch lange nicht mehr darüber geredet. Bis dann die Sache mit dem Kind kam.«

»Wie war das? Erzähle.«

Christina lacht auf. »Wie das so ist«, sagt sie. »Eines Morgens wirst du wach, und deine Regel ist nicht gekommen. Na, denkst du, schieb mal sicherheitshalber einen Tampon ein, und nimm noch einen in Reserve zur Arbeit mit. Das wird schon noch. Aber es wird nicht, nicht heute, nicht morgen. Du rennst alle zwei Stunden aufs Klo und immer noch nichts. Dann ist es dir schon klar. Pille nie genommen, Gummi zu wenig Feeling, Interruptus ja, aber ein Tropfen genügt; fällt dir alles ein. Dann Baby-Test aus der Apotheke. Das Teststäbchen verfärbt sich. Schwanger, rumms, da hast du's. Und das Verrückteste, ich hab' mich gefreut! Hab' die Hände auf den Bauch gelegt und gesagt: ›Guten Tag, Herr Sohn!‹ Weil mir klar war, daß es ein Sohn ist, ein Priestersohn, Kirchensohn, mein Sohn, meiner allein.«

»Und dein Priester? Hat er sich auch gefreut?« frage ich und möchte es gar nicht fragen, weil ich die Antwort zu wissen glaube.

Christina schüttelt den Kopf mit der glatten Haarmähne. »Hat er sich nicht. Er hat mich angestarrt, genau wie im Film. Er hat sich sogar echt verfärbt. Und dann hat er geflüstert: ›Entweder das Kind oder ich. Mit der Schande lebe ich nicht. Alles, das nicht.‹

›Was soll ich denn tun?‹ habe ich geschrien und hätte ihn gern angefaßt. ›Etwa abtreiben?‹«

Lange bleibt es still zwischen uns. Christina raucht eine Zigarette nach der anderen. Ich frage nichts. Da endlich wedelt Christina den Zigarettenrauch beiseite, sieht mich zum ersten Mal an. Grüngelbe Augen hat sie, mit einem dunklen Rand rundum. Das grelle Licht der Lampe läßt die Pupillen winzig erscheinen.

»Tobias hatte mich nie angebrüllt. Immer war er souverän, cool; es machte mich oft rasend vor Zorn, ihn nicht in Wut bringen zu können. Jetzt brüllte er, tief aus dem Herzen heraus: ›Ja, ja, ja, ja! Laß es abtreiben! Ich will es nicht, ich kann es nicht, ich darf es nicht haben. Ich bin Priester, versteh doch!‹

›Was bist du für ein Priester, wenn du nicht Vater sein kannst?‹ fragte ich und spürte, daß ich ihn haßte. Zum ersten Mal, aus tiefster Seele.«

»Hast du abgetrieben, weil dein Priester es so wollte?«

»Ja«, sagt Christina. »Aber auch, weil ich mir ein Kind nur aus der Einheit von Vater-Mutter-Kind denken kann. Ich hätte Angst gehabt, alleinerziehend zu sein. Kein Geld, vielleicht keine rechte Wohnung, und dann so ein asozialer Touch.«

»War es schwer, eine Indikation zu bekommen?« frage ich beklommen.

»Überhaupt nicht.« Christina wirkt ruhiger. »Ich ging zur Beratungsstelle der Caritas. Man war außerordentlich verständnisvoll. Als ich sagte, der Kindsvater sei ein Priester, schlug eine Mitarbeiterin ein Kreuz. Die andere schlug mir von sich aus die Abtreibung aus sozialer Notlage heraus vor.«

»Wie nahm dein Priester es auf?«

»Er war erleichtert. Er versprach mir, daß ich nie wieder schwanger werden würde. Er würde jetzt aufpassen. Er wüßte ja jetzt, wie schlimm das wäre. Nein, ich bräuchte keine Angst zu haben.«

Christina blickt verloren vor sich hin.

»Zum Termin mußte ich schon am Vorabend in die Klinik. Man wollte es in Narkose machen. Tobias kehrte auf dem Parkplatz wieder um. Er konnte mich ja nicht begleiten. Ein Priester, der zur Abtreibung mitging, absurd.«

»Hätte er sagen müssen, daß er einer ist?« Meine Frage klingt aggressiv.

Christina lächelt mir zu. »Ich war so wütend«, sagt sie, »so verzweifelt, so voller Angst und so verdammt allein. In solchen Momenten verfluchst du alles, dich selbst und auch Gott, ja, den auch. Dann die Nacht. Alles totenstill. Nur die Lämpchen über den Betten. Immer rund dreht sich der Kreisel im Kopf: Tu ich's, tu ich's nicht? Tu ich's, bin ich eine Mörderin, die ihr eigenes Kind umbringt. Tu ich's nicht, ist *sein* Leben verkorkst. Lieber meins als seins, lieber kein Kind als keinen Vater dazu. Sie hatten mich da unten rasiert, damit sie besser rankönnten. Es pikste wie ein Stoppelbart. Ich konnte nicht einschlafen. Ich sah die Bilder von Embryos vor mir, klitzekleine dicknackige Lebewesen, winzige Astronauten in der Raumkapsel Bauch. Mein Bauch würde keine sichere Höhle sein. Mein Bauch würde ein Schlachtplatz werden.«

Ich unterbreche den Redestrom nicht. Christina ist in Wahrheit weit fort.

»Am anderen Morgen dann viele Untersuchungen, hier das Herz, dort der Bauch. Tastende Finger, ein Bild auf einem Monitor. Ultraschall. Mein Kind ist ein schwarzes, zuckendes, zappelndes Etwas in einer wolkigen Mondlandschaft.

›Das Herz‹, sagte der Arzt. ›Es ist schon voll ausgebildet.‹ Ich hielt mir die Ohren zu. Ich wollte nichts hören. Aber ich hörte, und das Bild blieb. Ich sehe es jetzt noch oft.«

»Wurdest du nicht schwankend? Blieb deine Entscheidung gegen das Kind?« frage ich.

»Ich war mir unsicher, bis ich bewußtlos wurde.« Christinas Stimme ist kaum zu verstehen. »Ich war mir unsicher, als ich aus der Narkose zu mir kam. Und ich bin mir unsicher bis an mein Lebensende. Aber es ist geschehen. Ich kann es nie wieder gutmachen. Ich bereue es von ganzem Herzen, aber ich müßte es wieder genauso machen.«

»Und dein Priester? Wie steht er dazu?«

»Zwei Stunden nach dem Eingriff war ich aus der Klinik draußen. Ich hielt es nicht mehr länger darin aus. Überall Frauen, die ihr Kind umbringen lassen. Ich wollte an die Luft, so tun, als wäre nichts, nie etwas gewesen.«

Christina schüttelt die leere Zigarettenschachtel, knüllt sie ärgerlich in der Hand zusammen. »Tobias war nicht in meiner Wohnung. Er hatte Dienst, Beichte bei den Kommunionkindern. Auf dem Tisch standen Blumen. Ich warf sie weg. Dann ins Bett. Der Bauch tat weh. Gut, dachte ich, gerechte Strafe. Mit Tobias habe ich nie mehr darüber geredet. Nur abends, als er kam, an dem Tag, da hat er mich umarmt und gesagt, in diesem toten Kind sei sein Leben neu entstanden.«

»Hat er das so formuliert?« frage ich.

»Ja«, sagt Christina. »Er spricht gern etwas salbungsvoll und in ungewöhnlichen Worten. Das macht der Priester in ihm.«

»Liebst du ihn noch?« frage ich und versuche, Christinas Gesicht zu sehen.

»Weiß nicht.« Christina zuckt mit den Schultern. »Nicht genau, jedenfalls. Mal so, mal so. Ich bilde mir ein, daß ich ihm verziehen habe, daß er mich zu der Abtreibung gezwungen hat. Aber dann wieder spüre ich, daß nichts verziehen ist.«

»Schlaft ihr noch miteinander? Und schützt ihr euch?«

Die Schweigepause zieht sich noch länger hin als die erste. Christina kocht Tee für mich, einen Kaffee für sich. »Wollt' ich eigentlich nicht drauf antworten«, sagt sie. »Ist in mir selbst noch nicht ganz stabil. Aber, na, ja, nein, wir haben nichts mehr miteinander. Keinen Sex oder so. Wegen mir. Ich habe Angst, das passiert wieder. Und ich kann mir kein Lustgefühl mehr erlauben. Ich habe wegen diesen läppischen paar Momenten Lust ein Kind empfangen. Gott hat meine Liebe und meinen Bauch mit einem Kind gesegnet. Und wir, was machen wir? Wir treiben es ab. Vielleicht kann ich Tobias ja mal verzeihen. Mir verzeihe ich nie. Ich hab' die Lust zu gern gehabt. Ich bring' sie meinem Kind zum Opfer. Ich schäme mich, daß ich noch Lust empfinde, obwohl mein Kind tot ist. Ach, das ist so verzwickt! Jedenfalls schlafe ich nicht mehr mit Tobias, das wolltest du ja wissen. Vielleicht ist es ja ein Stückweit nicht nur Strafe für mich, sondern auch für ihn. Es war auch sein Kind.«

Von den achtzig Frauen, mit denen ich versuchte, dieses Buch zu erarbeiten, haben elf abgetrieben. Elf Priesterkinder, die nicht geboren werden, nicht leben durften, weil ihre Väter sich nicht zu ihnen bekannten.

Wie verantwortet Mutter Kirche die Doppelmoral ihrer Söhne? Hunderttausend Priester weltweit, die eine Frau zu lieben bekennen. Jeder zweite Priester in heimlicher Liebe entbrannt, sagen Insider. Die höchste Abtreibungsziffer stamme aus Pfarrhaushalten; in einer Universitätsvorlesung soll es behauptet worden sein. Sicher ist, daß Papst Johannes Paul III. weltweit gegen Verhütungsmethoden und -mittel wettert. Sogar alle Apotheker in Acht und

Bann legen möchte, die derlei im Sortiment führen und verkaufen. Und gar der Abtreibungsparagraph! Hier bewegt sich gar nichts. Kein Zugeständnis an die Mutter von seiten der Kirche.

»Du sollst nicht töten!« Gottes Gebot ist heilig.

Nur Priesterkinder schützt es anscheinend nicht. Warum auch?

Schließlich darf es sie nicht geben.

Ich bin sein Wunschkind

Ich heiße Tobias und bin 10 Jahre alt. Mein Vater ist, wie er mir selbst sagte, katholischer Priester. Er liebt meine Mutter, und ich bin sein Wunschkind. Alle meine Freunde haben zu Hause einen Vater oder wissen, wo ihr Vater lebt. Mein Vater darf nicht bei uns wohnen oder öffentlich mit mir spazierengehen, weil er keine Kinder haben darf. Meine Mutter wird manchmal beschimpft, weil Leute denken, daß sie mich als Kind von ihm hat. Ich möchte mich nicht ständig von meinem Vater trennen. Wir beide gehören doch zusammen. Ich möchte auch zu meinem Freund sagen können, wer mein Vater ist und ihn nicht immer verstecken müssen. Wenn ich bei ihm bin, muß ich mich morgens aus dem Haus schleichen. Wenn ich bei ihm läute, muß ich erst schauen, ob die Luft rein ist. Mein Vater ist sehr lieb zu mir. Er gibt mir Taschengeld. Vor kurzem hat mein Vater zu mir gesagt, daß ich sein eigenes Kind sei, und ich habe gesagt: Quatsch, weil er als Priester doch keinen Sohn haben darf. So verrückt ist die Welt. Können Sie dies bitte regeln.

(Heimliches Priesterkind)

Wer zahlt für Priesterkinder? Stichwort Alimente

Da ein Kind für einen amtierenden oder in einen Orden eingebundenen römisch-katholischen Geistlichen dank Pflichtzölibats verboten ist, existiert ein solches Kind für die Kirche nicht.

Nach dem Motto ›Was nicht sein kann, das nicht sein darf‹, gibt es zum Beispiel kein Kirchengesetz, das Alimente oder eine andere Form der Unterhaltszahlung für ein Priesterkind regelt.

Natürlich weiß die Kirchenobrigkeit nur zu gut, daß es dennoch uneheliche Priesterkinder gibt. Doch getreu jahrhundertealter Tradition, sind diese Kinder der Kirche und den eigenen Vätern gegenüber bis heute rechtlos.

Allein die Mutter ist aus Kirchensicht für ihr ›verbotenes‹ Kind zuständig. Schließlich ist eine Frau, die sich schändlicherweise mit einem Priester einläßt, selbst Schuld, wenn sie sich zu allem Übel auch noch von ihm schwängern läßt, nicht wahr? Daß zur Elternschaft zwei gehören, scheint die Kirche in diesem Fall nicht zu berühren.

Immerhin erklären und betonen kirchliche Würdenträger es auch in jüngster Zeit immer wieder: Wir zahlen nicht für Priesterkinder! Es gibt keinen geheimen Fond zur Alimentenzahlung.

Trotzdem verstummen die Gerüchte nicht: Und die Kirche zahlt doch!

Zu diesem Thema findet man zum Beispiel bei Karlheinz Deschner (Das Kreuz mit der Kirche) und bei Thomas Seiterich (Beten allein genügt nicht) Material.

Mütter von Priesterkindern bekennen es immer wieder – allein unter der kleinen Minderheit von achtzig Priesterfrauen, die sich mir im Gespräch öffneten, waren es immerhin fünf – daß die Kirche Roms ›Schweigegeld‹

zahle, damit der Skandal eines existierenden Priesterkindes nicht publik werde.

Ist ein solches Schweigegeld nur deshalb keine Unterhaltszahlung, weil man es anders benennt?

Auch Anne Dördelmann-Lueg, Mitglieder der ›Initiativgruppe der vom Zölibat betroffenen Frauen‹ weiß von Geheimnissen dieser Art. Am 21.11.1988 schrieb sie an Dr. Johannes Joachim Degenhardt, Erzbischof von Paderborn:

»Es ist richtig, daß die Behauptung, einzelne Bistümer würden Alimente zahlen, unbewiesen ist. Da ich die Frau, die in der obengenannten Sendung (ZDF, Mona Lisa, ›Zehn Jahre Pontifikat‹, 16.10.1988. Anm. d. Verf.) von ihren Gesprächen mit einem Generalvikar berichtet, persönlich gut kenne und auch um die Hintergründe weiß, ist Ihre Forderung, Namen, Ort und Daten zu nennen, schlicht unerfüllbar. Unser Dilemma ist es ja gerade, daß ein großer Teil der Frauen unserer Gruppe nicht nur durch ihre Partner, sondern auch durch ihren eigenen kirchlichen Beruf in so existentieller Abhängigkeit lebt, daß wir vieles verschweigen müssen, was wir ganz laut hinausschreien müßten.«

Und erhält am 5.12.1988 die bischöfliche Antwort, dies sei »eine ehrenrührige« und zu beweisende »Behauptung, daß ›nämlich ein deutscher Bischof oder ein Generalvikar in der Bundesrepublik gesagt habe, Priester dürften eine Freundin und Bettgenossin haben, bis zu drei Kinder, jedoch dürfte der Priester nicht heiraten«.

Und weiter, Frau Dördelmann-Luegs Erklärungsversuch (s. o.) »leuchtet mir nicht ein. Es muß doch möglich sein, den Bischof oder Generalvikar zu nennen, selbst wenn öffentlich der Name der Frau oder des Priesters nicht genannt wird; denn wenn Bischof oder Generalvikar dem

Priester oder der Frau gegenüber diese Äußerung getan hat, wird damit für die Betroffenen ja nichts Geheimes gesagt«.

Wir fragen uns an dieser Stelle, ob es wirklich so wenig einleuchtet, daß eine Preisgabe von ›Roß und Reiter‹ gravierende Auswirkungen auf Eltern und Kind haben müßte und daher im Interesse zumindest des Kindes zu verweigern ist? Und mehr noch fragen wir uns, was ist ehrenrühriger? Die Behauptung, ein kirchlicher Würdenträger habe Gnade vor Recht ergehen lassen und einem sonst notleidenden Kind ein Existenzminimum aus dem Kirchensäckel zugestanden? Oder ist die Tatsache ehrenrühriger, daß dieselbe Kirche, die zum Schutz des geborenen wie ungeborenen Lebens weltweit aufruft, eine Gruppe unschuldiger Kinder von diesem Schutz ausschließt, weil ihre Väter Priester sind?

Müssen wir in einem solchen Verhalten nicht das Ahnden einer Kollektivschuld sehen? Kollektivschuld vor dem gedanklichen Hintergrund: Weil der Vater (in den Augen der Kirche Roms!) Unrecht beging, sind Mutter und Kind zu bestrafen.

Was ist das für eine Kirche, die so handelt? Die unschuldige Kinder straft? Ist das noch die Kirche, die Jesus uns vorlebte?

In jüngster Zeit, da die Debatte um den Zölibat wieder einmal einen Siedepunkt erlebt, liefert Gisela Forster, Vorstandsmitglied der ›Vereinigung katholischer Priester und ihrer Frauen‹, besonderen Zündstoff. Sie hat das Kloster Schäftlarn, in dem ihr heutiger Ehemann und Vater ihrer Kinder Pater war, auf eine Alimentennachzahlung von 90.000 DM verklagt. Der Münchner Abendpost sagte Frau Forster in einem am 24.9.91 veröffentlichten Interview:

»Bei uns in Bayern gibt es geheime Alimente-Kassen. Da sind die Österreicher fortschrittlicher: Die geben das ganz offen zu. Dort werden Priesterkinder gut versorgt. Sind die Mönche ohne eigenes Einkommen, springen die Klöster für die Kinder ihrer Mitbrüder ein.«

Auch Ex-Priester Hans-Jürgen van der Minde, ebenfalls Mitglied der Vereinigung katholischer Priester und ihrer Frauen, stimmte dieser Behauptung vor der Abendzeitung München zu. »Es gibt in Deutschland Diözesen, die geheime Alimente-Kassen unterhalten. Geld fließt aber nur, wenn die Mutter den Vater ihres Kindes absolut verschweigt.«

Beweis: Kloster Schäftlarn will die eingeklagten Alimente für die Kinder ihres ehemaligen Paters Anselm Forster unter anderem deswegen nicht zahlen, weil – so Gisela Forster – ›der Fall publik wurde‹.

Anders als Erzbischof Degenhardt aus Paderborn zum Jahresende 1988, der Alimentenzahlungen der Kirche weit von sich wies und derartige Behauptungen als ›ehrenrührig‹ beklagte, bestätigte zum Beispiel Erzabt Notker Wolf vom Kloster Ottilien vor der Abendzeitung München: »Wenn bei uns so etwas vorkommen würde, wäre es durchaus vorstellbar, daß wir die Alimente für die Kinder zahlen würden. Ich glaube, daß solche Fälle in den Diözesen entsprechend geregelt werden.«

Und Winfried Röhmel, Pressesprecher des Erzbischöflichen Ordinariats der Erzdiözese München und Freising, meinte ergänzend, zwar sei ihm kein derartiger Fall bekannt, doch: »Auch ein Priester hat Sexualität. Er soll sich dann aber zur Vaterschaft bekennen und die Konsequenzen ziehen.«

Offiziell sieht die Kirche die Sache freilich immer noch aus demselben Blickwinkel wie seinerzeit Erzbischof Degenhardt. Gisela Forsters Alimentenklage muß sich gegen die Kirche richten, weil ihrem Ehemann als Pater nur ein Taschengeld von dem Verdienst zukam, den er als Schulleiter seinem Kloster einbrachte, so daß er selbst zahlungsunfähig war. Diese Klage wurde bisher in allen gerichtlichen Instanzen abgeschmettert. Letzte Hoffnung für Familie Forster ist das Bundesverfassungsgericht in Bonn. Dieses Urteil steht noch aus. Wird auch hier die Kirche siegen?

Winfried Röhmel, Pressesprecher des Erzbischöflichen Ordinariats der Erzdiözese München und Freising, sprach vor der Abendzeitung München (24.9.91) von den ›Konsequenzen‹, die ein Vater gewordener Priester ziehen solle.

Eine Form der Konsequenz, und zwar die beliebteste, gebräuchlichste, ist, daß Priesterväter, die zum Beispiel als Pfarrer über ein eigenes Einkommen verfügen, für ihr Kind bzw. für Mutter und Kind zahlen, in der Regel heimlich.

Dies ist möglich, weil für die Verwendung des Soldes keine Zustimmung des Ordinariats notwendig ist.

Noch härter trifft es dagegen die Kirche von Ordensleuten. Ein Angehöriger eines Ordens besitzt kein frei verfügbares Geld. Was immer er in seinem Beruf verdient, fällt dem Orden zu. Sollte der Ordensangehörige einmal Geld brauchen, muß er dies als Bitte nebst Begründung dem Abt vortragen. Ob der Bitte stattgegeben wird, ist damit freilich nicht gesagt. Unter diesem Aspekt wird klar, daß ein Ordenspriestervater nicht persönlich für sein Kind zahlen kann.

Gerade unter Ordensgeistlichen ist die Angst vor der unsicheren Zukunft und Finanzlage oft so groß, daß die werdende Mutter zur Abtreibung gedrängt wird. Immer wieder haben mir betroffene Männer wie Frauen diese Beobachtung bestätigt.

Soll das Priesterkind leben, hat der Ordensangehörige die Möglichkeit, dem Abt zu beichten. Dieser ist dann in der Lage, heimlich für den Lebensunterhalt des Kindes zu sorgen.

Den Beweis für alle diese, von der Kirche stets vehement bestrittenen Behauptungen tritt nicht nur Familie Forster, sondern auch der momentan wohl bekannteste ›Skandal-Pater‹ an: Pater Augustinus, neunundsiebzig Jahre, Priester in Amt und Würden in Pettenbach bei Linz (Österreich) und glücklicher Vater von vier Kindern – von vier verschiedenen Frauen. Eine öffentliche Beichte legte Pater Augustinus im September 1991 anläßlich eines Rundfunkinterviews zum Thema Zölibat ab.

Den Menschen seiner Gemeinde verriet der Pater damit allerdings nichts Neues. Viele von ihnen wußten von seinen Frauen, seinen Kindern, ja, sie kannten sogar seinen fünfzehnjährigen Sohn, der mit dem Vater in einem Ort lebt.

Über seine Frauen – schreibt Sabine Köstler in ›Quick‹ (Heft 38 vom 12.9.91, S. 23) – erzählt der Bruder Gottes nicht viel. Nur, daß er sie bei der Arbeit in den Gemeinden, im Kirchenchor, kennengelernt hat. Und: »Sie wollten mich heiraten. Aber dann haben sie eingesehen, daß das nicht gutgehen würde.« An Ehe hat er selbst nie gedacht. Und die Kinder?

»Waren Verkehrsunfälle.«

Trotz dieser Formulierung ist der Ordensmann auf seinen Sohn stolz. Am Schlüsselbund trägt er ein Bild von dem brünetten, lockenköpfigen Jungen. Früher fuhr er mit ihm im Kinderwagen durchs Dorf, nahm ihn mit zu Ausflügen. »Und zur Elternsprechstunde in der Schule bin ich immer hingegangen. Dann bin ich geschimpft worden, wenn der Martin zu lebhaft war«, erinnert sich Pater Augustinus. Martins Mutter ist seit zwei Jahren verheiratet. Der Junge besucht seinen leiblichen Vater weiterhin in dessen Wohnung im Pfarramt, »vor allem, wenn er wieder mehr Taschengeld braucht.«

Den Priesterberuf aufzugeben, das kam für Pater Augustinus nie in Frage. »Mein öffentliches Bekenntnis zu den Kindern«, sinniert er, »ist eine persönliche Abrechnung. Nächstes Jahr werde ich achtzig. Ich bin ein Sünder. Aber trotzdem bereue ich nicht, daß ich mein Leben genossen habe. Ich hoffe, daß der da oben mir vergibt.«

Daß er den Zölibat gebrochen hat, empfindet Pater Augustinus nicht als Unrecht. Er habe seinen guten »Vorsatz nicht durchgehalten. Damit muß ich leben«.

Und er lebt gut damit. Die Kinder waren zwar nicht geplant, doch – sagt er – »als ich jeweils von der Schwangerschaft erfuhr, war es auch kein Schock. Man hat es halt zur Kenntnis genommen«. Gekümmert hat er sich um seinen Nachwuchs, der in verschiedenen Gemeinden Österreichs gezeugt wurde, immer – zumindest finanziell: »Ich habe für alle Alimente bezahlt.«

Die Kirche wird von dieser vierfachen Vaterschaft und vierfachen Liebe natürlich nichts geahnt haben. Und ›was ich nicht weiß, macht mich nicht heiß‹. Wie soll man bestrafen, was man nicht erfahren hat, wenn nun einmal kein Kläger da war?

Glücklicher Pater Augustinus! Würde ein Vorkommnis dieser Art (die Kirche nennt es ›Ärgernis‹) allerdings einem Kirchenoberen zu Ohren gekommen sein und der Sünder würde bereuen, aber auch weiterhin im Amt bleiben wollen, müßte die Kirche ihm die Pflicht aufbürden, sich von Mutter und Kind zu trennen. Was Wunder, daß Eltern, die einander lieben und wenigstens heimlich zusammenbleiben wollen, die Existenz ihres Kindes lieber verschweigen? Auch wenn dieses Verschweigen bedeutet, daß das Kind offiziell keinen Vater hat und daß kein Geld zu erwarten ist.

In seltenen Fällen kommt es vor, daß die Mutter eines Priesterkindes den Vater aus freien Stücken preisgibt und auf Unterhaltszahlung klagt.

Oftmals, so weiß die ›Initiativgruppe der vom Zölibat betroffenen Frauen‹, gibt sich der Orden dann ›einsichtig und gesprächsbereit‹, da ›er einen Skandal und Publicity vermeiden will. Er zahlt der Mutter sogar den Mindestsatz für uneheliche Kinder‹.

Schaltet sich der Orden nicht auf diese Weise ein oder läßt sich die Mutter des Priesterkindes auf kein Angebot ein, geht die Unterhaltsklage an ein ordentliches Gericht. Häufig wird der nunmehr öffentlich beklagte Vater durch seine Ängste vor einem drohenden Verlust seines priesterlichen Amtes bzw. Ausscheiden aus dem Orden so in die Enge getrieben, daß er die Vaterschaft bestreitet und obendrein den Vaterschaftstest verweigert. Dies hilft jedoch wenig, da bei Gericht das sogenannte Vorführungsrecht wahrgenommen und die Vaterschaft auch zwangsweise getestet wird. Steht die Vaterschaft zweifelsfrei fest, wird der Beklagte zur Unterhaltszahlung verpflichtet. Zusätzlich tritt die Kirche auf den Plan. Der treulose Sohn wird hart bestraft, in der Regel durch Amtsentzug.

Doch wie gesagt, so rigoros geht die Mutter eines Priesterkindes selten vor. Einen Mann, den man liebt, stürzt man nicht ins Unglück, schon gar nicht wegen Geld. Lieber nimmt man Demütigungen und Entwürdigung auf sich. Lieber lebt man in Lug und Trug und Heimlichkeit. Lieber läßt man Kinder leiden.

Und warum das alles?

Weil es den Pflichtzölibat gibt. Immer wieder schließt sich der Kreis.

EXKURS

Eine Leihmutter bin ich nicht!
Die Frage der Adoption

Kinder-, Jugend- und Familienschützern wie auch vielen engagierten Eltern mag sich die Frage aufdrängen, warum werdende Mütter unter dem Druck des Zölibatsgesetzes und der Angst ihres Priestergeliebten vor der Kirche eher an Abtreibung denken als an die Möglichkeit, ihr Kind auszutragen und zur Adoption freizugeben. Ich erhielt zu dieser Fragestellung die unterschiedlichsten Antworten. Sie reichten von der Aussageverweigerung – »Darüber möchte ich nicht reden!« – bis zu Tränen der Verzweiflung. Eine Zustimmung jedoch erhielt ich nie.

Die wichtigsten Antworten, die so oder in ähnlicher Form immer wieder artikuliert wurden, möchte ich hier katalogmäßig aneinanderreihen. Eine Wertung der einzelnen Aussagegehalte möchte ich nicht vornehmen. Es steht mir nicht zu, Entscheidungen, die in Ernsthaftigkeit und schmerzlichem Ringen um den bestmöglichen Weg getroffen wurden, in Zweifel zu ziehen, zu be- oder gar zu verurteilen. Statt dessen möchte ich mich an dieser Stelle mit den Worten einer jungen Frau ausklinken, die von ihrem Priestergeliebten schwanger wurde, weil er sich zeugungsunfähig wähnte. Sie sagte: »Als Lars und ich wußten, daß wir Eltern werden, haben wir nur geweint. Wir hätten uns so gern gefreut. Wir lieben Kinder. Und daß Lars ein eigenes Kind haben könnte, war so entsetzlich schön, weil er doch nie damit gerechnet hatte und sich eigentlich nur deshalb entschieden hatte, Priester zu werden, weil er nie Vater werden konnte und eine Ehe für ihn nur mit Kindern eine echte Ehe ist. Eine Frau, die sich keine Kinder wünscht, wäre für Lars nie interessant gewesen. Und eine, die sich welche wünscht, wäre mit ihm unglücklich geworden. Und für die Kirche ist ein Paar ohne Kinderwunsch ja sowieso nicht ehefähig und wird gar nicht erst getraut. Wir hatten nie darüber nachgedacht, was wäre, wenn. Es war ja klar, daß Lars kein Kind zeugen könnte.

Dann, als ich schwanger war, seine Zweifel, ob er der Vater wäre oder ob ich ... Wir haben dann einen Test machen lassen, so ungläubig war er. Nicht ich, er, er ließ sich neu untersuchen. Als er den Befund erhielt, dachte ich, er tut sich was an. Er hat sich ja so für seine Zweifel geschämt und für die Eifersucht, und gelitten hat er: Ich kann es gar nicht sagen. Wir durften unser Kind doch nicht haben. Lars ist Kirchenmann durch und durch. Ein Ausbrechen kommt für ihn unter keinen Umständen in Frage. ›Wie könntest du glauben, daß ich dir treu bin, wenn ich nicht einmal Gott treu bleibe?‹ fragte er immer.

Am letzten Tag vor der Abtreibung haben wir ein Fest für unser Kind gefeiert. Wir haben Kerzen angezündet und einander aus der Bibel vorgelesen. Wir haben die Hände auf meinen Bauch gelegt und unserem Kind erklärt, warum es nicht leben darf. Wir haben gesagt, daß wir es zu sehr lieben, um es herschenken zu wollen und daß es in unserem Herzen weiterleben wird. Wir haben Abschied genommen, und wenn wir mit unserem Kind gemeinsam hätten sterben können, hätten wir es getan. Während ich am nächsten Morgen unter Vollnarkose mein Kind verlor, ließ Lars sich sterilisieren. Wir hatten nicht darüber gesprochen, aber ich weiß, daß es seine Form von Mitleiden mit unserem Kind und mir, aber auch eine Art Buße gewesen ist. Vergessen haben wir unser Kind nicht. Vergeben haben wir uns auch nicht. Aber zu wissen, daß unser geliebtes Kind heute leben und andere Eltern haben würde und sich vielleicht eines Tages von uns verraten fühlen würde und unglücklich wäre, das wäre noch viel schlimmer. Wir hätten es nie geschafft, unser Kind loszulassen und nichts von ihm wissen zu wollen. Wir hätten uns immer irgendwie zuständig gefühlt und ein Leben lang nach ihm gesucht. Es hätte mit uns im Hintergrund ja nie frei leben können. Nein, nein, eine Adoption war für Lars und mich keine Lösung. Wir haben unser Kind viel zu sehr geliebt, um es verstoßen zu können. Unser Leben mag ja verloren sein und inkonsequent und alles. Aber so verlogen, daß wir unser eigen Fleisch und Blut verraten hätten, so tief sind wir nicht gesunken. Wir haben das kleine Leben in Gottes Hände zurückgegeben. Dort ist unser Kind geborgen und sicher. Und wenn wir an unser Kind denken, sehen wir es als Engel und absolut glücklich. Eines Tages werden wir es wiedersehen, daran glauben wir. Und ich glaube auch, daß Gott uns verzeihen wird, weil Lars Gott mehr geliebt hat als sein einziges Kind und ich Lars mehr geliebt habe als mein einziges Kind. In Ihren Ohren klingt das alles vielleicht ziemlich verrückt oder wie romantischer Schwachsinn. Für uns ist es – ja, wie soll ich das jetzt beschreiben? Ich weiß nicht, es gibt da irgendwie gar kein Wort dafür, so schlimm ist das und so hart und so weh. Und wenn ich einer jungen Mutter begegne oder eine mit ihrem Babybauch vorbeigeht oder wenn ich im Schaufenster die Strampelsachen sehe, das ist so, als drückt dir einer den Hals zu, und du stirbst ganz langsam und hast keine Stimme, um zu schreien, und keine Arme, um dich zu wehren. Wenn einer das hier jetzt liest und sagt: Die ist eine Mörderin, dann ist das ein Schmusewort zu dem, was ich zu mir selber sage. Aber ich sage auch, so kann nur einer reden, der nicht erlebt hat, was ich erlebt habe. Und wissen Sie was? Ich lasse mich lieber beschimpfen, als einem zu wünschen, daß er mitmacht, was Lars und ich mitgemacht haben und noch mitmachen.«

Ayscha

Ich bin Türkin, aber in Deutschland geboren. Wir sind katholisch, aber mein Vater ist, was meine Unschuld angeht, genauso streng wie ein moslemischer Vater. Als ich von meinem Priesterfreund schwanger wurde, hatte ich gar keine andere Wahl als Abtreibung. Mein Freund und ich hatten nur eine Beziehung für eine Nacht. Nie vorher, nie nachher, nur einmal. Ich hatte kein Verhütungsmittel genommen, weil ich nicht damit gerechnet hatte, daß es passiert. Ich war noch Jungfrau. Und er als Priester ... Als es dann doch so kam, war es so schön, daß wir an Verhütung überhaupt nicht dachten. Zwei Wochen später wußte ich, daß ich schwanger war. Meine Eltern haben vierzehn Kinder; da weiß man als Älteste, wie eine Frau sich fühlt und wie sie aussieht, wenn sie ein Kind kriegt. Die Spuckerei am Morgen, das Spannen am Busen, das Ziepen im Bauch; da brauchst du keinen schlauen Test. Ich hätte mich zu Hause totprügeln lassen müssen, wenn ich damit gekommen wäre. Mein Freund gab mir das Geld für eine Abtreibung im Ausland. Seine Eltern sind vermögend, da ist Geld für ihn kein Problem. Adoption? Nie! Dann wäre doch alles herausgekommen. Wie hätte ich denn damit leben sollen? Ich gehe noch zur Schule, hab' keine Ausbildung, keine Wohnung, kein Geld. Und dann die Schande! Keiner hätte mich in der Familie mehr angeschaut. Wissen Sie, für mich ist nicht nur ein Kind lebensberechtigt. Ich lebe auch! Ich muß doch auch an mich denken dürfen. Oder höre ich etwa auf zu existieren, sobald ein Kind in mir wächst? Ich habe mich gegen dieses Kind und für mich entschieden. Na und? Das Kind wäre unglücklich geworden mit einer unglücklichen Mut-

ter. Vielleicht heirate ich mal und kriege dann glückliche Kinder. Wer weiß? Jedenfalls habe ich ohne dieses Zufallskind eine Chance dazu. Und dann gebe ich meinem Kind die doppelte Portion Liebe. Also ich finde das okay so. Und es macht mir auch nichts aus, wenn andere anders denken. Die leben schließlich ihr Leben und nicht meins.

Insa

Ich habe mein Kind abgetrieben, weil für mich ein Kind nur innerhalb einer gelebten Zweisamkeit vorstellbar ist. Ein Kind braucht ein Nest. Es braucht Vater und Mutter. Ich bin selbst ohne Vater aufgewachsen. Ich weiß, wovon ich rede. Ich traue mir zu, Geld genug zu verdienen für zwei, Verstand und Liebe aufzubringen für zwei, in jeder Hinsicht meinen Mann zu stehen. Aber das ist nicht genug. Ein Kind ist aus zweierlei Erbanlagen gebaut, es ist zweipolig. Braucht beide Eltern. Als alleinerziehende Mutter kann ich das trotz aller Mühe und Liebe nicht bringen. Eine Adoption habe ich allerdings nie erwogen. Ich hätte fast zehn Monate einer einsamen, verzweifelten Schwangerschaft durchgestanden, nur um hinterher vor meiner Familie, vor meinen Freunden, vor den Arbeitskollegen, vor allen als Rabenmutter dazustehen, die nicht nur ein Kind ohne Vater austrägt, sondern es hinterher auch noch hergibt, als wär's ein Ex-und-hopp-Produkt. Mit dieser Belastung wollte ich nicht leben.

Jacobe

Hätte ich ein Kind von einem Priester, den ich liebe, würde ich das Kind auch lieben. Ein Kind, das ich liebe, gebe ich nicht her. Ich erwarte kein Kind und war noch nie schwanger, weil wir grundsätzlich verhüten und es nie darauf ankommen lassen. Da mein Priester und ich eine Ehe ausschließen, sind Kinder für uns tabu. Aber sollte ich trotzdem einmal schwanger werden, per Zufall, etwa weil die Pille versagt, ja, dann käme für uns nur eine Abtreibung in Frage. Eine Leihmutter bin ich nicht.

Tatjana

Eine Schwangerschaft schließen wir nicht deshalb aus, weil wir ein Kind ablehnen, sondern weil wir die Veränderung ablehnen, die durch ein Kind entstünde. Mein Pfarrer und ich leben in einem gemeinsamen Haushalt. Wenn ich schwanger würde, müßten wir uns trennen, weil erstens der Lebenswandel einer Pfarrhaushälterin so sein muß, daß kein uneheliches Kind mit unbekanntem Vater vorkommt. Zweitens müßten wir uns trennen, weil das Kind dem Pfarrer vielleicht so ähnlich wäre, daß alles rauskäme. Drittens müßten wir uns trennen, weil es für das Kind unzumutbar wäre, wenn es seinen Vater nicht als Vater erfahren dürfte, obwohl wir unter einem Dach leben wie eine normale Familie. Da wir uns nicht trennen wollen, darf eine Schwangerschaft nicht stattfinden. Das würde ganz klar Abtreibung bedeuten, auch wenn es uns das Herz brechen würde. Hergeben könnte ich ein Kind aber nie. Wenn ich es doch unter dem Herzen getragen und monatelang erfahren hätte. Nein, eine Adoption ist total ausgeschlossen.

Fenja

Ich habe mein Kind unmittelbar nach der Geburt zur Adoption freigegeben. Ich dachte, ich würde es allein nicht schaffen, weil ich kein geregeltes Einkommen hatte, meine Eltern mich nicht mehr sehen wollten und der Vater des Kindes mich im Stich gelassen hatte, um ins Kloster zurückzukehren. Da war damals einfach alles zusammengekommen. Ich habe aber tierisch gelitten. Ich kam nicht damit zurecht, daß mein Bauch leer war und mein Kind weg. Da habe ich alles rückgängig gemacht. Das geht, wenn man es früh genug tut. Jetzt ist mein Kind schon fast zwei Jahre. Wir leben nicht gerade üppig, aber es geht. Vor allem, weil der Vater zu uns zurückgekommen ist. Er will sich jetzt laisieren lassen. Wir heiraten bald. Wir sind sehr glücklich. Und dabei war er es, der die Abtreibung wollte. Als ich es ablehnte, ging er. Aber er hat es dann doch nicht ausgehalten. Manchmal träume ich noch davon, wie ich mein Kind verschenkt habe. Das ist jedesmal ganz unerträglich. Vielleicht bin ich deshalb so besonders ängstlich mit dem Kind. Ich meine, daß etwas passiert oder so. Das könnte ich mir nie verzeihen. Ich würde wahrscheinlich durchdrehen. Wenn man ein Kind einmal durch eigene Schuld verloren hat, macht man sich immer unheimlich viel Vorwürfe und will alles hundertprozentig machen. Davon wird man wahrscheinlich nie ganz frei.

Isabelle

Ich war von meinem Priesterfreund im sechsten Monat schwanger, als unser Kind im Mutterleib starb und tot geboren werden mußte. Wir hatten uns damals entschlossen, das Kind zu bekommen, weil uns eine Abtreibung als unmenschlich vorkam und Alleinerziehende heute ja ein breites Hilfsprogramm vorfinden. Trotzdem würden wir heute eher eine Abtreibung durchführen lassen. Warum? Ich lebe in einem kleinen Ort. Dort steht mein Elternhaus, das ich geerbt und total renoviert habe. Ich kann dort nicht weg, auch finanziell nicht. Ich arbeite in einem Friseursalon. Meine Wohnung, mein Arbeitsplatz, alles ist dort gesichert. Ich dachte früher, meine Freunde wären es auch. Als werdende Mutter, die nicht über den Vater reden will oder kann oder darf, stehst du aber plötzlich total im Abseits. Jeder guckt dich schief an. Die Männer halten dich auf einmal für ›so eine‹ und machen dir Angebote. Hinter dir her wird getratscht und getuschelt. Die Freundinnen distanzieren sich, weil sie Angst um ihren Ruf haben; oder sie bilden sich auf einmal ein, daß man ihnen den Freund wegnehmen will oder womöglich sogar mit dem schon was hatte – daß das Kind von ihm ist und daß man deshalb nichts sagt und so. Mein Chef wollte mich am liebsten entlassen. Weil das ja nicht ging, hat er mich so mies behandelt, daß ich mit den Nerven total unten war und von mir aus kündigen wollte. Hab' ich dann nur nicht, weil das Kind tot war.

Meine Mutter ist Witwe. Was die sagte, als der Bauch nicht mehr zu vertuschen war, will ich hier gar nicht wiedergeben. Daß mir nicht die Ohren abgefallen sind, war alles. Und dann noch das Versteckspielen mit meinem Freund. Das war das Allerhärteste. Immer Angst, daß einer was merkt. Immer Angst, er wird versetzt; tun die da oben doch gern, wenn sich einer was zuschulden kommen läßt. Nie konnte er mit zum Frauenarzt. Nie Hilfe, wenn die anderen mich gekränkt hatten. Immer bloß zuhören, heimlich trösten. Sex im Auto wie früher, aus, vorbei. Da gehst du echt vor die Hunde. Ich kann jede verstehen, die das nicht durchmachen will und lieber abtreibt. Und das Kind? Ich bin heute noch überzeugt, daß das Kind in mir gestorben ist, weil ich seelisch so fertig war und keine Kraft hatte, die Schwangerschaft auszutragen. Wie Organabstoßen ist das, dafür kannst du auch nichts. Aber Vorwürfe machst du dir doch, sogar massiv, und das nach der ganzen Quälerei am Anfang. Wenn mir einer sagt, lieber zur Adoption freigeben als sterben lassen, das kann dann höchstens ein Mann sein, der keine Ahnung hat, oder eine, die von Beruf werdende Mutter ist. So eine, die alles hat, von hinten und von vorn betüddelt wird, sich schonen kann und was weiß ich. Aber ich, noch mal? Verheiratet und ein Kind, das ja. Es ist ja auch schön, schwanger zu sein und das Kind zu spüren. Aber schwanger und ledig und auch noch mit einem Priester, nein, ich kann's jedenfalls nicht mehr. Da reicht's in mir nicht. Da bin ich vielleicht auch zu sehr an mir selbst interessiert. So'n reiner Opfertyp bin ich nun einmal nicht. Und von meinem Priester habe ich mich sowieso getrennt; deswegen.

Ich bin selbst ein Adoptivkind. Meine Adoptiveltern waren riesig. Aber als sie mir die Wahrheit sagten, war es trotzdem oder vielleicht auch gerade deswegen schlimm. Es ist ein Wahnsinnsschock, wenn du plötzlich merkst, daß du dein ganzes Leben in so einer barmherzigen Lüge verbracht hast. Und ich hatte auf einmal auch viel Ängste. Ich wußte ja nicht, wer meine richtigen Eltern waren, was ich von denen vielleicht geerbt hätte. Vielleicht war ich ja das Kind aus einer Vergewaltigung, oder mein Vater saß im Knast oder war einer mit von und zu. Ich fing da an, mich zu belauern und meine Adoptiveltern erst recht. Wenn die was sagten, was mir nicht gefiel, dachte ich immer gleich: Meine richtigen Eltern hätten das anders gemacht usw. Da ging viel zu Bruch in mir. Das ließ sich nicht einfach wegdrücken. Ich habe sehr zu kämpfen gehabt und das bis heute noch oft. Da kann ich mir auch tausendmal einreden, daß Eltern nicht die sind, die einen mal gezeugt haben, sondern die, die einen mit Liebe aufgezogen haben. Irgendwie ist das in deinem Innern anders programmiert. Dagegen kannst du gar nichts machen. Na, jedenfalls ich nicht.

Als ich später schwanger von meinem Priesterfreund wurde, habe ich abgetrieben. Ich wollte nicht, daß sich alles wiederholt. Und das hat nichts mit meinen Adoptiveltern zu tun, daß sie vielleicht gemein zu mir gewesen wären und schlechte Erfahrung. Ganz und gar nicht! Sie lieben mich, sind wirklich ganz große Klasse. Es ist nur, daß ich nicht will, daß mein Kind die Krise kriegt, in der ich stecke und vielleicht immer stecken werde. Und außerdem, wer sagt mir denn, daß solche Adoptiveltern in Ordnung wären? Womöglich sind sie pervers oder mißhandeln mein Kind. Was man da so alles liest von Mißbrauch und dem ganzen ekligen Zeug.

Nein, wirklich, für viele ist das ja vielleicht eine Möglichkeit, davon wegzukommen, für mich nicht. Ich bin da zu sehr betrof-

fen, und ich hab' auch zu viele Kinder in Heimen erlebt, die keine Adoptiveltern gefunden haben. Ich arbeite in so einem Heim. Wenn du das mal richtig voll mitgekriegt hast – also, das geht bei mir nicht. Dann schon lieber gar nicht erst so weit kommen lassen, daß ein Leben aus den Minizellchen wird. Das ist barmherziger, denke ich, wenn wir schon mit so großen Worten rumschmeißen müssen.

Die meisten der *Priestermänner*, die den von mir zum Thema Adoption befragten Frauen zugehörig waren, mochten mir übrigens leider weder Rede noch Antwort stehen. Sie ließen mir durch die Frauen ausrichten, daß sie ihre Gedanken dazu nicht genügend geordnet hätten, ihr Seelenleben nicht preisgeben wollten, das Geschehene vergessen oder verdrängen oder es nur einzig mit ihrem Gott ausmachen wollten.

Die kleine Handvoll Gesprächspartner brachte die nachfolgenden Antworten zu Gehör:

Jörg

Ich sah die Schwangerschaft als ungewollt und aufgezwungen an. Darum hatte ich ein Widerspruchsrecht und wies das Kind zurück.

Meinrad

Ich empfand ein leibliches Kind als Versuchung, meiner priesterlichen Berufung untreu zu werden. Darum habe ich auf einer Abtreibung bestanden.

Sepp

Ich bin Priester, bleibe Priester. Alles andere ist für mich nicht tragbar. Da ich als Priester nicht ins Geschäft gehen und zum

Beispiel Kondome kaufen kann, ist die Frau für die Verhütung einer Schwangerschaft zuständig. Wenn dann trotzdem eine Schwangerschaft eintritt, habe ich nichts damit zu tun. Das Kind geht mich nichts an. Und darum geht es mich auch nichts an, was die Frau damit macht. Ich wollte nichts davon hören oder sehen. Für mich ist das kein Thema. Jedenfalls käme eine Adoption für ein von mir gezeugtes Kind nicht in Frage.

Marius

Ich war durch den Zölibat zu der Entscheidung gezwungen, das Kind abtreiben zu lassen. Die Schuld trifft die Kirche. Ein Kind ist ein Kind, ob adoptiert oder nicht. Als Priester sind mir Kinder untersagt. Also darf es keine geben.

Hugo

Eine Adoption wäre für meine Begriffe zu riskant. Wenn das Kind eines Tages seine Eltern suchen und finden würde, was dann? Ich bin nicht in der Lage, eine Vaterschaft zu leben.

Markus

Für mich ist eine Vaterschaft generell undenkbar. Ich habe Angst vor der Verantwortung für ein mir anvertrautes Kind. Darauf hat mich niemand vorbereitet. Ich will nicht versagen. Und ich will vollkommen ausschließen, daß mein Kind eines Tages auf mich zukommt und etwas von mir fordert, was ich nicht geben kann. Darum würde in meinem Fall eine Adoption nie zur Diskussion stehen.

Nur ein Wort noch zum Schluß dieses Kapitels. Sicher ist für mich, daß die meisten durch Abtreibung ›verhinderten‹ Kinder eines römisch-katholischen Priesters und seiner

Geliebten Kinder waren, die ohne den Zölibat willkommen und geliebt gewesen wären. So geliebt sogar, daß – mag diese Einstellung nun gut oder schlecht, richtig oder falsch sein – man sie eher tot als in fremder Obhut aufwachsen lassen wollte. Es waren Kinder, die durch das Menschengesetz Zölibat zum Tode verurteilt wurden. Kinder, deren Eltern aus Liebe und Angst zu schwach waren, diesem Menschengesetz zu trotzen. Kinder, die im Namen Gottes und der Kirche starben, Opfer einer modernen Inquisition. Würde ein Ja zur Adoption dieses Unrecht wirklich kleiner machen?

IV. TEIL
Fragen – Konsequenzen – Möglichkeiten

Gisela Forster: Statement zum Zölibat

Heute ist der 25. Mai 1990. Genau heute vor einem Jahr erhielt ich von der katholischen Kirche eine fristlose Kündigung.

Nach siebzehn Dienstjahren am Gymnasium wurde ich von einem Tag auf den anderen entlassen.

Warum?

Drei Gründe wurden von der katholischen Kirche genannt:

1. Sie haben eine Liebesbeziehung zu einem Priester.
2. Sie haben die Kinder geboren, die aus dieser Beziehung entstanden.
3. Sie haben diese Beziehung und die Kinder nicht verheimlicht.

Genauer betrachtet heißen diese drei Kündigungsgründe:

1. Du darfst nicht lieben!
2. Du darfst keine Kinder bekommen!
3. Du mußt schweigen, verheimlichen, heucheln, vertuschen, lügen und dich verstecken!

Fast zwanzig Jahre mußte ich mich verstecken. Als heimliche Geliebte eines katholischen Priesters, der eine höhere Stelle bei der katholischen Kirche innehatte, war ich gezwungen, ihn und sein Amt zu schützen und keinen Schatten auf das Kirchengesetz: *Zwangszölibat* fallenzulassen.

Für mich war dies ein Leben wie in der Verbannung. Mein Partner und ich durften uns öffentlich nicht in die Augen schauen. Der katholische Priester durfte seine eigenen Kinder nicht in der Klinik besuchen. Ich mußte dem Jugendamt gegenüber sagen, daß diese Kinder keinen Vater haben. Die Schande fiel auf mich.

Die Priesterkinder zog ich alleine groß. Als ich um Alimente bei der katholischen Kirche nachsuchte, wurde mir mit Schimpf, Spott und Verachtung geantwortet. Vor Gericht mußte ich hören: Priesterkinder gehen uns nichts an. Da könnte ja der letzte Penner daherkommen und Kinder zeugen.

Dabei war mein jetziger Mann dreißig Jahre amtierender Priester. Mit zehn Jahren kam er ins katholische Bubeninternat. Mit achtzehn Jahren trat er in den Orden seiner Schule ein. Damit hatte er wesentliche Elemente seiner Freiheit vergeben. Als er erkannte, daß er für das zölibatäre Leben nicht geschaffen sei, hatte er in dem verhärteten, sexualgehemmten Ambiente der katholischen Amtskirche keine Chance, seinen Lebensweg zu korrigieren. Seine Nöte trug er in der Beichte vor, doch er bekam niemals eine Antwort. Er sollte abgeschoben und versteckt werden. Im letzten Moment ergriff er die Flucht.

Die katholische Amtskirche hatte kein Erbarmen mit ihm. Sie verweigerte ihm jede Abfindung – und dies nach einer zweiundzwanzig Jahre andauernden Tätigkeit als Oberstudiendirektor, in denen er seine ganze Arbeitskraft, seine Ideale und sein Einkommen bedingungslos der Kirche gegeben hatte. Er erhielt keine Chance, einen anderen

Beruf zu erlernen und vom Staat keinen Pfennig Arbeitslosengeld, denn die katholische Kirche braucht keine Arbeitslosenversicherung für ihre Priester zu bezahlen.

Es heißt, die Kirche sorge selbst für ihre Leute. Daß sie dies nicht tut, haben wir am eigenen Leib erfahren.

Ja, die Konsequenzen waren knallhart:

- Ich, die Mutter von drei minderjährigen Kindern, wurde sofort herausgeworfen.
- Er, der Priester, bekam seine Entlassung zu dem Zeitpunkt, als er mich, die Mutter seiner Kinder heiratete.
- Zu fünft standen wir auf der Straße und wurden Sozialhilfeempfänger. Von der Amtskirche erfuhren wir keine Gnade, kein Entgegenkommen, kein Verständnis, keine Liebe.

Deshalb stellen sich für mich die Fragen:

- Was ist das für eine Kirche, die auf Liebe mit Brutalität reagiert?
- Wen schützt die Amtskirche eigentlich, wenn sie Liebende und Kinder verachtet und verfolgt?
- Welche Gewalt geht von dieser Kirche aus, daß sie Priestern und deren Frauen das Recht auf ein eigenes Leben mit eigenen Entscheidungen verbaut?

Das ist doch keine christliche Kirche!!

Ich möchte sie alle bitten, diese Kirche so zu verändern, daß die verheirateten Priester und ihre Frauen sagen können:

Ja, wir sind Christen!

(Entnommen aus: ›Zwangszölibat‹, Statements in: Mitteilungsblatt der Vereinigung katholischer Priester und ihrer Frauen e. V. 4/1990)

Damit ich es niemandem sage

Früher habe ich nicht einmal gewußt, wer mein Vater ist, wahrscheinlich, damit ich es niemandem sage. Ich kannte ihn zwar, aber ich habe nicht gewußt, daß er es ist. Als meine Mutter es mir sagte, glaubte ich es zuerst nicht, weil ich wußte, daß Priester nicht heiraten dürfen. Heute bin ich froh, daß ich einen Pfarrer zum Vater habe, weil Pfarrer sehr sehr nette Menschen sind und sehr wenig hauen. Ich glaube, wenn es erlaubt wäre, daß Priester Kinder kriegen, daß erstens sehr viel mehr Leute Priester würden, und zweitens auch viele Priesterkinder zuerst Ministranten und dann Priester werden würden.

Wie ich es erfahren habe, war es für mich ein bißchen schwierig, weil ich meinen Vater nur in der Kirche und in der Schule sah. Aber langsam gewöhnte ich mich daran, ihn in der Öffentlichkeit mit ›Sie‹ anzureden. Als ich aber abends manchmal noch zu ihm kam, hatte ich immer ein bißchen Angst, es könnte mich einer sehen. Irgendwann während der 5. Klasse sprachen mich zwei Mädchen an: »Wer ist dein Vater?«

Worauf ich antwortete: »Herr (mein Nachname) natürlich.« »Ist es nicht Pater (Name meines Vaters)?«

Da dachte ich, jetzt wissen sie es. Seitdem ging ich fast immer einen Umweg, wenn ich zu meinem Vater ging.

Ich bin sehr froh, daß jetzt bald alles vorbei ist, aber am Schluß ist es noch schwieriger, es niemandem zu sagen, als am Anfang, weil ich wahnsinnig aufgeregt bin, wie es bei uns zu Hause zugeht, wenn mein Vater da ist. Hoffentlich wird es schön.

(Heimliches Priesterkind)

Kirche – nein, danke? Wie es die Welt sieht

Am 10. Dezember 1960 gab Papst Johannes XXIII. eine Audienz, in deren Verlauf er auch auf den Zölibat zu sprechen kam. Teile dieses Gespräches zwischen Etienne Gilson, einem Mitglied der Akademie Frankreichs, seiner Tochter und dem Papst wurden u. a. in der Zeitung ›Deutsche Tagespost‹ (vom 30./31.8.63, Heft 105, S. 10) veröffentlicht.

Damals bekannte Papst Johannes XXIII. (1958-63), den nur zwei Amtsvorgänger von Papst Johannes Paul II. (seit 1978) trennen:

»Soll ich Ihnen meinen größten Kummer sagen? Ich spreche nicht als Mensch, sondern als Papst. Ständig leide ich unter dem Gedanken an jene jungen Priester, die so tapfer die Last des kirchlichen Zölibats tragen ...

Für manche von ihnen ist er ein Martyrium. Bisweilen meine ich, eine Art Klageruf zu vernehmen –, oh, nicht von hier, sondern von viel weiter her – so, als verlangten Stimmen, daß die Kirche sie von dieser Last befreie. Darf ich das tun? ...

An und für sich ist das nicht unmöglich! Der kirchliche Zölibat ist kein Dogma. Die Schrift verlangt ihn nicht. Das ist sogar sehr einfach. Wir nehmen eine Feder, wir unterzeichnen ein Schriftstück, und morgen dürfen alle Priester, die es wünschen, heiraten. Aber wir können es nicht. Der Zölibat ist ein Opfer, das die Kirche sich freiwillig, hochherzig, heldenhaft auferlegt hat. Neulich sagte ich den Kardinälen: ›Sollen wir zugeben, daß man bald nicht mehr sagen können wird: *Unam, sanctam, castam ecclesiam?* Nein, das können wir nicht tun.‹«

›Ich glaube an die eine, heilige, keusche Kirche‹ – gilt dieses Bekenntnis heute wirklich noch für alle?

Erlebt nicht gerade die Kirche Roms, daß ihr die Jugend den Rücken kehrt und mit dieser die Zukunft? Daß immer weniger Männer Priester werden wollen? Ja, daß deshalb in den nächsten zehn Jahren mit Einbußen von Tausenden von Priestern gerechnet werden muß?

Erlebt nicht die Kirche Roms ihre Ablehnung sogar durch die eigenen gültig geweihten Priester, so daß Papst Johannes Paul II. die Dispensregelung straffte und – inoffiziell läßt man's verlauten – zehntausend Anträge auf Amtsenthebung auf Eis legte?

›*Corpus*‹, eine amerikanische Vereinigung der verheirateten und aus dem Amt geschiedenen Priester, schätzt weltweit rund hunderttausend Amtsniederlegungen bis 1983. Einhunderttausendmal Nein zur katholischen Amtskirche, einhunderttausendmal Ja zur Priesterfrau.

Warum aber diese Ablehnung?

Das in Augsburg erscheinende Magazin ›Weltbild‹ startete unter seinen Lesern eine Umfrageaktion zum Thema: ›Glaube, Leben, Pfarrgemeinde‹ und veröffentlichte die Ergebnisse am 4.11.1988. Zehntausend hatten mitgemacht. Heraus kam, daß zwar über 85 Prozent der Befragten an Gott und Jesus Christus glauben, die Kompetenz der sogenannten Amtskirche jedoch mit Distanz und Skepsis bewertet wird. Vor allem der Pfarrer, der Priester und mit ihnen der Papst stehen im Kreuzfeuer der Kritik.

Auf die Frage, ob der Pfarrer noch Mittelpunkt der Gemeinde sei und auf welchen Gebieten man ihn überhaupt noch für maßgeblich ansehe, zeigte sich, daß 85 Prozent der Gottesdienstbesucher den Pfarrer als brüderlichen Mitchristen bzw. als Seelsorger erfahren. In Sachen Lebenserfahrung hingegen sieht es schon trüb aus.

Nur 13 Prozent der befragten Frauen trauen dem Priester in Ehe- und Familienkrisen die Fähigkeit zu beraten und zu helfen zu. Männer würden ihn immerhin noch zu 18,5 Prozent befragen.

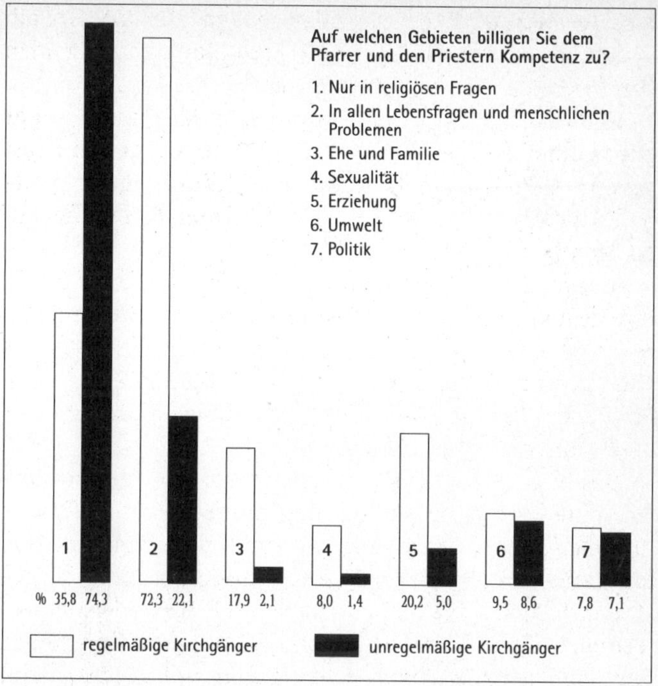

Noch geringer wird die Kompetenz und Vertrauenswürdigkeit des Pfarrers oder Priesters in puncto Sexualität eingeschätzt.

»Was weiß denn der davon? Der darf doch nicht und hat noch nie und vielleicht könnt' er ja nicht mal mehr, selbst wenn er wollte«, Ulrike aus Freiburg spricht sicher vielen aus dem Herzen. Wie vielen, verdeutlicht eine ›Weltbild‹-Grafik.

Trotz der im großen und ganzen positiven Einstellung zum Seelsorgedienst des katholischen Pfarrers entlarven die Antworten von zehntausend Interviewpartnern das Bild der Institution Kirche gründlich.

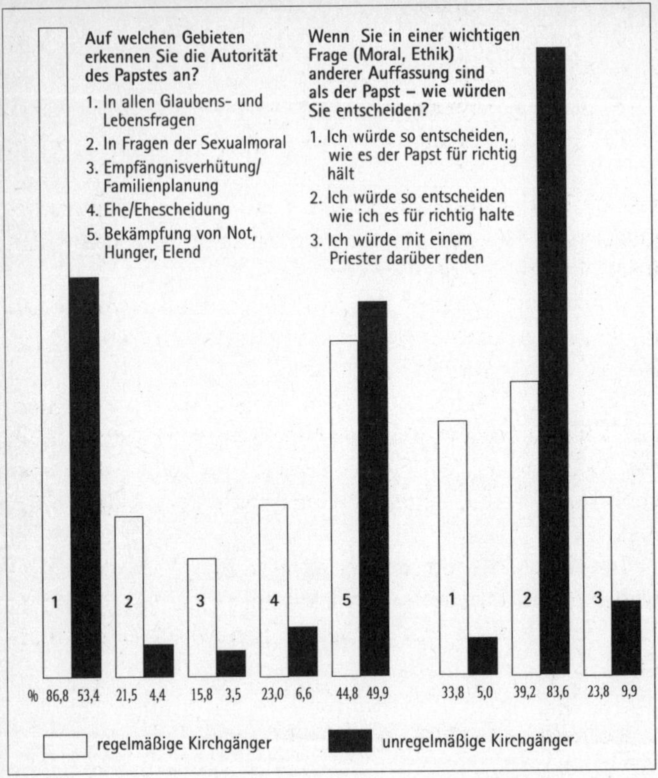

Auf die Frage: »Was hat Sie irgendwann gestört oder stört Sie permanent an der Kirche?« antworteten die Befragten:

- Verhalten eines Pfarrers 31,3 %
- Autoritäres Verhalten der Kirche 25,7 %
- Weltferne der Kirche 20,9 %
- Viele Worte, keine Taten 17,9 %
- Hierarchie 14,2 %

- Zuviel Geld/Pomp 13,2 %
- Liturgiereform 11,1 %
- Machtanspruch der Kirche 9,5 %
- Schlechte Predigten 7,8 %
- Stellung zur Frau 5,7 %

Das Verhalten des Pfarrers und das weltferne Autoritätsgebaren der Kirche nehmen die ersten Ränge unter den insgesamt zehn Kritikpunkten ein.

Entsprechend dieser Wertung fallen die Antworten auf die Fragen nach der Autorität des Papstes aus. Ein Schaubild verdeutlicht die Meinung.

Auf einen Nenner gebracht, bedeuten diese Zahlen, daß katholische Christen zwar nach wie vor Interesse an der Richtschnur des Papstes haben, im Zweifelsfall aber eher nach ihrem eigenen Gewissen entscheiden würden.

Deutlich tritt diese Meinungsfreiheit bei der Auswertung eines weiteren Fragekataloges zu Tage, welcher sich vornehmlich mit aktuellen Streitthemen beschäftigt.

- *Sollten Mädchen Ministranten sein?*

75,9 % ja 24,1 % nein

- *Sollten Priester sich durch eine eigene Kleidung von den übrigen Gläubigen abheben?*

57,3 % ja 42,7 % nein

- *Sollten Priester heiraten dürfen?*

49,7 % ja 50,3 % nein

- *Sollten Frauen Diakonin werden dürfen?*

  61,6 % ja 38,4 % nein

- *Sollte jemand, der schuldlos an seiner Ehescheidung ist und wieder geheiratet hat, zu den Sakramenten zugelassen werden?*

  88,6 % ja 11,4 % nein

- *Halten Sie eine ›Ehe auf Probe‹, wie sie von Jugendlichen oft praktiziert wird, für:*

mit dem Glauben vereinbar:	17,7 %
bedenklich:	48,6 %
sündhaft:	33,7 %

- *Sollte die derzeitige Gestaltung der Eucharistiefeier (Liturgie) beibehalten oder wieder geändert werden?*

Beibehalten:	83,0 %
Geändert werden:	17,0 %

Klarer und eindeutiger geht es nicht! Toleranz ist angesagt, und zwar sowohl in puncto Gleichberechtigung zwischen Mann und Frau, als auch bezüglich der Ehe und des Zölibats. 49,7 Prozent von zehntausend beantworteten Fragebögen votierten im November 1988 für eine Priesterehe. Geht man davon aus, daß das nur in katholischen Kirchen ausliegende Magazin, das in der überwiegenden Mehrheit praktizierende Katholiken erreicht, sieht dieses Votum für die Priesterehe mit nahezu 50 : 50 Prozent mit Sicherheit ungünstiger aus als die Realität.

Diese Behauptung stützen Meinungsumfragen vergangener Jahre. So hatte zum Beispiel ›Der Spiegel‹ 1967 eine ähnliche Erhebung wie ›Weltbild‹ durchgeführt. Zur Frage ›Was glauben die Deutschen‹ bekannten sich 69 Prozent der Katholiken und 95 Prozent der Protestanten für eine Priesterehe.

Eine Befragung von Münchener Theologiestudenten im Jahre 1968 ergab 94,4 Prozent gegen den Zölibat.

1970 sprachen sich 53,4 Prozent der Geistlichen im Bistum Passau für die Ehe aus, ebenso 67,47 Prozent der Leser des Magazins ›Weltbild‹.

Ja, selbst eine von der Deutschen Bischofskonferenz in Auftrag gegebene Studie über ›Priester in Deutschland‹ ergab 1970 eine Mehrheit von 51 Prozent gegen den Pflichtzölibat. Vielleicht liegt in diesem Ergebnis die Ursache verborgen, warum Zahlen von Anfang der achtziger Jahre zwar existieren, jedoch nie von der Deutschen Bischofskonferenz freigegeben wurden?

Doch damit nicht genug. Seit den Diskussionen um den Zölibat im Zusammenhang mit der Bischofssynode 1971, auf denen nahezu die Hälfte, nämlich 44 Prozent der Teilnehmer für eine Priesterehe verheirateter Männer, die sich in Beruf und Familie bewährt haben (*viri probati*), votierten, nahmen Ende 1991 erstmals wieder zwei hohe deutsche kirchliche Würdenträger offiziell dazu Stellung. So erklärte der Bischof von Berlin, Kardinal Georg Sterzinsky, zwar ›unmißverständlich‹, »daß ich für die Beibehaltung des Zölibates bin, weil ich darin eine sinnvolle Lebensform für den Priester sehe«. Gleichzeitig aber unterstrich er, daß es vom Glauben her nicht ausgeschlossen werden könne, in Zukunft verheiratete Priester zum Dienst an den Altar zu rufen. Denn: »Was im ersten Jahrhundert der Kirche möglich war und im zweiten Jahrtausend in der orthodoxen Kirche möglich ist, kann im dritten Jahrtausend nicht unmöglich sein.« Ja, Sterzinsky ging sogar noch einen Schritt weiter, indem er auch Frauen im Priesterberuf einkalkulierte. Er kenne jedenfalls »keine zwingenden dogmatischen Gründe, die das Priestertum für Frauen ausschließen würden« (Bistumszeitung Münster, Nr. 47/24.11.91; Stimmen der Zeit, 1/1992; FAZ 8.11.91).

Walter Kasper, der Bischof von Rottenburg-Stuttgart, dachte zum gleichen Zeitpunkt ebenfalls laut über den Zölibat nach. Er kann sich demnach einen verheirateten Klerus ›nicht nur unter dem Gesichtspunkt Priestermangel‹ vorstellen, sondern auch, weil eine ›neue Erfahrungsdimension‹ als Bereicherung für Kirchen und Gemeinden hinzukäme, wenn mit den Freuden und Nöten des Familienlebens vertraute Priester den zölibatär lebenden zur Seite stünden (Bistumszeitung Münster, Nr. 47/24.11.91; Stimmen der Zeit 1/1992).

Der Jugend von heute dauert das Nachdenken und der vorerst nur diskutierte Wandel der katholischen Kirche, welcher Menschen, die nicht in Jahrtausenden rechnen, im Rhythmus des berühmten Echternacher Prozessions-Springens zwei Schritte vor und drei zurückzugehen scheint, freilich viel zu lange.

In der ZDF-Sendung ›Null Bock auf Kirche‹ von Maria von Nohe (1989) sagten nach ihrer Einstellung zur Kirche befragte Jugendliche zum Beispiel:

- »Die Kirche ist mir zu alt, nicht modern genug.«
- »Ich kann mich mit der Kirche nicht identifizieren.«
- »Für mich existiert der Gott, aber nicht die Kirche. Die Kirche ist für mich nichts wert.«
- »Da fühlt man sich irgendwie ausgeschlossen.«

Ausgeschlossen – das ist der Punkt. Erstarrt in uralten Traditionen und Riten, scheint die Kirche Roms nicht mehr unantastbar, sondern lebensfremd. Die Probleme der Gegenwart werden unter dem Mantel der Vergangenheit erdrückt. Die Kirche schließt ihre Gemeinde aus. Und die Gemeinde? Hier schließt sich der Kreis, kehrt an den Anfang dieses Kapitels zurück. Die Gemeinde verschließt sich der Kirche.

Erst wenn die Amtskirche auf den Ausbau ihres (Macht-)-Apparates verzichtet, erst wenn der Klerus ein Leben nach dem Vorbild des Evangeliums (wieder-)aufnimmt, erst dann wird es für 79 Prozent der ›Weltbild‹-Leser vom 4.11.88 der Kirche Roms gelingen, in die Mitte der Glaubensgemeinschaft zurückzukehren und wieder mehr Menschen für ihre Sache zu gewinnen.

Es geht doch nicht, daß ein Junge soviel lügen muß

Kürzlich hatte ich einen Schultest, und der Lehrer fragte mich nach meinem Vater. Da wurde ich sehr aufgeregt, denn mein Vater ist Priester, aber meine Mutter hat mir verboten, etwas darüber zu sagen. Ich wußte nicht, was ich antworten sollte.

Ganz schnell überlegte ich und sagte dann, mein Vater wäre Arzt.

Da wollte der Lehrer auch noch wissen, wo.

Mir wurde ganz benebelt, dann sagte ich: in Köln.

Hoffentlich fragt er da nicht nach. Hoffentlich habe ich meine Antwort richtig gesagt.

Ich will meinem Vater keinen Ärger machen.

Bei dem folgenden Test war ich so aufgeregt, daß ich lauter Blödsinn schrieb. Jetzt glaubt der Lehrer, ich wäre ziemlich dumm. Das geht doch nicht, daß ein Junge soviel lügen muß.

Florian (12 Jahre)
(Heimliches Priesterkind)

Priester ohne Zölibat?

Das kanonische Kirchenrecht gilt ausschließlich für die römische (bzw. lateinische) Kirche. Daher sind ihm auch nur die dieser Kirche angehörenden Christen zu Gehorsam verpflichtet. Auch in der Frage des Zölibats.

Die römisch-katholische Kirche ist aber nicht *die* Kirche! Als Gemeinschaft der christlichen Gläubigen ist die Kirche Heimat auch für die katholischen Ostkirchen sowie die reformierten Kirchen. Beide Teil-Kirchen sind frei in der Gestaltung ihrer rechtlichen Ordnung. Einer der schwerwiegendsten Unterschiede zur römisch-katholischen Gesetzgebung basiert auf dem Zölibat.

Die katholischen Ostkirchen kennen Zölibat und Eheeinschränkungen nur für ihre Bischöfe und Ordensleute. Den Pflichtzölibat für Priester gibt es nicht. Daher sind die meisten von ihnen verheiratet.

In den nichtkatholischen christlichen Kirchen existiert der Zölibat in keiner Form. Fast alle Amtsträger haben Familie, sind verheiratet.

Es gibt sie also, die engagierten Kirchenleute ohne Pflichtzölibat. Täglich leben sie ihre Aufgabe als Mensch in der Kirche gemeinsam mit derjenigen als Ehepartner. Eine Aufgabe, die offensichtlich erfüllbar ist und gelingt. Und doch vertritt der Papst als oberster Bischof seiner Kirche kraft des kanonischen Gesetzes die Auffassung, ein Kleriker ›hange‹ Christus aufgrund des Zölibats ›ungeteilten Herzens an‹ und könne ›sich dem Dienst Gottes und der Menschen freier widmen‹ (CIC, 1983, Can. 277 § 1).

Sind Kirchenleute ohne Zölibat etwa solche von minderer Qualität?

Leben ihre Brüder und Schwestern im Zölibat beweisbar und bewiesenermaßen besser wie auch unserem gemeinsamen Herrn und Gott wohlgefälliger?

Wohl kaum.

Weit eher sollte das Beispiel dieser gelebten Priesterehen Anlaß für die römisch-katholische Teil-Kirche sein, ihre jahrhundertealte Erstarrung aufzubrechen und das Leben in seiner Ganzheit zu bejahen. Einer Ganzheit nämlich, die den Menschen sowohl als geistbestimmtes wie auch sexuell aktives Geschöpf Gottes annimmt. Und zwar nicht nur im Lippenbekenntnis, sondern durch das äußerlich sichtbare Zeichen einer Änderung des Zölibatsgesetzes.

Eine erfüllte Sexualität und harmonische Ehe darf auch in den Augen des Papstes und seiner Kirchenoberen nicht länger gleichbedeutend sein mit der Minderwertigkeit des Menschen und daraus folgender Unfähigkeit, Gott zu dienen.

Nur und erst wenn sexuelle Enthaltsamkeit vom Nimbus des Heiligmachens befreit und keine Pflicht des Priesters mehr ist, kann der Zölibat das sein, als was das Kirchengesetz ihn längst bezeichnet: ›Eine besondere Gabe Gottes‹ (CIC, 1983, Can. 277 § 1), ein Geschenk. Nicht aber von Menschen erdachtes und mit Gewalt durchgesetzes Gesetz.

Sehr geehrter Papst

Sehr geehrter Papst!

Mein Vater ist laisierter Priester. Wenn mein Vater meine Mutter nicht aus lauter Liebe geheiratet hätte, gäbe es uns nicht.

Vielleicht werden mein Bruder und ich ja mal wichtige Leute! Wollen Sie nicht zulassen, daß die Priester heiraten dürfen? Ich fände es gut, und Sie hätten mehr Priester! Vielleicht wollen Sie sich auch noch einmal überlegen, ob Frauen nicht Priesterinnen werden können. Ich überlasse es Ihnen! Mein Vater hat aus lauter Liebe zu meiner Mutter den Dienst in der Kirche aufgegeben. Er bereitet so gern die Messe vor! Heute hat mein Vater seinen 19. Weihetag. Wir haben ihn ganz fest umarmt, und heute feiern wir mit unseren Freunden. Für Gott und uns bleibt er immer Priester! Dieses Jahr gehen mein Bruder und ich zur Erstkommunion. Das Wichtigste, was wir gelernt haben und immer behalten sollen, ist: ›Gott liebt alle Menschen unendlich.‹

Miriam und Gabriel (7 Jahre)

Heinz-Jürgen Vogel: Auch verheiratete Priester stehen zum Dienst bereit

Heinz-Jürgen Vogels, Dr. theol., geb. 1933. 1952-1959 Studium in Bonn, München und Köln. 1959 Priesterweihe in Köln, 1959-1964 Seelsorgetätigkeit und Studium, 1964 vom Zölibatsgesetz dispensiert, 1970 zur Ausübung des priesterlichen Amtes wieder zugelassen, 1967-1979 wissenschaftlicher Assistent bei der Kölner Edition der Werke des hl. Albertus Magnus, 1975 Promotion, 1979 zivile Heirat, Entlassung aus dem kirchlichen Dienst, 1980-1982 wissenschaftlicher Mitarbeiter im alt-katholischen Seminar der Universität Bonn, 1985 Mitglied des Präsidiums der Synode der verheirateten Priester in Ariccia bei Rom.

Lieber Papst Johannes Paul II.,
im Vertrauen darauf, daß es Ihnen mit der Versöhnung innerhalb der Kirche ernst ist, um die Sie im Februar vergangenen Jahres die ganze Kirche beten ließen, möchte ich Ihnen stellvertretend für die 6.000 verheirateten katholischen Priester Deutschlands und indirekt für die 80.000 Priesterehepaare in aller Welt die Hand zur Versöhnung hinstrecken.

Sie meinen immer noch, wie ein Teil der Gläubigen, uns vorwerfen zu müssen, daß wir treulos gewesen seien, weil wir unser Zölibatsversprechen nicht gehalten hätten. Wir glauben unsererseits, daß uns Unrecht geschehen ist, weil wir nicht Christus die Treue gebrochen haben, sondern ihm so dienen wollten, wie der uns berufen hat, nämlich in der Ehe.

Vielleicht können wir die gegenseitigen Vorwürfe einmal beiseite lassen und allein auf Christus schauen, um uns von ihm sagen zu lassen, was die Wahrheit ist in dieser Frage. Hat er nicht gesagt: ›Wie mich der Vater gesandt hat, so sende ich euch‹?[3] *Das hat er zu verheirateten und unverheirateten Aposteln gesagt. Und nur zu sehr wenigen Menschen sagte er, daß sie die Ehelosigkeit fassen könnten: ›Wer es fassen kann, der fasse es.‹*[4]

Die Kirche hat sehr lange gebraucht, um zu verstehen, daß das Charisma der Ehelosigkeit die ›Gabe, sich selbst zu verschneiden um des Himmelreiches willen‹[5]*, tatsächlich nur wenigen gegeben ist, wie der Herr sagt: ›Nur die fassen es, denen es gegeben ist.‹*[6] *Das Konzil von Trient hat 1563 zum erstenmal anerkannt, daß der Zölibat eine ›Gabe‹ ist.*[7] *Auch das Zweite Vatikanum hat das 1965 zugegeben*[8]*, obwohl es den römisch-*

---

3 Joh 20, 21.
4 Mt 19, 12 d.
5 Mt 19, 12 c.
6 Mt 19, 11.
7 Sessio 24 c. 9 (D979).
8 Presbyterorum Ordinis 16.

katholischen Priestern – nicht den ostkirchlichen – gleichzeitig das ›Gesetz‹ des Zölibats wieder einschärfte. So steht im neuen Codex, dem kirchlichen Gesetzbuch, das Sie, Papst Johannes Paul, herausgegeben haben, ›Gesetz‹ und ›Gabe‹ des Zölibats unvermittelt nebeneinander: ›Die Kleriker sind zum Zölibat verpflichtet, der eine besondere Gabe Gottes ist.‹[9]

Wie paßt das zusammen? Eine Gabe Gottes kann man ja nicht als Pflicht auferlegen. Wen verpflichtet die Kirche denn da? Den Priester? Wie soll er denn in den Besitz der Gabe Gottes kommen? Oder gar Gott? Der von Ihnen sehr geschätzte Prälat des Opus Dei, *Alvarze Portillo, hat 1967 sehr richtig geschrieben: ›Die Kirche kann den Zölibat nicht durch Gesetz auferlegen, weil sie nicht geben kann, was sie nicht hat.‹*[10]

Für dieses Problem gibt es zwei Lösungen. In Trient und auf dem Zweiten Vatikanum haben die Bischöfe gesagt: ›Man soll um die Gabe beten, wenn man sie nicht hat.‹[11] *Gibt aber Gott allen Priestern die Gabe der Ehelosigkeit, wo er doch im Neuen Testament gesagt hat, daß ›nicht alle diese Sache fassen‹*[12]*, wo im Neuen Testament steht, daß ›die Apostel ihre Ehefrauen mitgeführt haben‹ auf den Missionsreisen*[13] *und wo im Neuen Testament auch steht, daß ›der Priester nur einmal verheiratet sein soll‹*[14]*, also doch verheiratet sein darf? Kann man gegen den im Neuen Testament erkennbaren Willen Gottes anbeten?*

Diese Lösung scheidet also bei näherem Zusehen aus. Deswegen hat man bald nach dem Zweiten Vatikanum eine andere Lösung gefunden, die schon Alvarez Portillo vorschlug: Die Kirche nimmt dann eben nur die zum Priestertum an, die die

---

9 Canon 277 1 CIC/1983.
10 Seminarium 19 (Rom 1967) 725.
11 A.a.O. (Anm. 5 und 6).
12 Mt 19, 11.
13 1 Kor 9,5.
14 A.a.O. 1 tim 3,2; Tit 1,6.

Gabe der Ehelosigkeit bereits empfangen haben.[15] *Das schreibt auch Kardinal Höffner in seinen zehn Thesen zum Zölibat*[16], *und das haben auch Sie, Papst Johannes Paul, in Ihrem Gründonnerstags-Brief an alle Priester aus dem Jahr 1979 geschrieben.*[17] *Das führt aber zu geradezu ungeheuerlichen Konsequenzen: Macht sich damit die Kirche nicht zum Richter über Gott?*

Gott beruft viele Menschen zum Priestertum, und die Kirche, wenigstens die römisch-katholische Kirche, weist alle vom Priestertum ab, die nicht noch eine zweite Berufung von Gott bekommen haben, die zum Zölibat! Daß die Episkopoi, die Aufseher, also die Bischöfe die Vollmacht haben, zu erkennen und anzuerkennen, ob jemand von Gott berufen ist, das ist unbestritten. Aber haben sie auch die Vollmacht, von den eindeutig von Gott Berufenen, die an ihrer Neigung, Eignung und den Regeln des Neuen Testaments für die Annahme zu erkennen sind, eine Auswahl zu treffen nach einem Kriterium, das im Neuen Testament nicht steht?

Sind die Eheleute denn wirklich nicht geeignet? Sind sie nicht gut genug? Ist die Ehe nicht ein Sakrament? Hat Gott nicht im Neuen Testament deutlich gezeigt, daß er auch Eheleute als Gemeindeleiter haben will? War die Heiligste der Heiligen, Maria, nicht verheiratet, wenn auch als Jungfrau? Hat es nicht immer in der katholischen Kirche verheiratete Priester gegeben, von den Aposteln bis heute? Stimmen nicht Schrift und Tradition, also die Offenbarung und die Praxis der Kirche in Glaube und Leben, darin überein, daß Gott verheiratete und unverheiratete Leiter der Gemeinden will? Will sich die römisch-katholische, d. h. die lateinische Westkirche, allen Ernstes

---

15 A.a.O. (Anm. 8).

16 Um des Himmelreiches willen. Über den Zölibat der Priester. Zehn Thesen des Erzbischofs von Köln, Kardinal Josef Höffner. Presseamt des Erzbistums Köln, 1970 und öfter, These III.

17 AAS 72 (1980) 1132, n. 9.

bewußt gegen Gott auflehnen und seine Berufungen zu Priestertum und Ehe ablehnen? Diese Konsequenz können Sie nicht wollen, verehrter Papst Johannes Paul!

Aber dann geben Sie doch bitte auch der Wahrheit die Ehre und geben Sie zu, daß das Zölibatsgesetz, das seit dem Mittelalter alle Priester zur Ehelosigkeit verpflichtete, auf einem gutgläubigen Irrtum beruhte. Es fing damit an, daß die Priester in ihrer Ehe enthaltsam leben sollten, weil man glaubte, die Ehe mache ›unrein‹. Schließlich verbot das Zweite Laterankonzil 1139 die Ehe ganz, obwohl das nie richtig gelungen ist – bis heute leben viele Priester in heimlicher Ehe –, und als man entdeckte, daß gar nicht alle Priester das Zölibatsgesetz halten können, weil sie nicht alle die Gabe dafür von Gott bekommen, da interpretierte die Kirchenleitung das Gesetz einfach um und erfand den Ausweg, der Zölibat sei eben ein Auswahlprinzip. Das ist auch nach dem neuen Gesetzbuch der Kirche ein ›Frevel gegen Gott‹: ›Es ist ein Frevel (nevas), jemanden vom Empfang der Weihen abzuhalten, der kanonisch dazu geeignet ist.‹[18] Die Verheirateten sind nach dem Kanon der Heiligen Schrift, nach der Tradition des ersten Jahrtausends und nach den Kanones der Ostkirche geeignet. Will sich die westliche Kirchenleitung eines Frevels gegen Gott schuldig machen? Oder glaubt sie ernsthaft, Gott berufe im Osten nach anderen Regeln als im Westen? Oder ist er ein parteiischer Gott, der im Westen die Gabe der Ehelosigkeit häufiger gibt als im Osten?

All das wären absurde Konsequenzen. Also ist das Problem des Zölibatsgesetzes immer noch ungelöst.

Tatsächlich verwickelt sich die römisch-katholische Kirchenführung, für die Sie, Papst Johannes Paul, letztlich verantwortlich sind, in immer größere Widersprüche. Ihre Vorgänger, Papst Johannes XXIII. und Paul VI., haben großzügig Dispense vom Zölibatsgesetz gewährt, weil sie einsahen, daß eben doch

---

18 Canon 1026 CIC/1983.

nicht alle Priester die ›Gabe der Ehelosigkeit‹ erhalten haben. Sie selbst hatten sofort nach Ihrem Amtsantritt große Sorge, daß die Kirche an diesen Dispensen verbluten würde, weil der Strom der zölibatsunfähigen Amtsträger gewaltige Ausmaße annahm: Bis 1984 sind 46.302 Priester mir römischer Dispens aus dem Amt geschieden, 80.000 sind es insgesamt. Sie wollen diesen Strom verständlicherweise zum Versiegen bringen. Hatten aber nicht auch die Päpste Johannes XXIII. und Paul VI. recht, wenn sie den Priestern die Freiheit zur Ehe zurückgaben? Auch Sie haben recht, wenn Sie den Priestern ihr Amt erhalten wollen! Also haben Sie alle drei recht, und es wäre das einzig Konsequente – wenn man an die Führung aller Päpste durch den Heiligen Geist glaubt –, daß man den Priestern, die nicht die Gabe der Ehelosigkeit von Gott empfangen haben, sowohl das Amt wie die Ehe gestattet. Die mindestens 80.000 Priester, die seit 1964 mit oder ohne päpstliche Dispens geheiratet haben, stellen ein Fünftel des gesamten katholischen Klerus dar! Können Sie wirklich meinen, diese riesige Zahl von Priestern, die doch engagiert und hochmotiviert und ausgesiebt waren, hätten alle nicht gebetet um die Gabe der Ehelosigkeit? Muß die Kirchenleitung nicht einsehen, daß Gott das Gebet um die Gabe nicht bei jedem Priester erhört, wie Sie gerne sähen? Wenn Sie sich durch das Neue Testament noch nicht haben überzeugen lassen, werden Sie dann nicht die Tatsachen überzeugen?

Wenn 80.000 geheiratet haben, werden Sie sicher auch nicht sagen, daß die Seminarregenten und Spirituale dafür verantwortlich seien, weil sie so schlecht über die Fähigkeit der Seminaristen zum Zölibat geurteilt und so viele Kandidaten angenommen haben, die tatsächlich nicht die Gabe der Ehelosigkeit hatten. Es bedeutet ganz einfach, daß Gott mehr, viel mehr Menschen zum Dienst als Priester beruft, als er zum Zölibat beruft.

Sie kommen um das Eingeständnis nicht herum, daß die Westkirche jahrhundertelang einen großen Teil der Priester durch den Pflichtzölibat überfordert hat. Sie waren ja tatsächlich in Mainz 1980 so demütig und freimütig, eine Schuld der katholischen Kirche an der Glaubensspaltung des 16. Jahrhunderts zuzugeben. In Assisi, beim Friedensgebet der Religionen im Oktober 1986, haben Sie auch mutig und liebenswürdig anerkannt, daß die katholische Kirche nicht immer sehr friedfertig gewesen ist. In jeder Eucharistiefeier schlagen wir uns alle zu Anfang an die Brust und bekennen, ›daß wir gesündigt haben in Gedanken, Worten und Werken‹. Kein Christ vergibt sich dadurch etwas, und auch Sie, verehrter Papst Johannes Paul, würden nichts von Ihrer Autorität verlieren, wenn Sie eine Schuld der Kirchenleitung an dem Auszug so vieler Priester aus dem Amt eingestehen würden: Das Gesetz, das alle Priester zum Zölibat verpflichtet, kann gar nicht von allen gehalten werden, weil nicht alle die Gabe der Ehelosigkeit von Gott empfangen.

Und das soll wohl auch so sein. Christus hat sicher mit Absicht die Leitung der Kirche nicht dem Apostel Johannes, sondern Petrus übertragen, der zwar seine Frau zeitweilig ›verlassen‹ hat, wie alle Jünger[19], der sie aber dann wieder mitgenommen hat auf seine Missionsreisen, wie auch alle anderen Apostel.[20] Ehelose müssen die Kirche zwangsläufig einseitig leiten. Christus aber wollte keine Einseitigkeit, sondern Katholizität, die Fülle. Verheiratete Amtsträger haben der Kirche auch etwas zu sagen. Sie machen Erfahrungen, die Zölibatäre nicht machen können und dürfen. Sie vertreten den Wert der Heiligkeit der Ehe und können vielleicht manchem Ehepaar ein Vorbild sein. Ohne die Ehe werden die meisten Menschen nicht reif und nicht liebesfähig. Die begnadeten Ehelosen wie Franz von Assisi oder heute Mutter Theresa können selbstverständlich auch ohne Ehe lieben, ich gebe zu, vielleicht sogar weitherziger oder wenigstens weiträumiger als manche Eheleute – aber sie

---

19 Mt 19, 27.
20 1 Kor 9,5.

waren gerade nicht Priester! Es gibt freilich auch viele echte Charismatiker der Ehelosigkeit unter den Priestern. Gott gibt das Charisma einigen Priestern, ganz gewiß; aber eben nicht allen. Ehe und Ehelosigkeit sind Gnadengaben von Gott, beide groß, nur verschieden.

Wir haben alle in unserer Ehe die Erfahrung gemacht, daß wir hingabefähiger und einsatzbereiter, feinfühliger geworden und den Menschen nähergekommen sind. Die Ehe ist eine wirkliche Berufung, genau wie der Zölibat, und wir sind dieser Berufung gefolgt. Unser Leben ist ehrlicher geworden. Wie viele Priester müssen ihre ›Ehe‹ versteckt leben! Wie leiden die Frauen darunter! Ist es nicht unwürdig, daß die Kirchenleitung lieber solche heimliche Ehen erträgt und für die Kinder Alimente zahlt, damit eine vielfältige Heuchelei in Kauf nimmt, die Christus so sehr geißelt,[21] *als daß sie die Untragbarkeit des Gesetzes für viele Priester zugibt? Wenn die Ehe allen, die dazu berufen sind, gestattet wird, wird es auch keine Skandale mehr geben. Der katholische Patriarch Maximos IV. Saigh von Damaskus hat in seiner inzwischen berühmt gewordenen Rede für das Zweite Vatikanum, die er nicht halten durfte, darauf hingewiesen, daß es in der katholischen Ostkirche, die die apostolische Tradition der Priesterehe neben dem mönchischen Zölibat bewahrt hat (und deren oberster Hirte Sie auch sind), kaum Skandale gibt.*[22] *Es ist auch nicht wahr, daß viele von den jüngst geschlossenen Priesterehen im Westen scheitern. Weitaus die meisten gelingen, sind stabil und haben eine große missionarische Ausstrahlungskraft. Bei den wenigen, die sich trennen und dann zölibatär wieder in den priesterlichen Dienst zurückkehren möchten,*[23] *muß man annehmen, daß sie den*

---

21 Lk 12,1.

22 Der Seelsorger 37 (Wien 1967) S. 303-306, hier 305.

23 Le attivita della Santa Sede (Rom 1985). Bericht der Glaubenskongregation. KNA-Meldung vom 20. Juli 1986.

Schmerz der Trennung vom Priestertum nie verwunden haben. Auch das ist verständlich, denn nach dem Neuen Testament hätten sie ihr Priestertum ja auch nicht aufzugeben brauchen. Ihre Ehe hätte also an der Sehnsucht nach dem Verlorenen nicht zu scheitern brauchen, wenn sie beides zusammen gehabt hätten. Ich kenne keinen Priester, der von sich aus auf sein Priestertum verzichtet hat; sie wollten nur ihrer wahren Berufung entsprechend heiraten, und dann hat die Kirchenleitung ihnen das Priestertum genommen. Das empfinden wir als eine Ungerechtigkeit, weil doch zur gleichen Zeit konvertierte anglikanische, evangelische und altkatholische Geistliche als Verheiratete ihr katholisches Priestertum auch im Westen ausüben dürfen. Was dem einen recht ist, ist dem andern billig.

Bedenken Sie bitte, daß wir alle gültig geweihte Priester sind. Damit hat Gott die Hand auf uns gelegt. Wir gehören ihm. Er hat den Zölibat nicht von uns gefordert, sondern nur die lateinische Westkirche. Wir wollen Gott weiterhin gehören, mit und in der Ehe, zu der Gott uns berufen hat, mit unseren Familien, die wir als Geschenk Gottes erleben. Hat Gott nicht ein Recht auf uns? Haben die Gemeinden nicht ein Recht auf uns?

Die verheirateten Priester sind zum Dienst bereit. Viele sind als Religionslehrer oder in Basisgemeinden tätig. Die meisten würden gerne ihren vollen Beruf wieder ausüben. In aller Welt haben sie sich zu Gruppen zusammengeschlossen, sie haben sich sogar auf internationaler Ebene gesammelt und ihren Glauben an die ›Vereinbarkeit von Priestertum und Ehe‹ im Dokument der Synode von Ariccia, nahe Ihrem Sommersitz in Castel Gandolfo, bekannt, im August 1985. Sie hätten eigentlich erkennen müssen, daß diese Sammlungsbewegung von Jesus ausgegangen ist: ›Wer nicht mit mir sammelt, der zerstreut.‹[24] *Sie wollen sicher nicht zerstreuen, sondern sammeln: Können Sie sich dann wirklich nicht vorstellen, daß ein Gespräch mit*

---

[24] Mt 12, 30.

den verheirateten Priestern sinnvoll, im Sinne Jesu wäre? Die Delegation der Synode von Ariccia haben Sie nicht empfangen, Boris Becker haben Sie empfangen. Mit den verheirateten Priestern, die ihrem Gewissen gefolgt sind, haben Sie sich bisher nicht versöhnen wollen, mit Ali Agca, der Ihnen nach dem Leben trachtete, haben Sie sich versöhnt. Eine ganze Armee, eine Kleinstadt voll verheirateter Priester, jetzt zusammengeschlossen in einer ›Internationalen Föderation‹, steht bereit zum Dienst in der Kirche, für Gott und für die Menschen. Werden Sie ihre ausgestreckte Hand ergreifen?

(Entnommen aus: Beten allein genügt nicht, Briefe an den Papst, Hg. von Thomas Seiterich, rororo aktuell 12 140, Reinbek 1987)

Lieber Papst

Seit 1 Woche weiß ich, wer mein Papa ist. Ich wußte nicht, aber ich hatte ihn immer gesehen. Meine Mama tat so, als wären sie verheiratet. Und eines Tages kam ich drauf. Ich fragt ihn, und er sagte: Ja. Mein Papa ist ein Priester, und ich und meine Familie hätten gerne, daß Priester heiraten dürfen. Und meine Mama und mein Papa haben nicht mit Hochzeitskleid und so geheiratet, sondern mit Liebe.

Von Gabriele, Claudia, Viktoria und Doris (8 Jahre)
(wörtlich nach Original)

Zurück durch Ehedispens

Nur drei Gründe führt die römisch-katholische Kirche an, die es verbieten, eine Ehe vor Gott zu schließen:

1. Heilige Weihen;
2. Öffentliche und ewige Keuschheitsgelübde in einem dem päpstlichen Recht unterstehenden Orden;
3. (Schwer-)Verbrechen wie zum Beispiel Mord.

Da aber bei Gott nichts unmöglich ist und der Papst im Namen Gottes machtbefugt ist, stellvertretend zu handeln, gibt es auch für diese drei ›Ehehindernisse‹ eine Befreiung. Eine solche Heiratserlaubnis nennt man ›Ehedispens‹.

Das aus Kirchensicht schwerwiegendste Ehehindernis ist eine empfangene Priesterweihe. Während nämlich der Ortsordinarius in Notfällen oder bei Todesgefahr vom Ehehindernis der ewigen Gelübde, des Verbrechens und sogar der Diakonatsweihe lossprechen darf, ist die Dispens von der Priesterweihe allein dem Papst vorbehalten.

Sollte der Papst es für richtig befinden – und so etwas gab es schon! –, einem geweihten Priester die Ehe zu erlauben, heißt das nicht, daß Sex erlaubt ist. Ein geweihter Priester muß ja zölibatär leben! Und das ist ein absolutes Sex-Verbot, innerhalb wie außerhalb einer Ehe. Ohne eine zweite Dispens, nämlich die Befreiung von der Zölibatspflicht, muß ein Priester-Ehemann mit seiner Frau ›wie Bruder und Schwester‹ leben.

Zurück durch Zölibatsdispens

Ein Priester, der sich vom Zölibat freisprechen lassen möchte, muß dafür gerechte, vernünftige und vor allem schwerwiegende Gründe vorbringen. Wie diese im einzelnen aussehen müssen, wird – wie der Kirchenrechtler Hans Heimerl bezeugt – selbst in der neuesten Ausgabe des Kanonischen Gesetzes ›nirgends fixiert‹. Daraus folgt, daß der Papst nach eigenem Gutdünken entscheiden und auch die Voraussetzungen für eine Dispens ohne Gesetzesänderung verschärfen oder mildern kann. So erst unlängst geschehen unter dem Heiligen Vater Johannes Paul II., der angesichts der Flut von Dispensanträgen auf seinem Schreibtisch so erschrak, daß er alle unter seinem Vorgänger angewandten Dispenspraktiken verwarf und die Anträge gleich mit. Zu Tausenden ruhen sie seither in den Schubladen des Vatikans und warten auf die Wirkung der Zeit, die schon so vieles wie von selbst geregelt hat. Natürlich darf auch der Papst sich einigen ganz gewichtigen Gründen nicht verschließen.

Da wäre zum Beispiel die *moralische Unmöglichkeit* zu nennen, zölibatär zu leben. Joachim war so ein Fall.

»Ich war eigentlich mein Leben lang zum Priester bestimmt«, sagte er. »Meine Mutter hatte mich Gott geweiht, weil sie glaubte, dann werde er mich besonders beschützen. Mein Bruder war nämlich am plötzlichen Kindstod gestorben, und ich war als Frühgeburt auf die Welt gekommen. Nein, ich mache meiner Mutter keinen Vorwurf. Sie hatte Angst um mich. Und in der Angst machst du alles. Ich kam dann in eine von Priester geführte Internatsschule. Wir verbrachten Exerzitien im Kloster. Dann Priesterseminar, die Weihe. Alles ging glatt. Wenn bloß die Mädchen nicht so schön gewesen wären! Ich konnte meine Gedanken nicht davonlassen und meine Finger auch nicht. Das erste Mädchen, das schwanger von mir wurde, war siebzehn. Wir hatten uns im Beichtstuhl kennengelernt. Sie hatte Liebeskummer und das, was sie mir so alles ins Ohr flüsterte, na ja, es ist ziemlich peinlich, das so einfach zuzugeben, aber es erregte mich unwahrscheinlich. Ich träumte dann oft von ihr. Und sie kam immer öfter zur Beichte.

Irgendwann sagte ich, daß sie auch zu mir ins Pfarrhaus kommen könne, um mit mir über ihre Probleme zu reden.

›Geht denn das?‹ fragte sie. ›Was sagen denn da die Leute?‹ Aber sie kam trotzdem. Sie hatte ihre Gitarre mitgebracht. Meiner Mutter, die mir damals den Haushalt führte, sagten wir, wir müßten ein paar Lieder für den Gottesdienst einüben. Wir kamen uns wie zwei Verschwörer vor. Und Angelas Scheu verflog dabei. Ich sah ihr an, daß sie begriff, was in mir vorging, als sie sich zu mir setzte und ihr Knie meinen Oberschenkel berührte. Und ich sah auch, daß es ihr gefiel. Ich hatte während meiner Ausbildung immer wieder Affären gehabt, auch mit Prostituierten. Aber die Weihe, das war mir ernst. Seitdem war ich ›sauber‹ geblieben und innerlich fast daran kaputt gegangen. Aber das gehörte jetzt dazu. Ich hatte es Gott versprochen. Es war hart im doppelten Sinn. Trotzdem war's akzeptiert. Und jetzt Angela.

Sie erzählte irgendwas, aber ich dachte nur: ›Nein, du tust es nicht, du tust es nicht!‹

Ich hab' mich dann wochenlang bemüht, ihr aus dem Weg zu gehen. Aber es half nichts. Sie war in meinem Kopf und in meinem Bauch. Da war nichts zu machen. Und eines Tages kam meine Mutter und sagte beim Essen so nebenbei, ob ich es schon gehört hätte, die Kleine mit der Gitarre, die Angela, wäre wohl ziemlich krank. Daß ich sie im Krankenhaus besuchen müsse, war sofort klar. Es war ja auch unverdächtig. Aber als ich sie dort begrüßte und brüderlich auf die Wange küssen wollte, drehte sie den Kopf so, daß es ein Kuß auf den Mund wurde. Und zwar kein bißchen brüderlich. ›So‹, sagte sie, ›das war wohl schon lange fällig. Setz dich! Schön, daß du da bist!‹

Ich wagte kaum, den Kopf zu drehen und mich zu der alten Frau im Nachbarbett umzusehen. Was würde sie denken oder sagen?

›Gar nichts‹, sagte Angela, als hätte sie meine Gedanken gelesen. ›Sie ist blind und fast taub. Sie hat nichts gemerkt.‹

Angela und ich, von da an stand es fest. Wir trafen uns, wie sich andere auch treffen. In der Kirche, im Kino, im Eiscafé und bei mir. Nur meine Mutter sah uns manchmal an, als wäre da was. Aber sie fragte nie, und ich erzählte nie. Allein, daß ich am Altar sein durfte, verbot ihr den Mund und anderen, die vielleicht etwas merkten, auch.

Als Angelas Regel über zehn Tage ausgeblieben war, merkte ich es zuerst. Ich besorgte ihr auch den Schwangerschaftstest aus der Apotheke. Ein Priester hat viele Pflichten, warum sollte es auffallen, wenn ich so etwas kaufte? Und als wir dann zusammen die Farbveränderung auf dem Teststreifen sahen, ja, also, nee, das kann ich nicht erzählen. Wir waren fix und fertig, mit den Nerven, mit uns, mit Gott. Wir haben geflennt und miteinander geschlafen und sind wie verrückt mit dem Auto durch die Gegend gerast. Ich weiß nicht, ob wir uns umbringen wollten. Ich weiß bloß, daß es grauenhaft war. Angela war ein Kind, das ein Kind bekam. Ich war ein Schwein, vor ihr und vor Gott, und ich konnte sie nicht heiraten.

Irgendwie schaffte ich das Geld für die Abtreibung in Holland zusammen. Es war das Aus. Für Angelas Liebe, für unser Kind und für mich als Priester. Ich hatte begriffen, daß ich nie wirklich berufen war. Mein Priestertum war ein Irrtum. Als ich Johanna kennenlernte, wehrte ich mich nicht mehr gegen unsere Gefühle. Im Herzen war ich längst kein Priester mehr, war es vielleicht nie gewesen. Als sie schwanger war, heirateten wir standesamtlich. Ganz ohne Tara und Tamtam. Es war selbstverständlich.

Gleichzeitig mit der Geburt unserer Tochter reichte ich mein Dispensgesuch ein. Ich denke, der Papst wird nachgeben. Irgendwann. Und ich hoffe, daß Gott mir verzeiht. Nein, nicht wegen des Zölibats. Wegen des Kindes, das ich getötet habe.«

Nach Hans Heimerls Auslegung ist mit einer derartigen moralischen Unmöglichkeit, das Zölibatsgesetz zu erfüllen, die innere Verpflichtung des Priesters erloschen. Ein Antrag auf Dispens ist nur erforderlich, um auch die äußere, die gesetzliche Verpflichtung aufzuheben. Da dem betroffenen Priester aus dem Konflikt zwischen Pflichtvergessenheit und Pflicht schweres seelisches Leid erwachsen muß, sieht Heimerl eine Dispensverweigerung bzw. eine (praktizierte) jahre- und jahrzehntelange Verzögerung der Dispens als ›rechtlich unzulässig‹ an.

Ein zweiter schwerwiegender Anlaß zur Zölibatsdispens liegt in einer *Krankheit* begründet.

Meist handelt es sich um seelische Probleme, die das Sexuelle betreffen. So gilt ein starker, nicht zu beherrschender Geschlechtstrieb als Krankheit.

Als dritte aussichtsreiche Erklärung für sein Dispensgesuch könnte ein Priester eine *Lebenslage* bekennen, die ihn vom Empfang der Bußsakramente und des Abendmahls ausschließt. Eine solche Lebenslage ist gegeben, wenn ein Priester standesamtlich getraut wurde.

Durch seinen Antrag auf Dispens zeigt der Priester an, daß er ›nicht mehr hartnäckig in der schweren Sünde‹ der ungültigen Ehe leben, sondern künftig im Frieden mit der Kirche sein möchte.

Da Reue laut Kirchengesetz Straferlaß nach sich zieht, ist in einem solchen Fall die Zölibatsdispens zu erteilen. Eine Verweigerung wäre, nach Heimerls Auslegung, im Sinne des CIC, 1983, Can. 213 ›ungerechtfertigt‹.

Die *Mißachtung der Zölibatspflicht* und/oder die geäußerte *Absicht zu heiraten* werden zum gegenwärtigen Zeitpunkt *nicht* als schwerwiegender Grund für eine Zölibatsdispens angesehen. Weit eher ist man in Rom geneigt, eine kleine Krise des Priesters anzunehmen. Zeit, hofft man, werde die Wunde schon heilen. Und so läßt man entsprechende Dispensgesuche erst einmal ruhen. So wie bei Johannes aus Mainz.

»Ich liebe Martina wirklich«, sagte er nachdenklich. »Ein Leben ohne sie ist mir unvorstellbar. Ich brauche sie nicht als meine Haushälterin, obwohl sie es ist. Aber ich brauche ihre Liebe, ihr Wesen, auch ihren Körper, um Mensch zu sein. Verstehen Sie?«

Ich lächelte nur. Da gab es nichts zu verstehen. Das war Liebe. Wer kennt es nicht?

»Ich würde sie gern heiraten«, sagte Johannes, die kalt gewordene Pfeife im Mund. »Aber als amtierender Priester bin ich innerlich nicht frei und äußerlich sowieso nicht. Darüber kann ich mich nicht wegsetzen. Eine Ehe ohne Segen, nein, das geht nicht. Nicht für mich, ich kann's nicht, will's auch nicht. Martina akzeptiert es. Sie würde es auch akzeptieren, wenn ich Priester bleiben wollte. Das heißt, bleiben möchte ich es schon, sogar sehr, aber eben nicht ohne diese Frau, die mich erst zu dem beflügelt, was ich leisten kann. Und die Kirche, das wissen Sie ja, die will mich nur solo.«

»Wann haben Sie um Dispens gebeten?« fragte ich.

»Ende 1981«, sagte Johannes. »Sie werden es kaum glauben. Wir alle waren damals so voller Hoffnung, daß der Zölibat endlich eine Korrektur erführe. Die Diskussion über R. Spiazzis öffentliche Einwände gegen die bisherige Tradition hatte uns Mut gemacht. Wie Sie wissen, zog der Pole nun die Daumenschrauben an. Man könnte glauben, der Begriff Dispens existiert für ihn gar nicht. Tausende von Anträgen sollen beim ihm verstauben. Meiner ist dabei.«

»Haben Sie nie etwas davon gehört?«

»Die üblichen Befragungen unter Eid mit Zeugen und allem«, sagte Johannes. »Dann Vertröstungen, bis die Akte endlich mit einer Stellungnahme meines zuständigen Ordinarius an die Glaubenskongregation ging. Dort liegt sie und liegt und wird geprüft werden, ja, natürlich, ohne Zweifel, in jedem Fall zu gegebener Zeit.«

»Die neuen Normen zur Dispensregelung haben die Erwähnung einer kurzfristigen Bearbeitung leider nicht von den Normen 1970 übernommen«, nickte ich. »Aber blieb Ihr Gesuch ohne Folgen?«

»Zum Glück arbeite ich als Lehrer«, sagte Johannes. »So wurde mir kein Berufsverbot erteilt. Und was Martina anbetrifft, die offiziell meinen Haushalt führt, wurde mir nur bedeutet, bis zur Erledigung meiner Sache diskret zu bleiben.«

Der unheilige Michael

Mein Name ist Michael. Ich bin elf Jahre alt.

Mein Vater ist Pfarrer bei uns im Ort. Alle wissen, daß er mein Vater ist, denn ich war schon auf der Welt, als er Priester geworden ist. Meine Mutter und mein Vater waren nicht verheiratet. Das finde ich gemein. Alle bei uns im Ort sagen, daß meine Mutter meinen Vater mit mir bloß hereingelegt hat, damit er sie heiraten sollte. Aber das ist nicht wahr. Meine Mutter hat meinen Vater richtig und in echt geliebt.

Für mich ist das schlimm, weil die in meiner Klasse – also da sind welche, mit denen ich dauernd Streit kriege, die sagen dann immer ›Unheiliger Michael‹ zu mir.

Michael (11 Jahre)

Eine Gemeinde muckt auf

Karl-Heinz Novotny, Pfarrer, Egelsbach
an
Herrn Bischof
Dr. Karl Lehmann, Bischofsplatz 2 a, 6500 Mainz

7. Oktober 1990

Sehr geehrter Herr Bischof Lehmann,

heute möchte ich Sie informieren, was mich zur Zeit neu bewegt in unserer Kirche. Nach dem Ausscheiden von Günther Götz aus dem priesterlichen Dienst entschloß ich mich, eine Initiative zur Aufhebung des Zölibatsgesetzes zu unterstützen.
Anbei finden Sie unsere Oktober-Mitteilungen und die Kopien der bisher gesammelten Unterschriften (...). Dies wollte ich Ihnen mitteilen. Kommunikation lebt von Information.

Mit freundlichem Gruß

Karl-Heinz Novotny

DER BISCHOF VON MAINZ, Bischofsplatz 2 a, 6500 Mainz,
an
Herrn Pfarrer Karl-Heinz Novotny

10.1.1991

Sehr geehrter Herr Pfarrer Novotny, lieber Mitbruder!

Ihren Brief mit neun Seiten der Unterschriftensammlung zur ›Aufhebung des Zölibatsgesetzes‹ habe ich erhalten. Das Übersenden mit einer ›Begleitnotiz‹ zur ›Kenntnisnahme‹ und zum ›Verbleib‹ erscheint mir freilich als eine ziemlich ungewöhnliche Form des Verkehrs untereinander, zumal in einer solchen Sache.

Ich weiß nicht, woher der ›Herdenbrief‹ grundsätzlich kommt. Mich interessiert dies freilich auch nicht sehr. Sie sollten nur von Anfang an wissen, daß ich mit dieser Form der Meinungsbildung in der Kirche ganz und gar nicht einverstanden bin und sie auch mißbillige.

Jedoch möchte ich nicht mißverstanden werden: In der Öffentlichkeit soll man über den Zölibat sprechen. Damit ist nicht bloß Agitation gemeint. Vielleicht sprechen wir viel zu wenig darüber, wie man ihn verstehen und vor allem heute leben muß. Dann können auch die Schwierigkeiten zur Sprache kommen. Ich bin der Meinung, daß man in dieser Weise viel zu wenig ernsthaft über das geistliche Amt und die Ehelosigkeit, aber auch grundsätzlich über die evangelischen Räte spricht. Man kann die Dinge ja nicht voneinander isolieren.

Gerade dies geschieht aber in der ›Zustimmungserklärung‹ überhaupt nicht. Mit dem Stichwort ›Zölibatsgesetz‹ wird eher alles zugedeckt. Wenn man meint, mit wenigen Worten (›Ich befürworte die Aufhebung des Zölibatsgesetzes‹) eine so schwierige Lebensfrage klären zu können, vereinfacht man die Dinge in einer unzulässigen

Weise. Wenn dazu noch viele weniger informierte Menschen zur Unterschrift verleitet werden, kommt ein solches Vorgehen von selbst in die Nähe einer Manipulation.

Lieber Herr Pfarrer Novotny, so entstehen in der Tat ›Herdenbriefe‹. Ich nehme alle Fragen um die priesterliche Ehelosigkeit heute ernst, aber nicht Briefe dieser Art. Ich kann mich nur wundern, warum dies Priester mit einer akademischen Ausbildung und mit einem Respekt für die Würde des einzelnen Menschen nicht genügend wahrnehmen, sondern auf solche Methoden verfallen.

Die meisten Unterschriften stammen aus Erzhausen und Egelsbach. Wie erfahren die Menschen in ihrer Gemeinde ihren Pfarrer, daß sie in einer größeren Zahl unterschrieben? Wie reden Sie in beiden Gemeinden über die priesterliche Ehelosigkeit? Kommen die vielen Unterschriften nicht zuletzt auch von einer Desinformation?

Diese Fragen beschäftigen mich sehr viel mehr. Darauf hätte ich von Ihnen gerne eine Antwort.

Lieber Mitbruder Karl-Heinz Novotny, ich wünsche Ihnen Gottes Segen im eben begonnenen Jahr 1991 und bleibe mit herzlichen Grüßen

Ihr Bischof
Karl Lehmann

Monika Dicken, Egelsbach
an
Herrn Bischof Dr. Karl Lehmann, Bischofsplatz 2 a, 6500 Mainz

15.1.1991

Sehr geehrter Herr Bischof Lehmann!

Als Vorstandsmitglied des Pfarrgemeinderates unserer Kirchengemeinde St. Josef Egelsbach/Erzhausen konnte ich gestern Einblick nehmen in Ihr Schreiben vom 10.1. an unseren Pfarrer, Herrn Novotny, bezüglich der Unterschriftensammlung zur ›Aufhebung des Zölibatsgesetzes‹.

Die Äußerungen und Fragen, die Sie auf der zweiten Seite Ihres Schreibens formulieren, drängen mich dazu, Ihnen aus der Sicht eines Gemeindemitglieds – also eines mehr oder weniger theologisch nicht vorgebildeten Laien – einige Gedanken mitzuteilen.

Sie konstatieren, daß die meisten Unterschriften aus Egelsbach und Erzhausen stammen und lassen den Verdacht durchklingen, daß ›viele weniger informierte Menschen zur Unterschrift verleitet wurden‹.

Auf Ihre Frage, ob die vielen Unterschriften nicht zuletzt auch von einer Desinformation kommen, möchte ich mit einem entschiedenen Nein antworten.

Wir haben uns in unserer Gemeinde mit diesem Thema – wie ich meine – recht ausführlich beschäftigt: In Gesprächen, Diskussionen, Informationen verschiedenster Art wurden die Ansichten dazu auch durchaus kontrovers und umfassend (nicht agitatorisch) zur Sprache gebracht. Natürlich ist auch mir bewußt, daß die Information zum Thema ›geistliches Amt und Ehelosigkeit‹ bei den Unterzeichnern mehr oder weniger umfassend sind. Aber gerade durch die Auseinandersetzung mit diesen Fragen ist uns die Dringlichkeit des Problems noch mehr bewußt geworden.

Ich bin auch der festen Überzeugung, daß nicht nur Katholiken in Egelsbach und Erzhausen in Sorge sind um den erschreckenden Rückgang der Priesterzahlen in den letzten Jahren, sondern daß dies das Meinungsspektrum einer breiten Basis widerspiegelt. Diese Überzeugung habe ich in zahlreichen Gesprächen – nicht nur in kirchlichen Kreisen – gewonnen.

Wir in Egelsbach/Erzhausen haben diese Sorge um die Zukunft unserer Kirche durch unsere Unterschrift auch nach außen deutlich zum Ausdruck gebracht. Damit wollten wir auch dokumentieren, daß uns sehr viel daran gelegen ist, Priester und Seelsorger zu haben, die nicht durch die Verwaltung mehrerer Pfarreien überlastet sind, sondern die für ihre Gemeinde dasein können und die ihren Beruf als Berufung sehen. Für mich als Laien, wie wohl für viele Christen an der Basis, spielt es dabei weniger eine Rolle, ob dieser Priester verheiratet ist oder nicht. Aus Kontakten mit evangelischen Gemeinden sehe ich allerdings, wie bereichernd es geradezu für eine Gemeinde sein kann, wenn die Ehefrau eines Pfarrers ihm unterstützend zur Seite steht.

Sie fragen sich, wie Menschen in unserer Gemeinde ihren Pfarrer erfahren, daß sie in größerer Zahl unterschrieben haben? Ich kann nur für mich und meine Familie sprechen.

Wir erfahren ihn als engagierten Seelsorger, der weit über das geforderte Maß hinaus sich für Menschen in seiner Gemeinde einsetzt.

Wir erfahren ihn als versierten Theologen, der, mit alten und neuen Schriften vertraut, uns viele geistige Impulse gibt.

Wir erfahren ihn als einen Geistlichen, der sich kritisch mit kirchlichen Traditionen auseinandersetzt, sie hinterfragt und offen seine Meinung sagt.

Wir erleben ihn als einen Menschen, der uns begeistert und zum aktiven Mittun in der Kirche motiviert.

Ihre Aussage in dem Schreiben vom 10.1.: ›In der Öffentlichkeit der Kirche soll man über den Zölibat sprechen‹, hat mich ermutigt, Ihnen diese Gedanken mitzuteilen. Nur – wie sollen wir dann vor dem Hintergrund der heutigen Situation in der katholischen Kirche darüber sprechen? Wie wird das, was wir als Laien an der Basis sprechen, weiter oben zur Kenntnis genommen? Können wir Laien durch unsere Äußerungen, Forderungen, Mitarbeit etwas bewirken? Dies sind Fragen, die mich in den drei Jahren meines Mittuns im Pfarrgemeinderat immer wieder beschäftigt haben. Ich habe die Antwort darauf noch nicht gefunden.

Ich wünsche Ihnen für das Jahr 1991 alles Gute und Gottes Segen und verbleibe

Monika Dicken

Monika Dicken, Egelsbach

6.3.1991

Sehr geehrter Herr Bischof Dr. Lehmann!

Mitte Januar habe ich mich in einem Schreiben an Sie gewandt und darin einige Punkte und Fragen angesprochen, die mich als aktives Pfarrgemeinderatsmitglied und uns in der Gemeinde damals beschäftigt haben. Meine Erwartung einer Antwort ist nach nunmehr sechs Wochen des Wartens in Ernüchterung und Enttäuschung umgeschlagen.

Ich weiß nicht, wie dieses Schweigen zu interpretieren ist. Wird das, was wir Laien mitzuteilen haben und was uns beschäftigt, tatsächlich einfach nicht beachtet und totgeschwiegen? Wäre nicht wenigstens ein Zeichen der Kenntnisnahme angebracht? Wie kann ich mich und andere zum aktiven Mittun motivieren, wenn der Draht nach oben gestört ist?

Noch habe ich die Hoffnung auf eine Antwort und ein ermutigendes Zeichen nicht aufgegeben.

Auch wenn ich manchmal unter dieser Kirche leide, fühle ich mich in ihr doch stark verwurzelt und beheimatet.

Aber ich möchte als mündiger und engagierter Laie in der Kirche auch als Gesprächspartner mit meinen Fragen und Sorgen ernstgenommen werden.

In Erwartung einer Antwort verbleibe ich

mit freundlichen Grüßen

Ihre Monika Dicken

DER BISCHOF VON MAINZ, Bischofsplatz 2 a,
6500 Mainz
an
Frau Monika Dicken, Egelsbach

27.3.91

Sehr geehrte Frau Dicken,

zunächst möchte ich Sie um Entschuldigung dafür bitten, daß Sie so lange auf eine Antwort warten mußten. Es waren in den letzten Wochen und Monaten einfach zu viele Ereignisse und Termine, so daß der Postberg auf meinem Schreibtisch immer weiter angewachsen ist.

Natürlich freue ich mich über das viele Positive, was Sie von Ihrem Pfarrer berichten können. Ich zweifle auch nicht daran, daß er, wie Sie schreiben, sehr engagiert ist und Menschen begeistert und zum aktiven Mittun in der Kirche motiviert.

Es ist auch gut zu hören, daß das Thema Zölibat umfassend und nicht agitatorisch in der Gemeinde zur Sprache kam. Ich vermisse allerdings etwa in der Predigt vom 6./7.10.90 von Herrn Pfarrer Novotny irgendeinen Hinweis auf den positiven Sinn des Zölibats, auf die Möglichkeit, den Zölibat auch heute attraktiv und überzeugend zu leben.

Ich bin durchaus der Ansicht, daß man in der Öffentlichkeit der Kirche auch über den Zölibat sprechen kann, er soll und darf kein ›Tabu-Thema‹ sein. Man soll dann aber auch über die wirkliche Bedeutung und den Zusammenhang von Ehelosigkeit und geistlichem Amt reden, dann kann man selbstverständlich auch die Schwierigkeiten und Anfragen kennen. Unterschriftensammlungen in Form eines ›Herdenbriefes‹, im Anschluß an einen Gottesdienst und eine sehr einseitige Predigt, scheint mir keine geeignete Form zum Gespräch und zur Meinungsbildung zu sein.

An dem, was die aktiven und engagierten Laien zu sagen haben, bin ich selbstverständlich sehr interessiert, wenn es mir auch leider nicht immer gelingt, auf jeden Brief sofort zu antworten. Gehören doch die Abnahme der Zahl der Priester und natürlich auch die Frage der Möglichkeit, den Zölibat heute zu leben, zu den Problemen und Sorgen, die mich persönlich am meisten beschäftigen. Es fragt sich allerdings auch, welche Form der Auseinandersetzung hier wirklich fruchtbar für die Kirche – und das sind wir alle – ist. Ein Herdenbrief mit Zustimmungserklärung: ›Ich befürworte die Aufhebung des Zölibatsgesetzes‹ vereinfacht das in zulässiger Weise. Für Ihre beiden Briefe Ihnen herzlichen Dank, immerhin zeigen sie mir, daß das Thema Zölibat doch umfassender bei Ihnen diskutiert wurde, als es der Herdenbrief erkennen läßt.

Ihnen auch herzlichen Dank für das aktive Mittun und Mitgestalten in der Pfarrei St. Josef in Egelsbach. Sie können durch Ihr Mittun sicher sehr viel bewirken und haben bestimmt auch schon viel bewirkt.

Mit den besten Wünschen für gesegnete Kar- und Ostertage und mit freundlichen Grüßen
Ihr

Bischof Karl Lehmann

Anne Dördelmann-Lueg: Statement zum Zölibat

Einführende Bemerkungen

(...) Mein Anliegen ist hier die Perspektive der tatsächlich erfahrenen Realität. Dabei kann und will ich nicht in Anspruch nehmen, die ganze Realität zu kennen und richtig wiederzugeben. Aber ich habe schon den Anspruch, einen wesentlichen und in der öffentlichen Diskussion entweder verschwiegenen oder maßlos verzerrten Aspekt dieser Wirklichkeit zur Sprache bringen zu können:

Der Kern meiner Erfahrungen lautet: Nicht wenige Priester haben die zölibatäre Lebensform nicht aus theologischer Erkenntnis, spiritueller Überzeugung oder pastoraler Einsicht übernommen – sie haben den Zölibat lediglich in Kauf genommen. Der Zölibat ist das unumgängliche Preislimit, unter dem das Priesteramt nun einmal nicht zu haben ist. Ich bin überzeugt, daß die Amtsträger der Kirche dann über eine Veränderung ernsthaft nachdenken müssen, wenn diese Priester endlich auch den Mut haben, zu ihren Schwierigkeiten zu stehen.

Wie ich zu meinen Erfahrungen gekommen bin

Ich bin ›Priester-Frau‹.

Ich bin Mit-Initiatorin und eine der Kontaktfrauen der ›Initiativgruppe der vom Zölibat betroffenen Frauen‹ und als solche nahezu täglich und in einer bis an die Grenzen der Erträglichkeit reichenden Weise seit sieben Jahren in ungezählten Briefen und Gesprächen mit Frauen und Priestern mit dieser Problematik konfrontiert.

Ich erlebe, welch unfaßbare Isolation das Versteckspiel vor Familie, Freunden, den so bezeichneten ›Mitbrüdern‹

und Gemeindemitgliedern bewirkt, wie schwer der Verzicht auf ein gemeinsames Leben sein kann, wie groß die fast kindlich anmutende Angst erwachsener Menschen vor Entdeckt- und Bestraftwerden ist – und wie krankmachend der Druck und die Spannungen sind, die von außen auf die Beziehung wirken. Was ich hier in nüchternen Sätzen aufzähle, spiegelt in der Wirklichkeit eine unsägliche Tragik fraulichen Lebens wider. Lassen Sie es mich so sagen: Die Probleme um den Zölibat sind so alt wie dieses Gesetz selbst. Und immer waren und sind besonders auch Frauen betroffen. Wir empfinden es als einen ganz wesentlichen Entwicklungsschritt unserer weiblichen Identität, daß wir nicht länger gewillt sind, die Rolle der schweigenden Dulderin zu übernehmen. Wir wollen nicht länger leiden – und wir wollen nicht länger geduldig sein. Darum haben wir uns solidarisiert.

Cirka dreihundert Frauen auch aus dem benachbarten Ausland haben sich mittlerweile zusammengeschlossen und treffen sich regelmäßig zweimal im Jahr bundesweit – zwischenzeitlich auch in kleineren Regionalgruppen.

Die Altersspanne der Frauen liegt zwischen achtzehn und cirka siebzig Jahren. So unterschiedlich wie ihr Alter, so unterschiedlich ist ihre Ausgangssituation:

- Frauen, die nach einer Zeit der Heimlichkeit mit einem Priester – mit oder ohne Dispens – verheiratet sind;
- Frauen, deren Beziehung zu einem Priester beendet ist;
- Frauen, die eine Verbindung zu einem Priester in Heimlichkeit leben;
- Frauen, deren Priester-Ehemann verstorben ist;
- verheiratete Frauen, die neben einer intakten oder gescheiterten Ehe eine Beziehung zu einem Priester haben.

In allen Konstellationen gibt es Frauen mit Kindern. Vornehmlich in der Gruppe mit Frauen mit heimlichen Beziehungen gab und gibt es Kinder, deren Leben durch einen Schwangerschaftsabbruch beendet wurde.

Aus den genannten Erfahrungen ziehe ich fünf Schlüsse:

1. Der Zölibat ist bei einem nicht unerheblichen Teil der Priester längst zur Farce geworden, weil vielfältige Kompromißformen gelebt werden. Die oft an mich gestellte Frage nach Zahlen lasse ich dabei bewußt offen.
2. Frau/Mann muß den Zölibat als Eignungsvoraussetzung für den Priester entzaubern. Wo Männer angeblich ›um des Himmelreiches willen‹ die Ehelosigkeit wählen, da ist der Generalverdacht legitim, daß es ganz andere Gründe sind, die – bewußt oder unbewußt – zur Wahl dieser Lebensform geführt haben. Der Pflichtzölibat bietet Männern, die, aus welchen Gründen auch immer, bindungs- oder partnerschaftsunfähig sind, eine elegante Möglichkeit, dieses Defizit unter dem religiösen Etikett des ›Opfers‹ zu kaschieren.
3. Ich behaupte: In den Gemeinden fragen immer weniger Menschen nach der Lebensform des Pfarrers. Der Zölibat ist für viele kaum noch religiöses Zeichen, sondern eher ein Hinweis darauf, daß mit diesem Mann irgend etwas nicht stimmen könnte. (Und sei es, daß die Vermutung besteht, er könne in einer Gottverbundenheit leben, die an den Zölibat gekoppelt und damit Nichtzölibatären unzugänglich ist.)
   Gefragt wird heute nicht mehr nach der Fähigkeit, auf Sexualität und Partnerschaft zu verzichten.

Gefragt sind ganz andere Tugenden und Fähigkeiten:

- z. B. ein bescheidener Lebensstil und der bewußte Umgang mit sich, den Menschen des Umfeldes und dem, was wir ›Schöpfung‹ nennen;
- Aufgeschlossenheit und Sensibilität für Probleme des Alltags;
- Bereitschaft und Engagement in bewegenden und aktuellen Fragen;
- Offenheit, Fähigkeit und Selbstkritik, Bereitschaft zum geduldigen, unvoreingenommenen Umgang mit anderen Denkweisen und Positionen.

Kann es sein, daß diejenigen, die zur Partnerlosigkeit begabt sind, die zuletzt genannten Tugenden allzuoft vermissen lassen?

4. Die Verantwortungsträger der Kirche verschließen immer noch vor den problematischen Folgen des Pflichtzölibats die Augen. Solange kein öffentlicher Skandal entsteht, werden Zölibatskompromisse übersehen und hingenommen.
Dem ratsuchenden Priester werden alle möglichen Hilfen angeboten, mit der Tendenz, ihn in seinem Amt zu halten. Ich habe noch nie gehört (Mann/Frau möge mich korrigieren, wenn es unrichtig ist), daß ein Bischof in einer Entscheidungsphase auch die Partnerin eines Priesters gehört hätte. Wir empfinden dies als Zeichen der Mißachtung von Frauen!
Entlarvend ist in diesem Zusammenhang auch die Tatsache, daß das überaus brisante Thema ›Priester und Alkohol‹, wenn überhaupt, nur hinter verschlossenen Türen der Verantwortungsträger debattiert wird.

5. In der Diskussion kommt in aller Regel immer nur der Priester als Betroffener vor. Daß es in jedem Einzelfall immer auch um eine, oder – wie als auffälliges Phänomen zu beobachten ist – um mehrere Frauen eines Priesters sowie Kinder geht, das wird zu wenig beachtet. Zölibat, Mißachtung der Frau und Körperfeindlichkeit sind so stark miteinander verwoben, daß die Prognose gewagt werden kann:
   Der Zölibat als Verpflichtung für Priester wird nicht eher fallen, bevor nicht die Frau als ebenbürtig behandelt wird und sich die kirchliche Sexualmoral an dem orientiert, was Ernst Ell so formuliert hat:
   ›Gott hat das Geschlecht und die ganze Fülle der Lustmöglichkeiten erschaffen, und der Mensch kann im Erleben der Lust etwas ahnen von der Seligkeit, die uns bei Gott erwartet. Seine Sexualität ›in sittlicher Verantwortung‹ zu leben, ist Weg zu Gott, ist die dem Menschen mit dem ganzen Wesen mögliche Verehrung Gottes.‹
   Es ist mir ein ganz wichtiges Anliegen, bei unserer und allen Diskussionen zu dieser Thematik die Situation der betroffenen Frauen sehr bewußt hineinzunehmen.

Unsere Wünsche

Stellvertretend für die vielen Frauen unserer Gruppe möchte ich Ihnen unsere Wünsche nennen:

Wir haben den Wunsch,

- daß sich Kirche – Amtsträger ebenso wie wir alle – bewegt;

- daß sie anfängt, die Fragen, die Sorgen, die Bedürfnisse von Menschen ernst zu nehmen;
- daß sie den Mut hat, den Ballast abzuwerfen, der sich in Jahrhunderten angesammelt hat – daß sie ein Stück Glaubwürdigkeit hinzugewinnt.

(Entnommen aus: ›Zwangszölibat‹, Statements in: Mitteilungsblatt der Vereinigung katholischer Priester und ihrer Frauen e.V. 4/1990)

Wir sind eine ungültige Familie

Ich bin ein vaterloses Priesterkind.

Meine Schwester ist ebenfalls ein vaterloses Priesterkind, und mein kleines Geschwisterchen, das in einem Absaugschlauch gestorben ist, wäre auch ein vaterloses Priesterkind gewesen.

Aber unser Vater ist immer derselbe.

Meine Mutter ist eine ehemannlose Priesterfrau.

Mein Vater ist ein katholischer Priester im Amt. Das heißt, er ist der Vater für jeden, nur unserer nicht, weil er uns ja gezeugt hat.

Wir alle zusammen sind eine ungültige Familie.

Und alles nur, weil wir Gott so sehr lieben, daß wir ihm unseren unverheirateten Priesterehemann und Familienpriestervater nicht wegnehmen möchten. Wir hoffen nämlich immer noch, daß Gott ein gutes Wort für uns bei seinem Papst einlegt. Wir wären gerne eine richtige Familie.

Miriam (17 Jahre)

Der Erzbischof von Paderborn: Meine Auffassung in Offenheit

Der Erzbischof von Paderborn, Kamp 38/Postfach 14 27, 4790 Paderborn
an
Frau Anne Dördelmann-Lueg, Uhlandstr. 7, 5650 Solingen 11

5.12.1988

Sehr geehrte Frau Dördelmann-Lueg!

Sie haben mir in Ihrem Brief vom 21. November geantwortet auf meinen Artikel in der Diözesanzeitschrift ›Der Dom‹, der unter dem Titel ›Priesterliches Zölibat‹ erschienen ist. Ich möchte Ihnen persönlich auf Ihre Zeilen antworten, jedoch beabsichtige ich nicht, mit der Initiativ-Gruppe vom Zölibat betroffener Frauen in Verbindung zu treten. (...)

Ihre Anmerkungen zu meinen Ausführungen habe ich aufmerksam gelesen. Gestatten Sie mir bitte, meine Auffassung Ihnen in Offenheit darzulegen.

In meinem Artikel habe ich verlangt, daß eine ehrenrührige Behauptung, daß ein deutscher Bischof oder ein Generalvikar in der Bundesrepublik gesagt habe, Priester dürften ihre Freundin oder Bettgenossin haben, bis zu drei Kinder seien auch möglich, dann bezahle die Diözese die Alimente für diese Kinder, jedoch dürfte der Priester nicht heiraten, bewiesen werden müsse. Darauf antworten Sie in Ihrem Schreiben, daß meine Forderung, Namen, Orte und Daten zu nennen, schlicht unerfüllbar sei. Diese Äußerung leuchtet mir nicht ein. Es muß doch möglich sein, den Bischof oder Generalvikar zu nennen, selbst wenn öffentlich der Name der Frau oder des Priesters nicht genannt wird; denn wenn Bischof oder Generalvikar dem Priester oder der Frau gegenüber diese Äußerung getan hat, wird damit für die Betroffenen ja nichts Geheimes gesagt.

In Ihrem Schreiben behaupten Sie, daß es eine hohe Zahl von Theologieprofessoren gebe, die – hier und da mit Wissen und stillschweigender Duldung des Bischofs – in einer Lebensgemeinschaft mit einer Frau leben würden. Ausdrücklich sagen Sie, man könne hier nicht von Einzelfällen sprechen.

Eine Geheimnistuerei scheint mir hier nicht am Platz zu sein: Bei Professoren trifft die von Ihnen genannte existentielle Abhängigkeit nicht zu. Sie sind nach deutschem Beamtenrecht auf Lebenszeit angestellt. Wenn ihre Lebensgemeinschaft bekannt würde, müßten sie allerdings aus dem theologischen Fachbereich ausscheiden; sie bleiben jedoch Professor.

Gewiß sind wir uns einig in der Beurteilung solcher Situationen, daß nämlich der Priester gegenüber seiner Gemeinde oder seinen Studenten unglaubwürdig wird, daß er seiner Partnerin gegenüber schuldig wird und Unrecht tut und es menschenunwürdig ist, heimlich über längere Zeit in diesem Zwiespalt zu leben.

In Ihrem Brief weisen Sie darauf hin, daß die Konflikte um den Zölibat schon alt seien und Priester darunter gelitten hätten, seit es den Zölibat gebe; denn stets habe es Priester gegeben, die ihr Zölibatsversprechen nicht halten konnten oder wollten.

Ich stimme Ihnen darin zu, daß es Konflikte bezüglich der Einhaltung des Zölibatsversprechens zu allen Zeiten gegeben hat. Allerdings ziehe ich daraus nicht die Konsequenz, die Sie andeuten, nämlich daß die Kirche Priesteramt und Ehelosigkeit entkoppeln solle.

Wie Sie wissen, gibt es auch unter Eheleuten viele Konflikte bezüglich der Einhaltung des Eheversprechens, bezüglich der ehelichen Treue, der Unauflöslichkeit der Ehe und der harmonischen Lebensgemeinschaft. Ich möchte vermuten, daß Sie aus diesen Konflikten nicht die Konsequenz ziehen, man müsse also die Ehe abschaffen, damit diese Konflikte verschwinden und insbesondere dürfe die katholische Kirche die Unauflöslichkeit der Ehe als Gottes Weisung nicht weiterhin verkünden, weil damit viele Konflikte verbunden seien.

Die freiwillige Liebesbindung der Partner aneinander bedeutet doch, daß die beiden sich ganz aneinander binden, Verantwortung füreinander übernehmen, Lebensgemeinschaft leben wollen und gemeinsam in ihren Kindern die Frucht ihrer Liebe in die nächste Generation weitergeben wollen.

Die Konsequenz für Konflikte kann doch nicht sein, die Erwartung der Treue abzulehnen und Beliebigkeit zu fordern, sondern die Konsequenz sollte doch sein, wie es der Dichter schon sagt: ›Drum prüfe, wer sich ewig bindet!‹

Es läßt sich nicht leugnen, daß bei der Bewältigung von Ehekonflikten tragische Situationen entstehen können. Es steht uns nicht zu, solche Menschen zu verurteilen, wenn sie Wege zur Lösung der Konflikte suchen, die mit Gottes Willen nicht übereinstimmen.

Ich frage mich nun, weshalb Sie in bezug auf den priesterlichen Zölibat völlig andere Folgerungen ziehen und Forderungen aufstellen. Es ist Ihnen bekannt, daß jeder Weihekandidat vor der Weihe unter vier Augen seinem Bischof versichert, daß er freiwillig, ohne Zwang und Druck, den Weg eines ehelosen priesterlichen Lebens gehen will, und zwar auf Lebenszeit. Das Versprechen der Eheleute sollte man ernst nehmen und das Versprechen eines Priesterkandidaten gegenüber seinem Bischof sollte man ebenso ernst nehmen. Es ist bedauerlich, daß sowohl viele Eheleute als auch manche Priester ihr Versprechen nicht einhalten.

In meinem Artikel habe ich darauf hingewiesen, daß der Priesteramtskandidat sich sechs Jahre prüfen kann, ob er die Voraussetzungen des priesterlichen Lebens wohl einhalten kann. Außerdem erfolgt die Priesterweihe erst mit fünfundzwanzig Jahren, so daß der Kandidat vom Lebensalter her durchaus eine Lebensentscheidung fällen kann.

Als Bischof erwarte ich von einem Priester, daß er durch eine spirituelle, von der Bindung an Jesus Christus geprägte und durch persönliches Gebet gestärkte priesterliche Lebensweise das Seine tut, damit Konflikte, Schwierigkeiten und Versuchungen nach menschlicher Voraussicht bewältigt werden können. Nach meiner Meinung ist es ebenfalls nicht unbillig, von Frauen zu erwarten, daß sie durch ihr Verhalten das in Freiheit gegebene Versprechen des Priesters respektieren. Mit Ihnen bin ich der Auffassung, daß es heute nicht genügt, wenn der Priester den Zölibat in Kauf nimmt. Ich frage die Priesterkandidaten meines Bistums, ob sie die zölibatäre Lebensweise für sich als sinnvoll erkennen und bejahen; denn eine nur widerwillige Inkaufnahme dürfte in der Regel heute nicht ausreichend sein.

Lassen Sie mich abschließend die katholische Auffassung zum Ausdruck bringen, daß niemand ein Recht hat, Priester zu werden, weil er sich selbst für berufen glaubt. Letztlich entscheidend für die Berufung ist, daß der Kandidat einen Bischof findet, der ihm die Hand zur Priesterweihe auflegt. Weil es kein Menschenrecht auf die Priesterweihe gibt, steht es der Leitung der katholischen Kirche zu, die Auswahlkriterien selbst zu bestimmen. Nach meiner Auffassung ist es gerade in unseren Tagen ein hoher geistlicher Wert, daß die katholischen Priester um des Reiches Gottes willen und um des Evangeliums willen auf die Weitergabe des irdischen Lebens verzichten und in einer zölibatären Lebensweise für die Gläubigen des Volkes Gottes zur Verfügung stehen.

Ich wünsche Ihnen eine gesegnete Advents- und Weihnachtszeit und bin mit freundlichen Grüßen
Ihr

gez. H. H. Bischof Degenhardt

Manchmal wollte ich, ich wäre tot

Als ich in den Kindergarten kam, war ich ein bißchen älter als fünf Jahre. Früher war immer kein Platz frei gewesen, obwohl andere Kinder, die jünger waren, vor mir angenommen wurden. Ich wäre gern in den Kindergarten gekommen, aber es ging nicht, weil er der katholischen Kirche gehört und meine Mutter angegeben hat, daß mein Vater ein katholischer Priester ist. Im Kindergarten setzt ja schon die christliche Erziehung ein, sagte man meiner Mutter damals. Und wie sollen wir den anderen Kindern Ihr *Kind erklären? Wenn das herauskommt, bekommen wir massiv Ärger mit den anderen Eltern.*

Ich bekam dann doch einen Platz, weil meine Mutter an den Bischof geschrieben hatte.

In der Schule mußten wir alle unseren Namen sagen und über unsere Eltern erzählen. Ich erzählte nur über meine Mutter, daß sie Lehrerin an einer Schule für sprachlich behinderte Kinder ist und wie alt und so weiter. Von meinem Vater sagte ich nichts. Ich sagte, er wäre tot. Da war die Lehrerin ganz verlegen und sagte, das hätte sie ja gar nicht gewußt. Und am anderen Tag hat sie meine Mutter angerufen und ihr gesagt, das ginge aber nicht, daß ich sie so anlüge, und einem Kind müßte man doch beibringen, daß es ehrlich am weitesten kommt.

Im Religionsunterricht war es zuerst ganz schön. Aber dann fing der Lehrer eines Morgens an, über Kinder von Priestern zu sprechen und daß es eine schreckliche Geschichte wäre, weil man eigentlich nie geboren worden sein dürfte. Wer es dann wirklich erzählt hat, weiß ich nicht. Aber auf einmal wußten es alle, daß ich einen Priester zum Vater habe. Ich wurde nicht mehr eingeladen, und auf dem Heimweg wurde ich fast jeden Tag verkloppt. Meine Mutter beschwerte sich darüber beim Rektor. Aber der sagte nur, ja, wie sollte man den Kindern denn beibringen, daß ich ein Kind wie alle anderen wäre. Am besten würde sie mit mir wegziehen und irgendwo in Norddeutschland neu anfangen. Dort würde man es ja mit Gott nicht so genau nehmen. Mein Vater hat sehr geweint, als wir ihm alles erzählt haben. Aber er kann uns ja auch nicht helfen. Er kann ja nicht einfach zur Schule gehen und dort mal auf den Tisch hauen und sagen: ›Laßt mein Kind in Ruhe!‹ Es ist ja alles seine Schuld, weil er meine Mutter so liebhat. Aber ich verzeihe ihm, daß er mich gemacht hat. Er hat es ja selbst nicht gewollt. Es ist ja nur passiert, weil irgend etwas mit der Pille nicht gestimmt hat.

Manchmal denke ich, es wäre besser, ich wäre tot.

Esther (13 Jahre)

Gisela Forster: Mein Kind, wir wollen uns wehren

Eine große Anzahl der heimlichen Priesterehen sind den Bischöfen der katholischen Kirche bekannt. Dies bestätigte in jüngster Zeit auch Professor Wolfgang Bartholomäus, Theologieprofessor in Tübingen, der 1988 ›Abschied vom Zölibat‹ nahm und heiratete.

Wenn ›Priesterehen‹ in Heimlichkeit ablaufen und keine Kinder ›passieren‹, dann werden sie von der Kirchenobrigkeit geduldet und großzügig übersehen.

Wie stark Kinder für eine solche Haltung der Kirche relevant sind, mußte eine heimliche Priesterfrau erfahren, die vom zuständigen Bischof gefragt wurde, ob sie denn noch in dem Alter sei, Kinder zu bekommen!

Fazit: Priesterkinder erst sind dann das wahre Unglück, der wahre Stein des Anstoßes zwischen einem katholischen Priester in Amt und Würden und seiner Frau.

Was machen Betroffene – Eltern wie Kirche – mit trotzdem gezeugten Priesterkindern?

Stimmt es, was in einer juristischen Vorlesung gesagt wurde, daß die höchste Abtreibungszahl bei den Pfarrhaushälterinnen liege?

Und wie steht es um eine in diesem brisanten Fall ethisch doch sicherlich zu vertretende ›Indikationslösung‹? Etwas Unmoralischeres als ein Priesterkind gibt es doch wohl kaum, nicht wahr? Zumal durch eine ›Indikationslösung‹, wie schon der Name sagt, das Problem gelöst wird, indem man das Kind aus dem Leib der Mutter herauslöst.

Sie spüren sicher, wie bitter ernst mir dieser groteske Sarkasmus ist. Und noch ein anderer Gedanke drängt sich mir auf: Wäre es statthaft im Sinne des Zölibats, der ja verbietet, eine sexuelle Handlung auszuführen und auf diese körperberührende Weise ein Kind zu zeugen, wäre es kirchlich erlaubt, ein Priesterkind ohne sexuellen Kontakt entstehen zu lassen? Indem auf medizinischem Weg Samen aus dem Hoden des Priesters entfernt, im Reagenzglas mit einem weiblichen Ei vermischt und schließlich befruchtet einem neutralen Frauenleib eingepflanzt würde? Später müßte das Kind sagen, es sei das nicht sexuell-lustvoll gezeugte Kind eines Priesters und nicht auf sündigem Weg entstanden. Ein ›Tempelräuber‹, wie sich ein normal gezeugtes Priesterkind bezeichnen lassen muß, wäre es dann nicht. Niemand dürfte es beschimpfen. Und die Kirche? Müßte sie es nicht als keusch geboren in ihren Schoß nehmen?

Auch ich bin die Mutter von Priesterkindern. Jetzt sind wir verheiratet, der Vater unserer Kinder und ich, doch die erste Schwangerschaft durchlitt ich allein.

Wir Mütter müssen das Schweigen brechen, mit dem wir uns schützend vor unsere Männer stellen und uns von der Kirche mundtot machen lassen. Für unsere Liebe müssen wir aufstehen und reden – und für unsere Kinder. Niemand tut es, wenn wir es nicht tun.

Ich rede. Ich wage den ersten Schritt. Wir wollen uns wehren, mein Kind!

Ich betrachte dich, mein frisch geborenes Kind, wie du atmest, wie dir die dunklen Locken an dem kleinen Schädel kleben. Später bekommst du einen Scheitel, denke ich, verliebt wie jede junge Mutter. Wie du die kleinen Hände ballst!

Machen dies alle Säuglinge, oder bist du schon bereit zum Kampf gegen eine Welt, die dich nicht will?

Formulare werde ich als deine Mutter ausfüllen müssen, die immer wieder die gleiche Frage nach dem Vater beinhalten. Ich werde sie im Hinblick auf das Amt deines Vaters nicht beantworten können.

Nicht nur Fragebögen stehen bedrohlich vor mir, auch vor den Fragen der Amtsleute fürchte ich mich. Als neue Mutter muß ich schon nach wenigen Wochen zum Jugendamt und mir dort eine eindringliche Predigt über mein Versagen anhören. Es wird mir zur Last gelegt, daß ich nicht bereit bin, den Vater des Kindes zu nennen.

Mein Kind, mit dem Stempel ›Vater unbekannt‹ wirst du zum sog. ›Amtspflegling‹, d. h. das Jugendamt hat das Recht, bei Betreuung, Aufenthalt und Erziehung mitzureden. Der Amtspfleger darf sich jederzeit genauestens über dich informieren und ich, die uneheliche – und vor allem nicht ›Vater-nenn-bereite‹-

Mutter, muß Rechenschaft ablegen. Daneben wird man mich in regelmäßigen Abschnitten bedrängen, deinen Vater preiszugeben. Ja, es wird mir sogar gedroht, daß man Nachbarn und auch dich, mein Kind, wenn du erst größer bist, aushorchen wird, welcher Mann sich öfter in unserer Nähe aufhält. Er könnte ja der mögliche Vater sein. Wir werden lügen müssen, mein Kind. Und ich werde dir vorleben, wie man sich durchs Leben mogelt und sich selbst verleugnet und nicht wichtig nimmt.

Wie bin ich froh, daß du nicht seine blonden Haare geerbt hast, denke ich und wiege dich im Arm. Du wirst deine dunklen Locken in die Stirn frisieren müssen, damit keiner sieht, wie ähnlich sie der hohen Stirn deines Vater ist. Dein Vater wird sich dir über den Hintereingang nähern müssen. Er kann nur kurze Zeit bleiben und muß dann unerkannt wieder verschwinden. Und doch geben mir die Begegnungen mit ihm Kraft für die Zukunft. Die Blicke meiner Umgebung halte ich leichter aus.

»Wer ist wohl der Vater des Kindes?« fragen die Nachbarn und wenden sich grußlos ab.

»Haben Sie schon von der gehört«, ruft die alte Frau gegenüber aus dem Fenster, »die hat ein Kind und keiner weiß woher.«

»Mit wem bist du befreundet?« fragen meine Eltern, und ich muß schweigen.

»Mit dir und deiner unklaren Lebensweise kann man sich nicht sehen lassen«, sagt meine Schwester und zieht sich zurück.

»Der Kleine sieht aber dem Priester X. sehr ähnlich«, meint mein ahnungsloser Bruder, und mir sinkt das Herz zu Boden, und meine Tränen mischen sich mit dem Abspülwasser.

Jetzt sind wir erkannt, schießt es mir durch den Kopf. Jetzt müssen wir uns stellen oder uns trennen.

Trennen – beschließen dein Priestervater und ich. Aufhören mit diesem mörderischen Versteckspiel. Jeder soll wieder frei sein und durchatmen können. Ohne Heimlichkeiten, ohne blödes Angerede und ohne Sticheleien und falsch ausgefüllte Formulare – ohne Furcht vor Verwandten, Behörden und ›Mutter Kirche‹.

Wir geben uns die Hand – dein Vater geht die Straße entlang. Ich blicke ihm nicht nach. Starr sitze ich im Zimmer und schaue auf dich, unser Kind, das nichts von allem weiß. Der Schmerz der Trennung läßt mich zurücksinken und macht mich handlungsunfähig.

»Ich habe mir meine Finger wundgeschrieben an alle betroffenen Bischöfe, keine Reaktion. Nun habe ich endgültig aufgegeben. Gegen diese Mafia kommt eine Frau nicht an. Ich habe verloren, bin allein gelassen – dafür von den ›guten‹ Katholiken gemeinst beschimpft. Unser Kind ist geprägt von unserer Leidenszeit«, schrieb mir diese Tage Paula Hölldobler, geb. 12.3.26, die mit dem Priester, Prälaten, Landescaritasdirektor und Senator Ludwig Penzkofer einen neunundzwanzigjährigen Sohn hat.

Auch sie, denke ich und weine in deine Locken, mein Kind. In dieser Zeit der Trennung, in der wir glauben, uns nur noch dadurch retten zu können, daß wir einander aufgeben, wird mir klar, daß dein Vater und ich damit auch kapitulieren vor unserem eigenen Mut, gegen den Strom zu schwimmen. Daß die Kirche es nun doch geschafft hat. Sie hat unser Familienglück zerstört. Sie hat uns auseinandergebracht. Wie schwach sind wir, wie einsam und allein!

Wie darf eine christliche Kirche das Ende einer Liebe fordern? Mit welchem Recht unterscheidet sie zwischen Personen, die lieben dürfen, und solchen, die ohne Liebe leben sollen?

Wer verteidigt uns, mein Kind?

Groß blickst du mich an, aus deines Vaters Augen. Ja, du hast recht, ich bin bei dir. Wir wollen uns wehren, mein Kind!

Mein Vater ist Spitze

Mein Vater ist Priester. Er hat einen neuen Beruf erlernt, weil er in seinem alten Berufsverbot bekommen hat. Man merkt aber immer noch, daß er Priester ist. Wenn meine Eltern sich streiten, kann es sein, daß mein Vater auch mal weint. Dafür liebe ich ihn. Er ist kein Brüll-Vater, kein Hau-Vater, kein Wut-Vater. Er ist ein Vater, der sich Mühe gibt um uns. Wenn meine Eltern sich streiten, dann denke ich mir, daß sie sich trotzdem lieben. Ich streite mich ja mit meinen Eltern auch und habe sie lieb. Das ist doch nichts Besonderes. Die Hauptsache für mich ist, daß mein Vater uns liebt und daß wir ihn lieben und daß er endlich da ist. Alles andere ist für mich nichts wert.

Sabrina (16 Jahre)

Anhang

Literatur

Wolfgang Bartholomäus, Nur wer sich liebt, kann sich ändern. Mein Abschied vom Zölibat. Oberursel, Publik-Forum 20/88

Franz Böckle, Der Zölibat. Mainz 1968, Matthias Grünewald Verlag

Codex Iuris Canonici. Codex des kanonischen Rechtes. Kevelaer 1983, Verlag Butzon & Becker

Georg Denzler, (Hrsg.), Lebensberichte verheirateter Priester. München 1989, Verlag Piper

Karlheinz Deschner, Das Kreuz mit der Kirche. Eine Sexualgeschichte des Christentums. München 12/1989, Verlag Heyne

Eugen Drewermann, Kleriker – Psychogramm eines Ideals, Walter Verlag, Olten 1989

Ernst Ell, Dynamische Sexualmoral. Zürich 1972

Paul Frischauer, Knaurs Sittengeschichte der Welt II, München 1974, Knaur Verlag

Gemeinsame Synode der Bistümer in der BRD, Band 1, Beschlüsse der Volksversammlung, Freiburg 1976

Ursula Goldmann-Posch, Unheilige Ehen. Gespräche mit Priesterfrauen. München 1988, Verlag Knaur

Christoph und Ulrike Groffy (Hrsg.), Das Insel-Buch der Ehe. Frankfurt 1986, Insel Verlag

Ernst Gutting, Offensive gegen den Patriarchismus. Freiburg 1987, Verlag Herder

Herbert Haag/Katharina Ellinger, Stört nicht die Liebe. Olten 1986, Walter Verlag

Gerd Hamburger, Katholische Priesterehe oder der Tod eines Tabus. Reinbek 1986, Rowohlt Verlag

Hans Heimerl, Der Zölibat. Recht und Gerechtigkeit. Wien 1985, Verlag Springer

Joseph Höffner, Kardinal, Um des Himmelreiches willen. Über den Zölibat der Priester. 10 Thesen des Erzbischofs von Köln, Kardinal Joseph Höffner. Presseamt des Erzbistums Köln, 1970
Adolf Holl, Der letzte Christ. Stuttgart 1979, Deutsche Verlags-Anstalt
Initiativgruppe vom Zölibat betroffener Frauen (Hrsg.), Zeitung vom Zölibat. Bonn, Ausgabe 2/2 Juni 1986; 4/4 Dezember 1988; 5/1 März 1989; 5/2 Juni 1989; 5/3 September 1989; 6/4 Dezember 1990; 7/2 Juni 1991
Initiativgruppe vom Zölibat betroffener Frauen (Hrsg.), Ein Sprung in der Kette. Solingen 1986
Initiativgruppe vom Zölibat betroffener Frauen (Hrsg.), Zölibat. Solingen 1988
Karin Jäckel, Es kann jede Frau treffen, Vergewaltigung. München 1988, Verlag Heyne
Karin Jäckel/Thomas Forster, ... weil mein Vater Priester ist. Bergisch Gladbach 1997, Bastei-Lübbe-Taschenbücher
Alfons Kraus, Für einen gefallenen Engel beten sie nicht. Oberursel 1989, Verlag Publik-Forum
Fritz Leist, Der sexuelle Notstand und die Kirchen. Gütersloh 1972. GTB Siebenstern
Fritz Leist, Zum Thema Zölibat. Bekenntnisse von Betroffenen. München 1973, Kindler
Joseph Listl, u. a. (Hrsg.), Handbuch des katholischen Kirchenrechts. Regensburg 1983, Verlag Pustet
Elisabeth Moltmann-Wendel, Ein eigener Mensch werden. Frauen um Jesus. Gütersloh 1991. GTB Siebenstern, 531
Quick, Der liebe Gott sieht eben doch nicht alles, Quick Nr. 38, 12.9.91, S. 22 ff.
David Rice, Kirche ohne Priester. München 1991, Bertelsmann Verlag
Horst Eberhard Richter, Der Gotteskomplex. Reinbek 1979, Verlag Rowohlt
Peter de Rosa, Gottes erster Diener. Die dunkle Seite des Papsttums. München 1988, Verlag Knaur
Peter de Rosa, Gottes erster Diener. München 1989, Droemersche Verlagsanstalt
Ulrich Ruh u. a. (Hrsg.), Handwörterbuch religiöser Gegenwartsfragen. Freiburg 1986, Verlag Herder
Franz von Sales, Brief an Frau von Chantal. Eichstätt 1963
Gernot Schley, Sie nennen mich eine Priesterhure. Fernsehsendung, ARD 26.5.89

Thomas Seiterich (Hrsg.), Beten allein genügt nicht. Briefe an den Papst. Hamburg 1987, Verlag Rowohlt
Spiegel, Nr. 52, 18. Dez. 1967, S. 49
Rosel Termolen (Hg.), AGORA, Arme Kirche – Reiche Kirche. Straßlach-Dingharting 1990, Agora
Karen Jo Torjesen, Als Frauen noch Priesterinnen waren. Frankfurt/M. ^{3}1995, Zweitausendeins Verlag
Vereinigung katholischer Priester und ihrer Frauen e. V., Mitteilungsblatt der Vereinigung katholischer Priester und ihrer Frauen. Veröffentlichung des Solidaritätsfonds kathol. Priester und ihrer Frauen. Berchtesgaden, 3. Jg., Nr. 4, 1990
Vereinigung katholischer Priester und ihrer Frauen e.V., Zwangszölibat, Statements. Berchtesgaden 1990, Sonderheft Nr. 4
Heinz-Jürgen Vogels, Priester dürfen heiraten. Bonn 1992, Köllen Verlag
Erich Weidinger, Die Apokryphen – Verborgene Bücher der Bibel. Düsseldorf 1993, Pattloch Verlag
Weltbild, Glaube ja, Kirche Naja. Augsburg 4.11.88
Weltbild, Liebe auf den zweiten Blick, Jugend und Kirche. Augsburg 18.11.88
Marianne Wintersteiner, Luthers Frau. Mühlacker 1983. Stieglitz
Hanna Wolff, Jesus als Psychotherapeut. Stuttgart 1978, Kreuz Verlag
ZDF, Doppelpunkt, Lieber Gott, ich brauche dich wieder, 6.12.1989
ZDF, Maria Nohe, Null Bock auf Kirche, 1989
ZDF, Mona Lisa (ML), Zehn Jahre Pontifikat, 16.10.88
ZDF, Doppelpunkt, Wäre Jesus heute in der Kirche?, 15.3.1989
ZDF, Doppelpunkt, Ein Priester hat doch keine Frau, 19.3.1992

Initiativen stellen sich vor:

Vereinigung katholischer Priester und ihrer Frauen e.V.

Die Vereinigung hat als Mitglieder nicht nur vom Zölibat betroffene Priester und deren Frauen, sondern auch Frauen und Männer, die die Ziele der Vereinigung unterstützen.

Die Vereinigung wurde 1984 gegründet. ›Priester *und* Frauen‹ im Namen ist Programm und Satzung. Die wesentliche Gleichheit von Frauen und Männern wird damit für die Vereinigung ausgedrückt.

Die Vereinigung hat Tagesziele, mittelfristige und weitgesteckte Ziele.

Die Tagesziele betreffen die Hilfe in Wort und Tat an die Priester und Frauen, die unmittelbar unter dem Zölibatsgesetz leiden. Dies betrifft besonders diejenigen, die ihren Beruf im kirchlichen Raum nicht weiter ausüben dürfen, ohne Arbeitslosengeld dastehen und oft ihr soziales Umfeld verlieren. Hier wollen wir Kontakte und jede mögliche Hilfe anbieten.

Mittelfristig setzen wir uns dafür ein, daß das Dispensierungsverfahren durchsichtiger und rascher abgewickelt wird. Wir stellen auch die Praxis in Frage, daß Frauen, die für den Kirchendienst ausgebildet sind, nur weil sie einen Priester heiraten, nicht weiter im Kirchendienst verbleiben dürfen. Eine sozialgesetzlich abgesicherte Regelung für die eintretende Arbeitslosigkeit und gesetzliche Regelungen der Halbwaisenrente für Kinder verstorbener Priester sind soziale Forderungen, für die wir uns weiterhin einsetzen.

Langfristig geht es um die Gleichstellung von unverheirateten und verheirateten Priestern und um die Gleichstellung von Männern und Frauen. Hier begegnen wir uns mit anderen Gruppen in der Kirche, mit vielen Priestern im Amt, ja mit Bischöfen und Bischofskonferenzen der Weltkirche und deren Zielen.

Falls Sie der Vereinigung beitreten wollen oder weitere Informationen über die Arbeit der Vereinigung katholischer Priester und ihrer Frauen wünschen, richten Sie bitte Ihre Anfragen an eine der genannten Adressen:

Kontaktadresse:

Mechthild Jonas-Himmelmann/Friedrich Himmelmann, Grabenstraße 12 A, 58511 Lüdenscheid, Tel. + Fax: 0 23 51/2 39 03

Broschüren:

Sondernummer 2:
Dr. Bernward Büchler, ›Mutter Kirche‹ und ihre Kinder
Sondernummer 3:
Peter Jäger, Kleiner Wegweiser für Priester, die aus dem Amt ausgeschieden sind oder ausscheiden wollen, und ihre Partnerinnen

Siehe auch *Literatur* (S. 245)

Initiativgruppe der vom Zölibat betroffenen Frauen

Entstehung und Zusammensetzung

Als ich im April 1983 in Publik-Forum die Anzeige las:

> Frau und Priesterzölibat
> Welche vom Priesterzölibat betroffenen Frauen haben Interesse an Gedankenaustausch und evtl. Gründung einer Interessen- bzw. Solidargemeinschaft?,

da ahnte ich nicht, daß es sich hier um die Geburtsstunde einer Gruppe handelte, die nicht nur starke Bedeutung für mein Leben und das vieler Frauen bekommen sollte, sondern die auch eine breite Wirkung in der Öffentlichkeit haben würde. Zunächst beschäftigten mich noch Überlegungen, ob es sich bei der Anzeige wohl um eine Falle handeln könne und auf welche Risiken ich mich mit einer Antwort einlassen würde.

Dann überwog aber mein Wunsch, endlich einen Kreis zu finden, in dem ich zum ersten Mal offen über meine schwierige Situation sprechen könnte, und ich warf meine Bedenken über Bord.

So ähnlich wie mir ist es vielen ergangen. Mittlerweile haben sich rund 200 Frauen zusammengeschlossen, davon eine aus der (ehemaligen) DDR, vier aus der Schweiz und sechs aus Österreich.

Ungefähr ein Drittel, also 66 von ihnen haben an einem oder mehreren der bisher elf Treffen teilgenommen, die regelmäßig irgendwo in der Bundesrepublik Deutschland stattfinden. Darüber hinaus gibt es zahlreiche Kontakte in Regionalgruppen und zwischen Einzelnen.

Die Altersspanne der Frauen liegt zwischen 18 und 60, die meisten sind zwischen 25 und 45 Jahre alt.

In der Gruppe habe ich Frauen getroffen, die mittlerweile, nach einer Zeit der Heimlichkeit, mit einem Priester (mit oder ohne Laisierung) verheiratet sind; Frauen, deren Priester-Ehemann verstorben ist; Frauen, deren Beziehung zu einem Priester beendet ist; Frauen, die eine Verbindung zu einem Priester in Heimlichkeit leben – manche als seine Haushälterin; und verheiratete Frauen, die (neben der intakten oder gescheiterten Ehe) eine Beziehung zu einem Priester haben.

In allen diesen Lebensformen gibt es Frauen mit Priesterkindern.

Von den 143 Kindern haben 19 Kinder Väter, die noch im Amt sind. In einigen Fällen durften Kinder nicht zur Welt kommen, weil ihre Väter auf Abtreibung drängten.

Die Partner von uns Frauen sind Ordenspriester, Geistliche aus verschiedenen Stufen der Kirchenhierarchie, ausländische Priester, aber auch Priesteramtskandidaten, die also noch vor der Weihe stehen.

Das Wesen der Gruppe
Was uns Frauen verbindet, sind die Erfahrungen aus der Beziehung zu einem Priester. Es gibt Parallelen oder ähnliche Erlebnisse. Das erleichtert das Verständnis untereinander und ermöglicht ein Gefühl der Zusammengehörigkeit und praktizierten Solidarität.

Auch Informationen oder konkrete Unterstützung können auf Wunsch und soweit möglich gegeben werden.

Die verschiedenen Lebenssituationen aber und die unterschiedliche Art und Weise ihrer Bewältigung bringen immer wieder Spannungen in die Gruppe. Mit Offenheit, Toleranz und dem Bewußtsein, daß jede allein entscheiden muß, welchen Lebensweg sie wählen will und verantworten kann, gelingt es, Spannungen abzubauen oder mit ihnen zu leben. Die Gespräche untereinander stehen für uns an erster Stelle und nehmen einen breiten Raum ein.

Damit jede sich möglichst ohne Angst öffnen kann, ist Verschwiegenheit unsere wichtigste Regel. Namen und Daten dürfen nicht nach außen getragen werden, es sei denn, die Frau ist damit einverstanden (z. B. bei den Frauen, die uns in der Öffentlichkeit vertreten). Auch Orte und Zeitpunkte unserer Treffen dürfen nicht bekannt werden.

Eine weitere wichtige Regel ist, daß jede Frau selbst entscheidet, wieviel sie von sich aus in die Gruppe einbringt, und was sie für sich behalten will. Niemand darf sich ungebeten in das Leben einer anderen einmischen oder sie zu etwas drängen.

Öffentlichkeitsarbeit
Neben den persönlichen Gesprächen ist die Öffentlichkeitsarbeit ein wichtiger Bereich. Wir wollen andere betroffene Frauen erreichen und ihnen die Möglichkeit ge-

ben, aus ihrer Isolation herauszutreten bzw. ihnen zeigen, daß sie nicht so allein sind, wie sie manchmal glauben.

Außerdem hoffen wir, in der Öffentlichkeit ein Problembewußtsein zu wecken oder zu vertiefen und dadurch vielleicht die Situation von Betroffenen zu erleichtern.

Es wäre schön, wenn wir durch unsere Arbeit auch einen Beitrag dazu leisten, daß der Pflichtzölibat aufgehoben wird.

Die Öffentlichkeitsarbeit ist uns nur möglich, weil zahlreiche mit Priestern verheiratete Frauen nach außen hin die Anliegen aller Frauen vertreten, also auch der Frauen, die in einer heimlichen Beziehung zu einem Priester im Amt leben.

In zahlreichen Fernseh- und Rundfunksendungen konnten wir auf die Nöte der Betroffenen aufmerksam machen, in Tageszeitungen und Zeitschriften wie Publik-Forum, Spiegel, Brigitte, Stern usw. war über uns zu lesen. Einen Beitrag von uns nahm Norbert Sommer in sein Buch ›Nennt uns nicht Brüder!‹ auf, und auch in den ›Unheiligen Ehen‹ von Ursula Goldmann-Posch waren Frauen von uns vertreten.

Im Dezember 1985 erschien im Selbstverlag unser eigenes Buch ›Ein Sprung in der Kette‹, das von Frauen unserer Gruppe und einigen Partnern geschrieben worden ist und inzwischen in der zweiten Auflage vorliegt.

Im gleichen Monat kam auch unsere eigene ›Zeitung zum Zölibat‹ heraus, die seither vierteljährlich erscheint und derzeit eine Auflage von 230 Exemplaren hat.

Die Frauen arbeiten für diese Projekte unentgeltlich und mit teilweise hohem persönlichen und zeitlichen Einsatz. Viele Frauen, die sich dabei aus verschiedenen Gründen nicht beteiligen können, unterstützen durch Spenden und durch Vorfinanzierung von Druckkosten und machen dadurch unsere Vorhaben erst möglich.

Eine andere Form der Öffentlichkeitsarbeit war bisher die Anwesenheit unserer Gruppe bei wichtigen Anlässen, bei den Katholikentagen in München und Aachen sowie beim Papstbesuch in Münster.

Informationen über die ›Initiativgruppe der vom Zölibat betroffenen Frauen‹ bei:

Uschi Haertlé, Rosenheimer Landstraße 107, 85521 Ottobrunn, Tel. 0 89/6 09 67 14

Bei ihr kann man Hilfe für sich selbst erbitten und alle weiterführenden Anlaufstellen der Regionalgruppen in Deutschland und ausländische Anlaufstellen für Ratsuchende erfragen.

Zwecks »Vernetzung« Betroffener wendet man sich an:

Mechthild Jonas-Himmelmann, Grabenstraße 12 A, 58511 Lüdenscheid, Tel. + Fax 0 23 51/2 39 03

Bei ihr kann auch das ›Mitteilungsblatt der Vereinigung kath. Priester und ihrer Frauen e. V.‹ bestellt werden.

Ordensfrauen finden eine Ansprechpartnerin in:

Carola Wilken, Otterbach 38, 53902 Bad Münstereifel, Tel. 0 25 35/42 90

Als Spendenkonto ist zu benennen:

Solidaritätsfonds KPF e. V., Postbank Hannover, Kontonummer 71515148-300, Bankleitzahl 250 100 30, Stichwort: Sponsorenfonds

Lichtblick e.V.i.G.

Als neue deutsche Gruppe hat sich ein Verein Betroffener unter der Bezeichnung »Lichtblick e.V.i.G.« (»Lichtblick« Organisation und Beratungsstelle für vom Zölibat betroffene Menschen) gegründet. Dieser ist zu erreichen unter der Anschrift:

Antje Dibella, Einbrunner Weg 43, 50472 Düsseldorf

Dieser Verein unterscheidet sich klar von der obigen Initiativgruppe, weil er eine aggressivere Pressearbeit und Vorgehensweise betreibt.

Arge Priester, ihre Frauen und Kinder

In Österreich wenden sich Hilfesuchende an:

Arge Priester, ihre Frauen und Kinder, p. A. Rosi und Herbert Bartl, Jubliäumsstraße 36, A-2345 Brunn/Geb., Tel. 0 22 36/3 53 86, Fax: 01 81/7 20 24 24

»Klipp & Klar« ist das »Steiermarkmagazin« der Gruppe.

Band 61386

Karin Jäckel/Thomas Forster

...weil mein Vater Priester ist

Lange dachte Thomas, er sei – wie sein älterer Bruder – ein Kind aus der ersten Ehe seiner Mutter. Dabei kennt er seinen wirklichen Vater längst: den katholischen Priester, bei dem er Meßdiener ist, Direktor der örtlichen Klosterschule, Arbeitgeber seiner Mutter. Daß dieser Mann sein Vater und auch der seiner jüngeren Schwester ist, erfährt Thomas im Alter von neun Jahren. Dieses Wissen belastet das katholisch erzogene Kind sehr.

Doch erst als der Vater sich entschließt, zu seiner Familie zu stehen und die Mutter zu heiraten, beginnen die wirklichen Probleme. Arbeitslosigkeit, öffentliche Diskriminierung, das Gefühl, vor Gott versagt zu haben, der hektische Alltag in einer Familie: all dem ist der ehemalige Kleriker nicht gewachsen. Es gelingt ihm nicht, seinen Kindern ein liebevoller Vater zu sein. Für Thomas, der sich nichts sehnlichster gewünscht hatte, bricht eine Welt zusammen, als die Eltern sich trennen.

BASTEI LÜBBE